KB193795

불교의례, 그 몸짓의 철학

| 일러두기 |

1. 이 책에 인용된 의례문 중 출전을 따로 밝히지 않는 의례문은 『석문의범』과 『불교의범』, 조계종 『통일법요집』을 참고하여 정리하였습니다.
2. 이 책의 빠알리어와 산스크리트어 표기는 2005년도 한국불교학회에서 제정한 표준안을 따랐으며, 기타 용어는 국립국어원 표기법을 따랐습니다.
3. 고유명사 중 책은 『 』, 책의 부나 장이거나 짧은 글의 경우 「 」, 의식의 경우 〈 〉로 표기하였으나, 같은 고유명사라 할지라도 책이나 의례 등으로 성격이 분명한 경우에는 약물로 표기하고, 큰 의식의 세부 의식이거나, 의미가 일반적이거나 포괄적인 경우에는 약물을 따로 표기하지 않았습니다.
4. 1부와 2부는 주제에 따른 하부 의례적인 성격을 가지고 있어서 하위 의례에 ☸ 기호로 구분하였고, 3부와 4부는 동일 의례의 하위 의식 성격이 짙어 번호로 구분하였습니다. 5부는 기본적으로 순서적 성격을 가지지만 의례 현장은 각 의식이 독립적 경향을 가지고 설행된다고 보여 1, 2부와 같이 표기하였습니다.

불교의례, 그 몸짓의 철학

이성운 지음

조계종
출판사

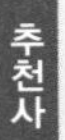

의례의 의미를 찾다

염불소리가 좋아 어린 시절 출가의 길에 들어섰다. 소리를 익히고 작법을 배우며 위의를 익혔다. 낮에는 밭에 나가 일하고 밤에는 염불을 배웠지만 어린 나이여서 그런지 술술 잘도 외워졌다. 그렇게 염불을 익혀 어장스님을 따라 재장齋場에도 다니게 되었다. 그사이 상주권공 영산靈山 소리를 익히고, 은사스님의 지도 아래 승가대학에서 학인스님들에게 염불강의를 하였다. 그런데 강의를 하다 보면 복잡한 의식 절차나 의미 등이 쉽게 다가오지 않는 것이 적지 않았다.

그러던 차에 은사 월운 큰스님께서 『일용의식수문기』를 펴내시어 전문 의례 스님들뿐만 아니라 일반 스님들에게 큰 도움이 되었고, 이정표가 되었다. 모르고 있던 것을 알기 위한 작업이 학문이라고 가르치신 큰스님께서는 '수문기隨聞記'라고 하며 '때때로 들은 것을 적었다'라고 하실 정도로 술이부작述而不作을 지향하셨다. 그만큼 의례의 본질을 밝히는 것이 어려운 일이라고 보신 것 같다.

제반의식을 나옹 스님께서 지었다는 등의 의식 수찬修撰 문제나, 수십 명의 소임스님들이 동원되는 영산법석, 수륙재, 예수재 같은 대형 의례는 더욱 그렇다. 의례의 재차, 소임 분담, 상황 별 광략廣略에 따라 소리를 짓기도 쓸기도 하며 전승되어 의식이 문파마다 차이가 있고, 의식문도 다르다. 일찍이 안진호 스님이 전통의례를 정리하여 『석문의범釋門儀範』을 편찬하면서 그동안 전승된 의례의 와전과 변모를 지적하고 바로잡기도 하였지만 그 견해 차이는 여전히 분분하다.

한국불교의 수행 전통을 잇고 있는 조계종에서 1997년 설립한 어산작법학교의 초대 학장 소임을 맡았던 소납은 학인들에게 일심으로 범패와 작법을 전수하고 있다. 그런데 어산작법학교는 실기 중심이므로 아무래도 의례의 이론은 깊이 있게 다루지 못하고 있다.

평소 종단 의례실무위원회와 불교의례문화연구소에서 함께 활동하고 있는 이성운 선생이 금번에 『불교의례, 그 몸짓의 철학』을 저술하였다고 초고를 보내왔다. 이성운 선생은 『한국불교 의례체계 연구』로 박사학위를 하고, 의례의 역사와 의미 등에 대해 꾸준히 연구해오고 있다. 수년 전에 『천수경, 의궤로 읽다』라는 독특한 천수경 해설서를 출간하였고, 어산작법학교 현 학장이신 법안 스님과 『삼밀시식행법해설』을 펴내 송주誦呪, 수인手印, 의상意想의 삼밀행법을 자세히 소개하기도 하였다. 실기 중심의 의례 분야에 의례를 이론화하는 연구를 하고 있어 의례를 실수하는 어장으로서 여간 반갑고 고마운 게 아니다.

이번 책은 불교의례를 '몸짓'이라고 명명한 것부터 신선하다. 불교의 사상을 몸으로 표현하는 몸짓을 불교의례라 하며, 그 속에 담긴 의미에 대해 논리적으로 사유하고 있다. 불법佛法에 귀의하고 예경하는 의례나 송주하고 염불하며 참선하는 수행, 공양을 올리는 의례, 외로운 영혼에게 법의 음식을 베푸는 시식, 육신의 명이 다해 이승을 떠났을 때 행하는 다비의례 등을 몸짓이라고 하고, 그 의례를 철학적으로 분석하여 자신의 견해를 내놓고 있다. 조심스럽게 자신의 견해를 펴던 옛 스승들에 비하면 조금 과격해 보이기도 하지만 '아, 그럴 수도 있겠구나' 하는 생각도 들었다.

저자는 불교의례를 의례로만 바라보는 것이 아니라 불교철학, 교학의 실천이라고 주장하고 있다. 동의한다. 종교는 의례로서 자신들의 이념을 구상화하고 정형화하는 것이라고 보면 더욱 그렇다. 의례를 집전하는 스님들뿐만 아니라 관심 있는 분들이 읽어 한국불교 의례에 담긴 의미와 사상을 이해하는 데 도움이 되었으면 좋겠다.

2018년 납월 조계종의례위원장 어장 인묵

서언

불교의 몸짓, 의례

나모붓다야.

나는 이 책에서 불교의 몸짓인 불교의례에 들어 있는 사상과 논리 그리고 거기에 담긴 아름다움을 글로 풀어내고자 한다. 그럼 먼저 왜 의례를 '몸짓'이라고 명명했는지 이야기하겠다.

우선 "동양인들이 '체體'를 발견한 것은 서양인들이 '신神'을 발견한 것만큼이나 중요한 정신사적 사건"이라고 하며 체와 용用을 몸과 몸짓으로 지칭한 뉴욕 주립대학교 박성배 교수의 갈파에 의지하였다. 아울러 오늘날, 한국불교 또는 한국에서 '의례儀禮'라는 어휘가 가진 난해함을 덜고 싶어 '몸짓'이라는 용어를 채택하게 되었다.

그럼 '몸짓'은 무엇으로 정의될까. 이를 위해서는 '몸'이 무엇인지 먼저 정의해야 한다. 위에서 밝혔듯이 몸과 몸짓은 각각 체와 용에 대한 오늘의 언어라고 할 수 있다. 불교에서 거론하는 체와 용을 불교의 몸과 몸짓이라고 한 것이다. 아울러 불교의 몸짓이 의례라고 한다면, 그 의례를 있게 한 불교의 사상과 정신은 불교의례의 몸이라고 할 수 있겠다.

불교의 정신을 구현하는 행위, 즉 의례가 불교의 몸짓이다. 불교의 몸짓은 불교의 정신을 구현하려는 이들에 의해 현실에서 '구법求法'과 '교화敎化'라는 양태로 나타난다. 그러므로 불교의 몸짓으로서의 불교의례에는, 설령 한 사람에 의해 실천될지라도 다분히 전체성이 담겨 있다. 진리를 구하는 구법의 몸짓은 수행의례로 나타나고, 중생을 교화하는 몸짓은 공양과 시식 의례에서 잘 나타난다. 그러므로 구법과 교화 의례는 상구보리 하화중생이라는 불교의 전부를 드러내고 있고, 불교의 몸짓인 의례에도 다음과 같은 보편적인 특성이 고스란히 드러난다.

의례는 제사(헌공)나 예배같이 정형화stylized action된 행동을 반복하는 실천체계로서, 그 의례행위에 담긴 교리의 표준화된 신념체계를 의례집단이 공유하는 역사적이고 집단적인 현상이다. 설화와 교리는 의례행위를 설명하는 설명체계interpretation라고 할 수 있다. 결국 의례는 해당 집단의 교리와 신념이 정형화된 실천체계이며 한 집단은 이를 공유한다. 그러므로 불교의 몸짓인 불교의례에는 불교의 교리와 신념체계뿐만 아니라 역사와 설화 등 전통문화가 고스란히 담겨 있다.

이 책에서 불교의 주요 몸짓 가운데 대표적인 것들의 형태와 의미, 역사 등을 다양하게 검토할 것이다. 전체 글은 5부로 나뉘며, 논의의 대상은 한국불교에서 설행되고 있는 의례의 1차 자료라고 할 수 있는 『석문의범』과 조계종 『통일법요집』에 실린 의례를 중심으로 한다. 또 그것을 설명하기 위해 붓다의 오도悟道 이후 역사적으로 전개된 의미 있는 불교의 몸짓들을 담은 의궤儀軌와 의문儀文 들을 2차 자료로 삼아 근본 의미 등을 선별하여 검토해 나아갔다.

1부는 '귀의' 편으로 부처님과 가르침, 부처님의 가르침을 따르는 청정한 대중을 만나 그곳에 귀의하는 몸짓의 의미와 그것을 대표하는 모습이라고 할 수 있는 삼귀의, 예경, 수계의 몸짓들에 대해 찬찬히 들여다보았다.

2부는 불교정신의 핵심이라고 할 수 있는, 괴로움에서 벗어나 해탈을 이루는 몸짓에 대해 탐구해보았다. 전통적으로 한국불교에서 해탈을 이루는 의례로 실천한 진언, 경전을 염송하는 송주, 몸과 마음으로 아미타불을 염원하는 염불, 부처님의 자리에 곧바로 들어가는 수행의례를 하기 이전에 행하는 대표적 의례인 예참禮懺과 하나의 실다운 경계인 일실경계一實境界에 들어가는 행법인 좌선, 출정出定 이후 수행자의 몸짓에 대해 알아본다.

3부는 불교의 대표적인 공양의례인 불공佛供에 대해 자세히 알아본다. 불자들은 부처님께 일심으로 공양을 올린다. 공양을 바쳐 올리는 의례로 육법공양六法供養이 널리 알려져 있지만, 전통적인 불교공양은 향화를 들고 향에서 공양물이 나와 일체의 성현들께 공양을 올리는 것을 마음으로 관상하여 공양하는 운심공양運心供養이 중심이라고 할 수 있다. 각 공양의 구조 및 의미와 그것들이 역사적으로 변형되어온 과정을 탐색함으로써 현실적인 불교의 모습을 확인해보겠다.

4부는 괴로움에 빠진 불특정 다수에게 보시를 베푸는 시식의식의 구조와 의미, 그것이 장치되어온 역사 등에 대해 시간과 공간을 넘나들며 그 본질을 찾아볼 것이다. 위로는 깨침을 구하고 아래로는 중생을 교화한다는 불교도들의 사명이 구현되는 대표적 몸짓인 시식의식에는, 자타불이의 불국토에 대한 의지가 굳건히 살아 넘치고 있음을 어렵지 않게 볼 수 있다.

5부는 일생의 마지막 의식인 장례, 다비를 중심으로 일어나는 불교의 몸짓을 하나하나 톺아본다. 불교에서는 태어나고 죽는 것을 둘이 아니라고 가르친다. 생사불이生死不二의 언표가 그것이다. 태어남의 현실세계에는 죽음 또한 존재한다. 우리가 어떻게 죽음을 바라보고 인식할 것이며, 죽음을 죽음이 아니라고 인식하는 불교의 가르침을 현실에 어떻게 수용할 것인지, 주검을 처리하고, 죽음이 본래 없는 것으로 떠나가는 것인지 등을 탐구해본다.

1부와 2부는 주제에 따른 하부 의례적인 성격을 가지고 있어서 하위 의례에 ☸ 기호로 구분하였고, 3와 4부는 동일 의례의 하위 의식 성격이 짙어 번호로 구분하였다. 5부는 기본적으로 순서적 성격을 가지지만 의례 현장은 각 의식이 독립적 경향을 가지고 설행된다고 보여 1, 2부와 같이 표기하였다.

수륙재水陸齋나 영산재靈山齋 같은 의식은 별도 약물로 표시하지 않고, '관음시식'같이 의식과 책자 두 가지 의미가 있을 때 의식에 〈 〉을, 책자에 『 』 약물을 표기하였으며, 포괄적인 의미로 사용될 경우 약물을 넣지 않았다. 경전의 명칭도 일반적으로 사용할 때는 별도로 약물을 표시하지 않고, 책자로 지칭할 필요가 있을 때만 『법화경』과 같이 표기하였다.

책 말미에 참고문헌을 실었지만, 본문에서 언급한 경론 등 기초의례 자료와 필자의 논지를 담고 있는 논문 등은 별도로 적시하지 않았다.

붓다의 깨침으로 시작한 불교, 붓다의 가르침으로 시작한 불교의 몸짓과 그 역사적 변용, 새롭게 편수編修된 몸짓과 인식 등에 대해 그 의미를 검토하는 것은 진정한 철학의 길이요, 학문의 길이라고 할 수 있을 것이다. 불교의례에 담긴 사유철학을 통해 불교의 몸과 불교의 몸짓을 탁월하게 인식할 때 불교의례의 철학을 완성할 수 있을 것이다.

이 책은 불교를 배우는 이들에게 불교의 현실적 실천이 바로 의례임을 드러내 보이고자 하는 의도에서 출발하였다. 그러므로 불교의례의 대본이라고 할 수 있는 의문 자체는 가능하면 싣지 않으려고 했다. 좀 더 자세히 불교의례를 알고자 하는 이들은 불교의례가 담긴 의문을 참조하여 이 책을 읽으면 훨씬 쉽게 이해할 수 있을 것이다. 불교의 몸짓에 담긴 사상을 이해하고 그것을 실천할 때 불교수행은 완성된다고 하겠다.

끝으로 난삽한 말글을 감수하고 필자의 부족한 부분을 채워주신 대한불교조계종 어산작법학교 법안 학장스님과 한국불교전통의례전승원 정오 학장스님과 추천사를 내려주신 조계종의례위원장 인묵 스님께 배례하오며, 글말 교정에 힘을 보태준 서울대학교 민순의 선생님께 고마움을 전한다. 더불어 평소 의례 공부에 조언을 해주신 동주 원명 큰스님께도 머리 숙여 사례드린다. 이 글말들로 불교 몸짓 의례의 속살이 제대로 밝혀져 불교를 믿는 안과 밖의 이들에게 불교의례가 조금이라도 잘 이해되고 능동적으로 실천될 수 있다면 글쓴이로서 더 바랄 나위가 없겠다.

마하반야바라밀.

2018년 무술년 정초에

이성운 쓰다.

[차 례]

귀의(歸依, śaraṇa)는 '돌아가 공경히 의지한다'는 뜻으로

불교의 귀의 대상은 불佛, 법法, 승僧 삼보다.

'귀의'를 뜻하는 범어 'śaraṇa'에는,

'삼보의 공덕력에 귀의하며, 삼보는 귀의하는 이를 가피하여 이끌어

구제하고 구호한다'는 뜻이 들어 있다. 귀의는 곧 믿음에서 시작한다.

1부

믿음의 몸짓, 귀의

☸ 삼보께 의지하는 삼귀의

☸ 공경히 절 올리는 예경

☸ 계율을 주고받는 수계

삼보께 의지하는 삼귀의

의미와 근원

오늘날 사찰 법회 등 불교 관련 행사에 참석하면 제일 먼저 노래 또는 전통의 동음同音으로 삼귀의三歸依를 봉행하는 것을 볼 수 있다. 노랫말은 '거룩한 부처님께 귀의합니다. 거룩한 가르침에 귀의합니다. 거룩한 스님들께 귀의합니다'이고, 전통 동음 방식으로 "귀의불양족존歸依佛兩足尊, 귀의법이욕존歸依法離欲尊, 귀의승중중존歸依僧衆中尊"을 제창한다. 이 구절을 노래하거나 염송하며 큰절을 하거나 반배를 한다. 큰절을 할 때는 목탁 반주에 따라 오체투지를 하게 되는데, 오체를 땅에 던져 절을 하고 손으로는 허공을 떠받드는 접족례接足禮를 한다.

삼귀의의 뜻은 이렇다. '양족을 갖추신 부처님께 귀의합니다. 욕망을 떠나게 하는 가르침에 귀의합니다. 부처님을 따라 수행하는 스님들께 귀의합니다.'

'양족兩足'에 대해서 보통 두 가지로 설명한다. 일차적으로 두 다리가 완벽히 갖추어져 있다, 즉 정상인이라는 뜻이다. 후대 불교에서는 이 양족에 대해 지혜와 복덕이 완벽하게 갖추어져 있다는 뜻으로 해석한다. 이는 의미의 창조적 해석으로 생물학적 표현에서 종교적 신성성이 드러나는 이해로 발전하였다고 할 수 있다.

일차적으로 두 다리가 완벽히 갖추어졌다는 것이 무슨 큰 의미라고 부처님을 그렇게 표현할까 하는 의구심이 들 수 있을 것이다. 온전하게 몸이 갖추어졌다는 것을 결코 가볍게 다룰 일이 아니다. 예부터 구세주와 같은 위대한 이들은 성인聖人들만이 가지는 상호를 가지고 있다고 이해되어 왔다. 불교에서도 부처님의 신체적 특징을 말할 때 '32상 80종호를 갖추었다'고 설명한다. 몸이 완벽한 이들이 마음도 완전하게 가질 수 있다고 이해한 데서 온 사고라고 하겠다.

양족이 구족한 부처님께 귀의하고 나면 다음으로 부처님의 가르침에 귀의를 한다. 부처님께 귀의한다는 것은 부처님을 바른 스승으로 삼고 다른 삿된 이를 스승으로 삼지 않겠다고 다짐하는 의미다. 부처님을 바른 스승으로 삼겠다고 다짐하였으므로 다짐을 실천하는 구체적인 방법을 찾게 된다. 부처님의 가르침대로 이해하고 생활하는 것이 바로 실천법이다. 그러므로 부처님의 가르침을 믿고 의지하겠다는 다짐인 삼귀의를 하는 것이다.

그런데 부처님의 가르침을 '이욕존離欲尊'이라고 하고 있다. 이 두 번째 귀의에서 가르침의 특징이 자연스럽게 드러난다. 욕망을 떠나게 하는 가르침이란 뜻이다. 세상에는 숱한 가르침이 있다. 그 숱한 가르침 가운데서도 부처님의 가르침이야말로 우리들이 욕망을 벗어날 수 있게 하므로, 가르침에 '존尊' 자를 붙인다. 최상의 가르침이라는 의미이자, 가르침을 인격화한 표현이라고 할 수 있다. 그래서 부처님께 귀의한다는 다짐은 부처님의 가르침을 믿고 따르겠다는 가르침에 대한 귀의로 귀결된다.

다음은 거룩한 스님들께 귀의한다. '스님'이라는 표현에 대해 오랫동안 논란이 많다. 한문 '중중존衆中尊'을 '스님'이 아닌 '승가'로 번역해야 한다는 것이다. 그렇지만 중중존을 '참모임'으로 번역하는 빠알리어 경전 번역학자 전재성 박사도 '스님'으로 번역하기도 한다. '스님'으로 번역하면 안 된다고 주장하는 이들은 '스님'이라고 하면 개별 스님을 뜻할 수 있기 때문에 '승가'라고 해야 한다고 주장한다. 그래야 청정한 승가 대중에게 귀의한다는 의미로 이해될 수 있다는 이유다. 대체로 초기 불교를 전공한 학자들이나 소수 스님들의 주장이다. 비록 소수이지만 의미가 없진 않다. 하나 오늘날 한국에서 통용되는 '스님'과 '스님들께'라고 하면 완전하지는 않을지라도 그 의미를 살릴 수 있으며, 오랫동안 사용되었으므로 의미가 없다고 할 수는 없을 것 같다. 대체어로 제시되는 '참모임'이나 승가의 빠알리어인 '상가saṅgha'라는 추상명사는 오늘날 한국 불자들에게 그 의미가 드러나게 하는 데 한계가 있다는 주장 또한 적지 않다.

아무튼 승가나 스님들로 번역되는 이 세 번째 귀의의 핵심은 부처님의 가르침을 따르는 이들과 함께 수행하고 신행하겠다는 다짐으로, 홀로 수행하는 것을 경계한다는 의미라고 할 수 있다. '무소의 뿔처럼 혼자서 가라'는 가르침은, 수행을 마친 이들이 교화의 현장으로 나아갈 때 더 여러 곳의 더 많은 중생을 교화하라는 의미의 가르침이므로, 함께 수행하라는 삼귀의와는 그 궤가 다른 차원이라고 하겠다.

이렇게 불·법·승에 귀의하는 것을 '삼귀의'라고 한다. 삼귀의의 의미는 앞에서 설명하였듯 바른 스승과 바른 스승의 가르침과 바른 스승의 가르침을 배워 익히는 수행자 스님들께 돌아가 의지하겠다는 다짐이다. 이 같은 삼귀의에는 우리가 그릇된 길로 빠지게 되는 것을 스스로 차단하는 효과가 있다. 그러므로 몸을 잘 지켜 자신의 도업을 이루는 지름길이 바로 삼귀의에 있다.

그렇다면 삼귀의의 근원을 어디에서 찾을 수 있을까. 우선 부처님께 제자가 처음 생겼을 때부터라고 할 수 있다. 이는 불교사의 한 장면 속에서 확인된다. 진리를 깨쳐 붓다가 된 세존이 보리수나무, 아자팔라니그로다 나무, 무찰린다 나무 밑에서 선정에 들어 해탈의 지복을 누리고 있을 때, 마침 그 지역을 여행하던 두 상인인 타푸사와 발리카는 세존께 공양을 하면 오랜 세월 안녕과 행복이 이어질 것이라는 천인天人들의 권유를 들었다. 그들은 부처님께 공양을 바쳐 올리고 부처님과 그 가르침을 따르겠다고 하며, 재가신자로 받아줄 것을 청하였다. 두 상인은 이렇게 서원하였다.

“세존이시여, 이제 저희들은 세존께 귀의합니다. 또한 그 가르침에 귀의합니다. 세존께서는 저희들을 재가신자로 받아주십시오. 오늘부터 목숨이 다하도록 귀의하겠습니다.”

이것이 귀의의 기원이다. 당시는 승가대중이 없던 시절이므로 귀의의 대상은 부처님과 가르침이었다. 삼귀의에 비하여 ‘이귀의二歸依’라고 한다.

삼귀의는, 부처님의 최초 제자인 다섯 비구 이후 제자가 된 야싸의 아버지가 귀의함으로써 성립되었다. 야싸 비구가 구족계를 받기 직전에, 야싸를 찾아 나선 야싸의 아버지가 부처님을 만나 가르침을 듣고 삼귀의를 제창하였다. 야싸의 아버지는 부처님과 부처님의 가르침과 수행의 모임인 승가에 귀의하며 재가신자로 받아줄 것을 청하였다.

삼귀의를 '삼귀의계三歸依戒'라고도 하는데, 이는 삼귀의가 자신을 지켜주는 계戒와 같음을 의미한다. 삼귀의의 근원적 사례를 보면 '이귀의'나 '삼귀의'는 재가신자를 위해 시설된 귀의의식임을 알 수 있다.

그렇다면, 출가 수행자들의 출가의식은 어떠했을까. 이는 처음으로 부처님의 제자가 된 다섯 비구들이 구족계를 받는 장면에서 잘 드러난다. 출가를 희망하는 이들이 "세존이시여, 저희들은 세존께 출가하여 구족계를 받고자 합니다"라고 청하자, 세존께서는 "수행승들이여, 오라! 가르침은 잘 설해졌으니, 그대들은 괴로움의 종식을 위해 청정한 삶을 살라"라고 하고, 이는 구족계가 되었다. 이후 두 번째 제자가 된 야싸 비구의 경우도 그와 같다.

이렇듯 출가를 위한 구족계와 재가자가 부처님을 믿고 따르겠다는 삼귀의 서원에는 약간의 차이가 있다. 삼귀의는 재가신자들이 부처님과 가르침과 스님들에 대한 믿음을 표현하는 몸짓으로 노래로 제창하거나 "귀의불양족존……" 하며 전통의 동음으로 염송한다.

쓰임과 역할

앞에서 언급하였듯 오늘날 한국의 거의 모든 불교 법회나 관련 행사에서 제일 처음 삼귀의를 하며, 삼귀의를 예배의 대사臺詞 겸 지문地文으로 쓰고 있다. 그렇지만 오늘날 활용하는 삼귀의는 예경의 대사라고 볼 수 있는 근거가 그리 크지 않다. 재가신자들이 믿음을 표현하는 서원임은 분명하지만 재가자와 출가자가 함께 사용하는 삼보예경의 지문으로 쓰인 예는 잘 찾아볼 수 없다. 「공양의문供養儀文」 같은 글에서는 보기 어렵고, 그나마 비슷한 예를 찾는다면 '삼례三禮'가 있다.

삼례는 삼귀의의 대상인 부처님과 가르침과 스님들을 세 보배라고 하여, 세 보배 각각에 예경하는 의식이다. 영산재 〈영산작법靈山作法〉의 '지심신례 불타야중, 달마야중, 승가야중'이라고 하여 세 곳에 각각 한 번씩 절하는 의식이 이것이다. 이를 달리 '삼정례三頂禮'라고도 한다.

삼귀의가 분명하게 등장하는 의례의문은 불특정 다수의 영적 존재들에게 음식 등을 베푸는 시식의식 정도다. 시식의식은 4부에서 다루겠지만 간단히 설명하면, 불특정 다수의 영적 존재들을 청해 그들에게 그들을 청한 이곳이 부처님 도량이고, 부처님은 어떠한 분이라는 것을 일러주는 의식이다. 불특정 다수를 청하였으니 그들은(영적 존재 등) 자신들을 청한 이곳이 어디인지 무엇을 하는 곳인지 모를 수 있다. 그래서 그들에게 부처님과 부처님의 가르침과 부처님의 가르침을 따르는 이들은 세상에 둘도 없는 보배이며, 이곳에 귀의하면 큰 복을 받을 수 있다고 알려주고 그들을 삼보에 귀의하게 하는 것이다. 「시식의문施食儀文」에 등장하는 귀의삼보의문은 다음과 같다.

귀의불 귀의법 귀의승
귀의불양족존 귀의법이욕존 귀의승중중존
귀의불경 귀의법경 귀의승경
歸依佛 歸依法 歸依僧
歸依佛兩足尊 歸依法離欲尊 歸依僧衆中尊
歸依佛竟 歸依法竟 歸依僧竟

위 「귀의삼보의문」의 첫째 구는 귀의를 하라고 하는 지서어이고, 둘째 구는 귀의하겠다는 다짐이고, 셋째 구는 삼보에 귀의하였다는 것을 선언 또는 증명하는 것이라고 할 수 있다. 삼보의 가피력을 받들어 이 법단(법회)에 왔으니 잘못된 생각을 떠나 삼보에 귀의하고 죄의 장애를 참회하여 없애 목구멍이 넓어져서 지금부터 베풀 음식을 먹을 수 있도록 하라고 이르며 이 의식을 진행한다.

오늘날 시식의식 등에서 이 「귀의삼보의문」은 법사스님들이 한 글자마다 목탁을 치는 '일자 목탁'에 맞춰 죽 읽어가는 방식으로 진행된다. 하지만 의미상으로 볼 때 1구와 3구는 법사스님이 선창하고, 2구는 수계대상이 제창하며 다짐해야 옳다고 할 수 있다.

앞에서 언급하였듯 삼귀의는 재가신자들의 다짐이고, 거기서 발달하여 후대 대승불교에 이르러 불특정 다수의 유상, 무상의 존재들에게 음식을 베풀기 이전에 삼귀의를 하게 한 뒤 법식을 베푸는 형식으로 정착되었다.

그렇다면 오늘날 불교 일반에서 널리 쓰이고 있는 삼귀의의 역할을 어떻게 정의할 수 있을까. 대표적인 역할은 삼보에 예경과 수계의 의미로 활용이라고 하겠다. 수계의 의미는 불교 성립 초기의 재가신도인 야싸 비구의 부모님을 그 시작으로 보면 무리 없이 이해할 수 있을 것 같다. 하지만 법회와 같은 불사(일체의 불교 행사)의 처음을 여는 의식으로 적합한지는 좀더 살펴볼 필요가 있다.

불교예경의 처음을 삼귀의로 할 수 있을까 하는 물음에 대해 크게 의심하는 경우는 보지 못했다. 하지만 수계의식적인 측면을 제외하고는 쉽게 동의하기 어렵다. 부처님 혹은 불교와의 만남은 대개 예경으로 시작한다. 간단히 말해 예경은 곧 인사다. 하나 삼귀의에는 인사에 관련한 서술어가 존재하지 않는다. 인사라고 하면 '절한다, 예배한다' 같은 의미의 한글 또는 한자어가 등장해야 한다. 삼귀의가 절하는 의문이라면 '절한다'는 의미의 범어 '나마스namas'나 예배에 해당하는 어휘가 있어야 한다. '귀의'에 공경의 의미와 예경의 의미가 없다고 할 수는 없겠지만, 예경의 의미가 명확하게 드러나지 않는다.

그렇다면 삼귀의를 행하기 이전에 인사에 관련된 별도의 의식이 있는가. 이것을 해명하면 삼귀의의 공능뿐만 아니라 의례구조로 의례의 의미를 간파할 수 있다. 빠알리어 예경문은 우리에게 답을 친절히 일러준다.

> 세상에 존경 받는 임, 거룩한 임,
> 올바로 원만히 깨달으신 임께 절하옵니다.
> 원만하신 부처님께 귀의합니다.
> 원만하신 가르침에 귀의합니다.
> 원만하신 스님들께 귀의합니다.
> namo tassa bhagavato arahato sammā-sambuddhassa [3편]
> buddhaṁ saraṇaṁ gacchāmi
> dhammaṁ saraṇaṁ gacchāmi
> saṅghaṁ saraṇaṁ gacchāmi
> — 전재성 역, 『불자예불지송경』(1998)

위 예경문에서 첫째 '나모 따싸namo tassa'가 예경이고, 다음의 삼귀의는 귀의임이 드러난다. 예경과 귀의가 의미 층을 달리하고 있음을 알 수 있다. 그럼에도 오늘날 한국불교의 불교의식에서는 삼귀의를 삼보께 올리는 예경으로 쓰고 있다.

'나모 따싸'의 예문은 '나모 붓다야' '나모불'로 축약된다. 이는 후대 '나모붓다야 나모달마야 나모승가야'라고 하여 진언문의 머리에 놓여 모든 의식의 처음에 삼보께 예경하고 일체 의식의 시작을 알리는 역할을 하게 되었다. 이 의식은 오늘날 한국불교 의식 가운데 부처님의 명호를 거명하는 '거불擧佛' 의식의 형태로 나타난다. 모든 의례를 행할 때 '나모불 나모법 나모승'의 원형으로 '나모상주시방불南無常住十方佛 나모상주시방법南無常住十方法 나모상주시방승南無常住十方僧'을 칭명하며 절한다.

그렇지만 오늘날 대중법회나 일반 불교 행사에서는 '나모불 나모법 나모승'의 삼보예경을 하지 않고 삼귀의만 하고 있다. 왜 이렇게 되었는지 명확히 알기는 어렵지만 아마도 20세기 초반 불교현대화의 과정에 등장하는 의식에서 그 단초를 찾을 수 있을 것 같다. 안진호 강백에 의해 편찬된 『불자필람佛子必覽』(1931)과 『석문의범』에 제시된 '강연의식'의 차례는 오늘날 한국불교 법회의 원형이라 하겠는데, 이 책에 제시된 설교의식은 '지심귀명례 (…) 불타야중, 달마야중 승가야중'의 삼보예경으로 시작하지만, 강연의식은 귀의삼보로 시작하고 있다.

설교의식은 불당 내부에서 불교신자들이 행하는 의식인 데 비해 강연의식은 일반 강연장에서 불교를 이야기할 때 청중 가운데 불교신자가 아닌 이들이 있으니 그들을 불교에 귀의하게 하고자 하려는 의도가 아닌가 한다. 불특정 존재들을 위해 귀의삼보를 하고 시식을 베푸는 수륙재 의식의 원리를 차용하지 않았을까 추정된다.

청중들에게 귀의삼보를 하게 한 다음 불법을 설한다는 정신이 후대에 불교 내부 법회나 행사의 시작에도 그대로 적용되었다고 여겨진다. 그러므로 불교 내부 법회나 행사 때 행하는 삼귀의는 시방세계에 편만遍滿하신 삼보에 대한 예경으로 '삼귀의'가 아닌 '삼귀의례三歸依禮'로 불리고, 그렇게 대체되는 것이 옳을 것이다.

공경히 절 올리는 예경

조석 문안

'예경禮敬'은 공경한 마음으로 예를 표한다는 뜻이다. 불교의 예경 대상에는 부처님과 보살님, 불법을 호위하는 신중님, 불법을 전하신 조사스님, 종파를 연 종사스님 등이 있다. 오늘날에는 예경이라는 표현보다 부처님께 예경한다는 뜻인 '예불禮佛'이라는 표현이 널리 쓰이고 있지만 예불은 예경의 하나라고 할 수 있다.

그렇다면 예경 또는 예불은 어떻게 하는가. 먼저 부처님이 세상에 계실 때 부처님을 직접 뵙고 인사를 드리는 예경 장면을 살펴보자. 『앙굿따라 니까야』 중 「깔라마 경」의 문안 장면이다.

> "께사뿟따의 깔라마인들은 세존께서 머물고 계신 곳으로 찾아갔다. 그곳에 도착하자 어떤 사람은 세존께 경의를 표하고 한쪽 편에 앉았고, 어떤 사

람은 세존께 인사를 드리고 진심에서 우러난 깊이 새겨둘 말씀을 나누고 한쪽 편에 앉았고, 어떤 사람은 세존께 합장 공경을 하고서 한쪽 편에 앉았고, 어떤 사람은 자신의 이름과 가문을 밝히고서 한쪽 편에 앉았고, 어떤 사람은 조용히 한쪽 편에 앉았다.

또 『불설장아함경佛說長阿含經』에는 아사세 왕의 명령을 받은 우사 대신이 세존의 처소에 도착하여 문안을 드린 뒤 한쪽에 앉아 세존께 이렇게 문안을 드리고 지혜를 구하고 있다.

"마가다 국의 왕 아사세는 부처님의 발에 머리를 조아리며 예배하고 다시 정중히 여쭈었습니다. '기거가 편하시며 다니시기에 힘이 넘치십니까?' 또 세존께 여쭈었습니다. '밧지 국 사람들은 용맹스럽고 씩씩하며, 백성들이 많이 부강하다는 것을 스스로 믿고 저에게 순종하지 않으므로 제가 그들을 정벌하려고 합니다. 혹시 세존께서는 무슨 경계하실 말씀이 없으십니까?'"

부처님이 세상에 계실 때는 직접 부처님을 찾아뵙고 가르침을 들었는데, 그때 대체로 이렇게 문안인사를 드렸을 것이다. 부처님께서 입멸入滅하시고 부처님의 제자들은 부처님의 유골을 모신 탑을 찾아 인사를 올렸다. 불교사에서는 이를 불탑신앙이라고 하며, 대승불교 발생 배경의 하나로 보기도 한다. 그렇지만 오늘날 한국불교의 신앙 형태로 볼 때 불탑에 대한 예경이 주된 예경이라고 할 수는 없다. 한국의 사찰은 부처님을 모신 불당(주로 '법당'이라고 불림)이 예경의 중심무대다. 불당을 지은 다음 불당 앞에 한 개의 탑 또는 두 개의 탑을 건립해 모신다. 탑을 먼저 건립하고 불당을 짓는 예를 찾기 어렵다. 그러므로 불당이 예경의 중심이 된다.

부처님께서 입멸하신 이후 불탑에 예경하던 신행은 불상을 조성하여 모시게 되면서 예경의 대상이 불상의 부처님으로 옮겨간다. 부처님이 세상에 계실 때에도 아무 때나 부처님을 찾아뵙고 인사를 드리지는 않았을 것이다. 부처님께서 법문을 하신다고 하면 불자들은 부처님이 계신 곳으로 가서 「깔라마 경」에서 보이듯 부처님께 인사를 드렸을 것이다. 부처님께서 열반에 드시고 법신으로 계실 때 부처님을 그리워한 이들은 부처님의 모습을 본떠 부처님의 존상을 조성해 모시고 조석으로 인사를 드리게 된다.

오늘날 한국불교에서 아침저녁(조석)의 문안 예경은 칠정례로 일반화되었다. 칠정례는 '대웅전 예경'으로 알려져 있는데, 그 근원은 오래되지 않았다. 근현대 한국불교 의례문을 모은 대표적인 저작인 『석문의범』에는 오늘날 행하는 칠정례 의문은 보이지 않는다. 이와 유사한 의문이 나오기 시작한 사례로 『대각교의식大覺教儀式』(1927)의 「중례中禮」를 들 수 있는데, 이후 각 종단이나 제방의 사암에서는 이와 유사한 예문을 찬집하여 문안 인사의 성격으로 아침저녁 예경하는 모습을 확인할 수 있다. 칠정례 의문의 예경을 받는 대상은 다음과 같다.

지심귀명례 삼계도사 사생자부 시아본사 석가모니불 [1배]
지심귀명례 시방삼세 제망찰해 상주일체 불타야중 [1배]
지심귀명례 시방삼세 제망찰해 상주일체 달마야중 [1배]
지심귀명례 대지문수사리보살 대행보현보살 대비관세음보살 대원본존 지장보살마하살 [1배]
지심귀명례 영산당시 수불부촉 십대제자 십육성 오백성
독수성 내지 천이백 제대아라한 무량자비성중 [1배]

지심귀명례 서건동진 급아해동 역대전등 제대조사 천하종사 일체미진수 제대선지식 [1배]

지심귀명례 시방삼세 제망찰해 상주일체 승가야중 [1배]

至心歸命禮 三界導師 四生慈父 是我本師 釋迦牟尼佛

至心歸命禮 十方三世 帝網刹海 常住一切 佛陀耶衆

至心歸命禮 十方三世 帝網刹海 常住一切 達磨耶衆

至心歸命禮 大智文殊舍利菩薩 大行普賢菩薩 大悲觀世音菩薩 大願本尊 地藏菩薩摩訶薩

至心歸命禮 靈山當時 受佛付囑 十代弟子 十六聖 五百聖 獨修聖 乃至千二百 諸大阿羅漢 無量慈悲聖衆

至心歸命禮 西乾東震 及我海東 歷代傳燈 諸大祖師 天下宗師 一切微塵數 諸大善知識

至心歸命禮 十方三世 帝網刹海 常住一切 僧伽耶衆

1행은 '지극한 마음으로 삼계의 도사이시고 사생의 자부이시며 저의 본사이신 석가모니 부처님께 귀명의 절하옵니다'라는 의미로, 각각의 대상인 본사 석가모니불, 불타야중, 달마야중, 대지문수사리보살·대행보현보살·대비관세음보살·대원본존 지장보살, 십대제자 십육성·오백성 독수성 내지 천이백 아라한, 역대조사·천하종사 한량없는 선지식, 승가야중에게 절을 올리고 있다.

칠정례의 대상인 석가모니불, 문수보살, 관음보살, 보현보살 등은 봉안되어 있어도 나머지 삼보는 소상塑像이나 번幡이나 위패로 모신 사찰의 예를 찾아보기 힘들다. 일곱 번 머리 숙여 절한다고 하여 칠정례라고 하는 이 예경은 대웅전에 모셔놓은 불보살과는 크게 상관이 없다는 것을 알 수 있다.

칠정례는 불타야중, 달마야중, 승가야중의 변재삼보遍在三寶께 절하는 삼정례의 확장이라고 할 수 있는데, 변재삼보의 전후와 중간에 석가모니불, 사대보살, 직계제자, 전법조사의 4위를 더해 생성된 의식이다. 변재삼보는 보편하는 삼보이니 보편성이라는 격을 지니고 있으므로 석가모니불이나 관세음보살이나 지장보살 같은 특정 보살과는 그 성격이 같다고 할 수 없는데, 보편성을 지닌 삼보에 특수성을 지닌 불보살과 조사 등을 더해 완성된 칠정례의 예경의식이 오늘날 한국불교 사찰에서 널리 쓰이고 있다.

이제 칠정례를 올리기 전에 행하는 의식을 살펴보고 칠정례와 문안인사의 몸짓에 대해 논해보자. 오늘날 한국불교에 널리 행해지고 있는 조석의 불당 예경 때 대체로 아침에는 청수를 바쳐 올리며 '다게茶偈'를 아뢴 다음 예경하고, 저녁에는 향을 살라 올린 뒤 '오분향게五分香偈'로 일체 삼보께 공양을 올린 뒤 칠정례를 올리고, 뒤에 법계의 일체중생이 함께 부처님의 가피로 불도를 이루기를 청원하며 마친다.

인시寅時(오전 4시) 전후에 행해지는 아침예경의 다게를 보자.

> 제가 이제 올리는 청정수는 감로다로 변해져서
> 삼보님 전에 올리오니, 자비로 받으옵소서.
> 我今淸淨水 變爲甘露茶
> 奉獻三寶前 源垂哀納受

청수를 다기에 담아 불전에 올린다. 그리고 이 다게를 염송한다. 청정한 물로 바쳐 올리고, 이 청수가 감로다로 변한다고 하는데, 이는 나의 발원과 부처님의 가피로 감로다로 변한다고 관상하는 것이라고 할 수 있다.

실제로 청수를 떠서 매일같이 차를 다려 불전에 바쳐 올리는 분들도 적지 않지만 일반적이라고 하기는 어려울 것 같다. 청수를 뜬다고 하지만 오늘날에는 수도를 주로 사용하므로 수돗물을 받아 올린다.

'감로다'를 삼보 전에 올리겠다고 한다. 그러하오니 '받으옵소서(원수애납수願垂哀納受)'라고 큰절을 세 번 하며, 마지막에는 '대자비로 받으옵소서(원수자비애납수願垂慈悲哀納受)' 하고 청한다. 그런 다음 지극한 마음으로, 삼보를 일곱 곳으로 나누어 절을 하는 문안인사를 올린다. 별도의 안부를 여쭙지는 않고 차를 올리니 받아달라며 절을 하는 인사법이라고 할 수 있다.

아침저녁에 올리는 예경은 육신불肉身佛이 아닌 법신法身을 상징하는 등상等像 부처님께 올리는, 일종의 문안인사라고 할 수 있다. 그런데 문안은 없고 차만 올리고 받아달라고 하며 그 대상이 '삼보'라고 못 박고 있다. 삼보께 차를 받아달라는 절을 올린 다음 석가모니불 등 삼보 일곱 분께 정례한다. 그리고 마지막으로 다시 삼보를 거명하며, 다음과 같이 삼보의 가피력으로 법계 중생이 모두 함께 불도를 이루게 되기를 발원한다.

> 다함없는 삼보시여, 대자대비로 저희의 예경을 받으소서.
> 법계의 중생들이 그윽이 가피력을 입어,
> 나와 남이 일시에 불도를 이루기를 바라옵니다.
> 唯無盡三寶 大慈大悲 受我頂禮
> 冥熏加被力 願共法界 諸衆生
> 自他一時 成佛道

다음으로 대중은 신중단을 향해 서서 반야심경을 염송하고, 상단 문안인사를 마친다. 신중단을 향해 반야심경 1편을 염송하고 마치는 의식을 신중예경이라고 할 수는 없다.

신중예경은 당해 사찰에 모셔진 신중이 104위 혹은 39위라면 각 신중들께 예경해야 하지만 그럴 형편이 못되면 전체 신중을 삼분한 위목에 의거해서라도 예경해야 한다. 가령 39위 신중을 모셨다면 "화엄회상 욕색제천중華嚴會上 欲色諸天衆, 화엄회상 팔부사왕중華嚴會上 八部四王衆, 화엄회상 호법선신중華嚴會上 護法善神衆"이라고 예경하고, 104위 신중을 모셨다면 "금강보살 명왕중金剛菩薩 明王衆, 범석사왕 일월제천중梵釋四王 日月諸天衆, 하계당처 일체호법선신 영기등중下界當處 一切護法善神 靈祇等衆"에 지심귀명례를 해야 한다. 104위나 39위의 명자를 일일이 거명하며 절을 올릴 수 없으니 그분들을 크게 셋으로 나누어 한꺼번에 예경하는 것이다.

신중은 불법문중을 옹호하는데, 39위 신중은 화엄산림華嚴山林 법회 때 옹호를 청하는 호법신중이고, 104위 신중은 수륙재 도량과 법석을 옹호하는 8보살 4금강 10대 명왕 등과 제천, 선신 등이다.

유시酉時(오후 6시)의 저녁이 되면 아래의 '오분향게'로 통용되는 게송을 염송하며 향을 살라 올리며 삼보께 공양한다.

> 계의 향이어라. 선정의 향이어라. 지혜의 향이어라.
> 해탈의 향이어라. 해탈을 바로 아는 향이어라.
> 빛나는 구름이어라 법계에 두루 퍼져
> 시방의 한량없는 삼보님께 공양하옵니다.
> 戒香 定香 慧香 解脫香 解脫知見香
> 光明雲臺 周遍法界 供養十方 無量佛法僧

향을 살라 바치며, 오분법신五分法身의 향을 사른다고 하고 있다. 오분법신은 계신, 정신, 혜신, 해탈신, 해탈지견신이다. 이는 법신의 체를 구체화한 것이라고 할 수 있다. 향을 사르며 법신의 향을 사른다고 하는 것은 다른 것이 아니다. 내가 추구하는 지향점이 붓다를 이루겠다는 서원임을 밝히는 것이다. 단순히 올리는 향이 아니라 계를 수지하고 선정을 이루고 지혜를 증득하여 해탈하고 해탈하였음을 분명히 아는 법신의 증득, 그것이 향을 사르는 수행자의 서원이다. 향을 살라 올리면서 이렇게 서원하며 이 서원의 향으로 시방의 한량없는 삼보들께 공양하겠다는 것이다.

이 같은 헌향獻香 등으로 볼 때 불교의례는 불교의 정신을 구현하는 몸짓임이 분명하다. 헌향을 하고 다시 헌향진언을 염송함으로써 불교 예경의식의 몸짓에는 현교顯教와 밀교密教의 행법行法이 동원되고 있음을 알 수 있다. 오분향을 시방의 삼보께 공양함으로써 헌향하였다. 그러므로 별도의 헌향진언은 하지 않아도 되지만 진언으로 다시 헌향하는 구조를 현밀의궤顯密儀軌라고 한다. 이후 이하의 예경의식은 아침과 같이 칠정례를 모시고 '유원唯願'의 발원을 하고, 다수의 절에서는 중단을 향해 서서 반야심경을 염송하고, 각자 다른 전각에 예경을 모신다.

오늘날 실행되는 한국불교의 조석 예경에서 우리가 살펴야 할 것은 무엇인가. 대웅전이 아닌 여타의 전각, 다시 말해 각단 예경 때는 각단에 모신 해당 불보살님이나 성현 들을 거명하며 인사드린다. 하지만 대웅전 등 해당 사원의 주 전각에서는 칠정례 혹은 사찰에 따라 별도로 편수한 십일정례 같은 예경의식이 활용된다. 이 같은 사실은 무엇을 의미하는가. 조상이나 위패는 해당 당사자의 육신이 현재 이곳에 없을 때 활용하는 방법이다. 부처님의 육신이 이곳에 계시지 않으니 흙이나 쇠, 나무 등으로 모양을 만들어 부처님으로 삼아 '물질의 존상에 눈을 그려 진신眞身으로 승화하는 점안의식을 거친' 부처님께 예경하는 것이다.

그렇다면 각단 존상에 예경할 때 각 존상의 명호를 부르며 예경하는 것이 예의라면 주전의 예경 때도 이와 같은 방식으로 활용되어야 하지 않을까. 사찰의 주전이 극락전이고 극락 삼성이 모셔져 있다면, 극락 삼성에 예를 올리는 조석 예경이어야 할 것이다. 마찬가지로 적광전이라면 비로자나불을 먼저 예경해야 하고, 관음전이라면 관음보살께 문안인사를 드리는 것이 옳다.

그럼에도 한국불교의 대웅전 예경에는 '대예참, 소예참, 오분향례, 칠처구회례' 같은 형태의 예경의식이 활용되어 왔다. 이 예경은 대웅전 전각에 모셔진 불보살님과는 크게 상관이 없다. 그런데 어째서 대웅전 예경이라고 하며 행해져 왔는지는 간단히 언급하기가 쉽지 않다. 단지 한국불교 신행의 역사와 밀접한 관련이 있을 것으로 판단할 뿐이다.

대웅전에 모셔진 소상塑像이나 벽화 등과 달리 별도로 모시지 않은 불보살이나 성현을 청해 모시고 인사드리는 법은 예참의식인 '참법懺法'에서나 볼 수 있다. 예참의식을 봉행할 때나 일체에 두루 계신 변재삼보께 예경하고, 공양 때가 아닌 평소에는 전각에 모신 불보살님께 문안인사를 드리는 것이 옳을 것이다. 그런 까닭에 『일용작법日用作法』(1869) 같은 옛날 의문에는 아래와 같은 삼정례의 예경이 예불절차로 제시되어 있다.

보례게송과 진언
아금일신중 즉현무진신 변재제불전 일일무수례
옴 바아라믹
지심귀명례 진시방 극삼제 무진해회 일체불타야중

지심귀명례 진시방 극삼제 무진해회 일체달마야중
지심귀명례 진시방 극삼제 무진해회 일체승가야중

[又 2]
지심귀명례 법보화 삼신불
지심귀명례 사방사지 제위여래불
지심귀명례 진시방 극삼제 화엄해회 난사제불
지심귀명례 긍고금 휘천지 법성해장 주함패엽
지심귀명례 원통교주 관세음보살 유명교주 지장보살만허공 변법계 성라보익 진사보살
우부귀의 여시시방진허공계 일체삼보무량현성
[발원] 유원자비 수아정례 원공법계제중생 동입미타대원해

위 예경이 실린 『일용작법』에는 예경의 세 가지 유형이 있는데 첫째, 둘째 예경은 보편의 변재삼보께 하는 삼례이고, 셋째 또 다른 의문이라는 뜻의 [又 2]는 『화엄경』에 근거해 세 곳 불보佛寶께 예경하고, 법보인 경전, 대승의 4보살 등 한량없는 보살들, 현성의 여섯 곳에 도합 구정례 예경을 하는 것이다. 삼보 개념의 구체적인 양태를 설명하고 있다고 볼 수 있다.

예불게송으로 알려진 보례게송普禮偈頌과 진언을 세 번 말하고 시방삼세 한량없는 진리의 바다에 불타, 달마, 승가야중께 지극한 마음으로 머리 숙여 절한다는 것이다. 현 칠정례의 고형古形이라고 할 수 있다. 여기서 특이한 것은 오늘날의 '자타일시성불도自他一時成佛道(나와 남이 일시에 불도를 이루기를 바라옵니다)'라는 발원이 '동입미타대원해同入彌陀大願海(아미타불의 원력으로 이루어진 바다와 같은 극락세계에 함께 들기를 바라옵니다)'로 나타나고

있는 것이다. 20세기 초반까지 행해졌던 일반적인 예불이나 권공의 마지막 구절과 같다.

'자타일시성불도'라고 말구에 서원하는 것은 지나치게 곧바로 성불을 달성하고자 하는 선사상적인 경향의 추구로 말미암은 것으로, 아미타불의 극락세계에 함께 가기를 청원하는 '동입미타대원해'에서 확인되는 종교성은 다소 줄어들었다고 하겠다.

11세기 중국 금나라 도진이 찬집한 「공불이생의供佛利生儀」의 주석에는 "도를 깨치기 바라는 이들은 삼보상 앞에서 예경하라"는 글이 있다. 이에 의지하면 삼보예경은 수행자나 불자의 기본예절이라고 하겠다. 그렇지만 오늘날 한국불교에는 '삼보상三寶像'이라는 개념이 발달하지 않았다. 다만 붓다로서의 석가세존은 불보, 세존의 가르침인 지혜를 상징하는 문수보살은 법보, 만덕을 실천하는 보현보살은 승보로서의 위상이므로, 삼존상三尊像이 삼보상을 갈음한다고 볼 수 있다.

그러므로 부처님께 아침저녁 문안인사를 드릴 때, 기존의 한국불교에서 행하는 아침은 다게, 저녁은 향게라는 등식을 활용하여, 전각에 모신 존상의 등상과 의문의 일치를 추구해 정례로 예경하며 문안드리는 것도 의미가 있을 것이다. 가령 난야와 같은 토굴에서 석가세존의 상을 원불願佛로 모시고 수행을 하고 있다면, 청수를 올리고 '아금청정수 변위감로다 봉헌본사전 원수애납수 원수애납수 원수자비애납수我今清淨水 變爲甘露茶 奉獻本師前 源垂哀納受 源垂哀納受 願垂慈悲哀納受'라고 하며, '원수애납수'에서 3배를 올리는 것도 한 방법이 아닐까 생각한다. 아니면 헌향을 하고 오분향게를 염송하며 '제가 이제 지심으로 시아본사 석가모니부처님, 관세음보살님, 지장보살님께 헌향합니다'같이 구체적인 불보살을 거명하며 예를 올리면 좋을 것이다.

아침에는 차를 올리고, 저녁에는 향을 올리는 데 대해 여러 견해들이 있지만 전통적으로 의례는 오후 곧 저녁에 시작된다고 하는 것과 관련이 있다고 보인다. 의례가 저녁에 시작된다는 것을 추론할 수 있는 증거는 대략 몇 가지가 있다. 첫째는 『천지명양수륙재의 범음산보집天地冥陽水陸齋儀 梵音刪補集』의 아침저녁 「분수작법」 가운데 저녁의 「혼분수작법」이 새벽의 「신분수작법」보다 선행 배치되어 있는 것이다. 둘째는 수륙재의 경우 『중례문中禮文』으로 할 때는 오후 2시에, 『결수문結手文』으로 설행할 때는 오후 4시에 시작하여 다음 날 축시丑時(오전 1시~3시)에 회향하는 것도 한 증거가 될 수 있다. 셋째는 두 번째 경우와 연결되기도 하지만 '도량석'을 석夕으로 이해하는 것이 그것의 절정인데, 저녁을 의례의 시작이자 아침으로, 새벽을 저녁으로 이해한 것이다.

그러므로 저녁에 향을 살라 올려 중생 교화를 위해 출타하신 부처님께 때가 되었음을 알리는 것이다. 향의 연기로 온 세계의 부처님과 성현께 우리의 마음을 전하므로 향신香信, 청신淸信이라고 한다. 아침에 차를 올리는 것은 부처님께서 선정에서 일어나셨기[出定] 때문에 차를 공양한다고 볼 수 있다. 이에 대해서나 대중이 함께 대웅전 등 각 사찰의 주전에 모여 오늘날과 같이 봉행하는 예불에 대해서는 차차 언급하겠다.

삼례 공덕

삼례는 세 번 혹은 세 곳에 올리는 절이다. 세 번 혹은 세 곳에 절을 올리면 공덕이 있다는 것이다. 예경은 조건이 없다. 무엇을 바라고 절을 하지 않는다. 그런데 왜 삼례의 공덕을 이야기하는가. 불교 재가신자는 부처님을 존경하여 믿고 따르겠다고 서원하며 재가신자로 받아줄 것을 청하여 허락을 받는다. 그러므로 삼보에 귀의한 그들은 당연히 삼보께 예경한다.

삼보예경에 관해 앞에서 살펴보았다. 그렇다면 '귀의삼보歸依三寶'와 '예경삼보禮敬三寶'의 차이는 무엇인가. 귀의하는 것과 예경하는 것의 차이에 불과하다. 그렇다면 논의하고자 하는 것은 무엇인가. 앞에서 다루었듯이 삼귀의를 법회나 불교 행사의 첫머리에 두고 예경으로 활용하고 있기 때문이다.

귀의에는 예경의 의미가 있다고 이해하곤 하지만 앞의 빠알리어 예경에서 볼 수 있듯이 범어도 '나모namo'와 '사라남 가차미saraṇaṁ gacchāmi'로 구별하고 있다. 나모는 인사이며, 사라남은 귀의함, 가차미는 '가다'의 의미로, 그곳으로 돌아간다는 의미다. 하지만 한국불교에서는 '나모'와 '귀의'를 구별하려고 하지 않는다.

하여 '나무석가모니불'이나 '나무아미타불'을 '석가모니부처님께 귀의합니다' '아미타부처님께 귀의합니다'로 번역하곤 한다. '나모'를 '귀의'로 번역하면 '귀의불'과 '나모불'이 변별되지 않는다. '나모불'과 '귀의불'이 혼용되는 것 같지만 적어도 의례에서는 분명하게 구별하여 활용하고 있다. 간단히 정리하면 '나모불'은 나무석가모니불, 나무관세음보살, 나무지장보살 등과 같이 칭명으로 활용되지만, '귀의'의 경우는 귀의석가모니불,

귀의아미타불, 귀의관세음보살, 귀의지장보살이라고 불리거나 활용되거나 표현되지 않는다.

그 연유는 '귀의'와 '나모'의 공능功能에는 차이가 분명하기 때문이라고 할 수 있다. 귀의의 대상은 특정한 불법승이라고 하기보다 보편 삼보를 지칭한다. 나모의 대상은 보편의 삼보뿐만 아니라 특정한 삼보에도 두루 적용된다. 그런데 귀의에도 나모와 같이 예경의 의미와 보편성의 삼보께 귀의하는 의미가 있다. 그러므로 삼귀의에 예경을 더한 삼귀의례는 그 공덕이 단순하지 않다.

불교 몸짓의 핵심은 바로 삼귀의례에 있다. 부처님께 귀의하고, 가르침에 귀의하고, 가르침을 따르는 승가 대중인 스님께 귀의하는 삼귀의는 예경으로 극대화된다. 초기 불교의 몸짓과 달리 대승불교의 몸짓에 이르면 삼귀의례의 공덕이 불교 정신의 실천임을 극명하게 보여준다.

다음은 『유가집요시식의궤瑜伽集要施食儀軌』에 실린 「삼보의찬」인데 삼보에 예경하고 귀의하면 어떤 공덕이 있는지 설명하고 있다.

> 지극한 마음과 믿음으로 붓다야 양족존께 절합니다. [대중화답]
>
> 삼각(자각自覺, 각타覺他, 각행궁만覺行窮滿)이 원만하고 만덕을 구비하시며 천인을 아, 거느리시는 조어사여! 아 아 훔, 성범의 대자대비하신 아버지는 진계로부터 응신을 지니고 자비의 화신과 보신 같아 삼세에 다하고 시방에 두루 하시며, 법뢰를 흔들고 법고를 울리어 권교와 실교를 널리 펼쳐 방편의 길을 크게 여시오니, 만약 귀의한다면 지옥의 고통을 멸할 것이옵니다.

> 지극한 마음과 믿음으로 달마야 이욕존께 절합니다. [대중화답]
>
> 보배 경전 모아 옥함에 담은 두루마리 서역에서 결집하고 동토(중국)에

전해져 번역되었네. 조사스님 넓히시고 어질고 밝은 이가 가리시어 장소를 이루었으니, 삼승은 돈과 점으로 나누고 오교를 종취로 정하셨네. 귀신은 공경하고 천룡은 수호하며, 미혹한 이를 인도하는 아! 달 가리키는 손가락이며, 아 아 훔, 번뇌를 제거하는 감로를 따르시니, 만약 귀의한다면 지옥의 고통을 멸할 것이옵니다.

지극한 마음과 믿음으로 승가야 중중존께 절합니다. [대중화답]

오덕(포마怖魔 걸사乞士 정계淨戒 정명淨命 파악破惡)을 갖춘 스님과 여섯 가지를 함께 ①신화경身和敬 ②구화경口和敬 ③의화경意和敬 ④계화경戒和敬 ⑤견화경見和敬 ⑥이화경利和敬하는 도반들, 중생을 이롭게 하는 것을 아! 사업으로 삼나니, 아 아 훔, 법을 넓히는 것이 불가의 일입니다. 시끄러운 티끌세상을 피하여 항상 편안히 정좌하나니, 고요한 곳에 몸을 가리는 것은 아! 털옷을 떨치오며 채소 나물로 창자를 채우나이다. 발우에 용을 항복 받아 담고 석장으로 범을 풀어놓고 법등은 (아) 항상 두루 비추어서 (아 아 훔) 조사의 법인을 서로 부촉하니, 만약 귀의한다면 방생(축생: 짐승)의 고통을 멸할 것이옵니다.

이는 '삼지신례三至信禮'라고 지칭하는데, 삼보께 예경하고 귀의하면 지옥, 아귀, 축생의 삼악도의 고통이 소멸된다고 하여 공덕이 크다고 갈파하고 있다. 또 『불설희유교량공덕경佛說希有校量功德經』에는 삼귀의의 공덕이 어떤 공덕보다 천 배 만 배 한량없이 크다고 설명하고 있고, 시식의문에서는 삼귀의의 공덕으로 삼악도를 소멸한다고 구체적으로 설하고 있다.

이 「삼보의찬」 의문은 삼보 공덕 찬탄의 의문으로 국내 영산재로 불리는 〈영산작법〉에 '삼지신례'라는 이름으로 수용되어 있다. 예경의 첫 구 '지극한 마음과 믿음으로 붓다야 양족존께 절합니다至心信禮'를 차용하여 제목으로 삼은 것이다. 이 의문 가운데 삼승오교三乘五教의 오교에 대한 여러 견해가 있는데, 이 중 어떤 오교설을 지칭하는지 확인되지 않지만, 일반적으로 오시설五時說에 응하여 소승교小乘教, 반야교般若教, 심밀교深密教, 법화교法華教, 열반교涅槃教로 분류되기도 한다.

이 의문에는 고승들의 이적異蹟 고사가 등장하고 있다. 섭마등 스님이 전진의 부견 왕의 청으로 비를 내려달라고 기도를 하였는데(기우제), 얼마 지나지 않아 용 한 마리가 항복하고 섭마등 스님의 발우에 들어오자마자 하늘에서 큰 비가 내렸다는 것이다. 후세 선문에서는 이 고사를 불법에 통달한 이가 행주좌와行住坐臥의 순간에 자유롭게 드러난다는 의미로 전의되었다.

이 고사는 4세기 말의 것인데, 고대에는 가뭄에 비를 내리게 하는 능력이 도인의 기준이다시피 한 것을 알 수 있다. 전진의 왕 부견이 양광의 군대를 보내 구자국의 구마라집 스님을 데려오려고 한 것도 실은 불교의 홍포가 아니라 전쟁을 승리로 이끌기 위한 도사를 확보하기 위함이었다.

또 다른 하나의 고사는 호랑이의 싸움을 말린 이야기다. 북제 승조 선사가 일찍이 회주의 서쪽 왕옥산에서 선정을 닦고 있을 때 호랑이가 싸운다는 말을 듣고 벼락같은 소리를 지르고 석장으로 싸움을 말려 각자 돌아가게 했다는 것이다.

삼례는 삼보께 지극한 마음으로 절하는 것이다. 지극한 마음으로 절을 올리는 것은, 위 의문에서 볼 수 있듯이 그 공덕이 지대하다. 그러므로 그곳에 절하고 귀의하면 지옥, 아귀, 방생의 삼악도를 소멸할 수 있다.

시방에 계시면서 중생을 건지시는 불보, 달을 가리키는 손가락과 같은 가르침의 법보, 고행 난행을 능행하여 탁월한 능력으로 중생을 건지시는 승보에 귀의하고 절을 하면 그렇다는 것이다. 여기서 잠시 눈여겨 살필

점은 '승보'라고 할 수 있다.

전통적인 의례에서 불보는 법신, 보신, 화신이고, 법보는 경장, 율장, 논장이고, 승보는 성문, 연각, 보살승으로 표현된다. 그런데 여기서는 오덕五德과 육화경六和敬으로 수행하는 비구 스님들, 구체적으로 고사를 남긴 그런 스님들께 찬탄하고 귀의하고 있다. 추상적인 삼보에서 구체적인 승보를 적시하고 있는 것이다.

삼귀의의 '승가야중'에 대해 '스님들께'로 하지 않고 '승가'나 '참모임' 등으로 번역해야 한다는 견해가 옳기는 하나, 스님 혹은 스님들이라는 번역어가 삼례의 승가에 대한 구체적이고 현실적인 제시로 보인다. 승가의 개념이나 표현 또한 시대적인 산물일 수 있음을 보여준다.

삼보에 귀의하면 공덕이 무량하다는 데서 한 걸음 더 나아가 지옥, 아귀, 축생의 악도에서 받는 고통을 소멸한다는 삼귀의의와 삼귀의례의 공능은 불교가 말하는 삼독의 소멸을 실천하는 첫째 몸짓이라고 할 수 있다. 이렇듯이 불교의 몸짓, 의례에는 불교의 정신과 역사와 문화가 오롯이 들어 있다.

대중 예불

이제 일반적으로 이해하고 부르는 예불에 대해 알아보도록 하자. 예불은 조석으로 부처님께 올리는 예경의식을 지칭한다. 사찰이 소재한 지역 여건에 따라 차이는 있지만 대체로 아침예불은 새벽예불이라고 하여 오전 3시 도량석을 시작으로, 범종각의 사물을 울리고 인시인 4시경에 예불을 올린다. 저녁예불은 유시인 오후 6시에 사물을 울린 다음 대중이 큰 법당에 모여 함께 부처님께 인사 올린다.

한국불교의 조석 예불을 굳이 대중예불이라고 표현하는 것은 한국불교 예불이 좀 특별한 성격을 가지고 있다는 것을 의미한다. 먼저 대중이 조석으로 예불을 올릴 때 거의 모든 한국 절에서는 앞에서 언급한 칠정례로 예경한다. 송광사, 통도사 같은 삼보사찰에서는 오늘날 칠정례 의문에 사찰 창건과 인연 있는 분들을 부처님과 성인들에 더해 예배한다.

다음은 2015년 12월 어느 날 통도사 아침예불 장면이다.

> 아침 3시 50분이 지날 즈음 범종각의 사물의 울림이 끝나갈 무렵 법당 소종을 내리고 올리기를 세 번 하고, 노전스님이 다게를 선창한다. '내 이제 청정한 물을 올리오니 감로다로 변해지고 삼보님께 올리니 자비로써 받아주소서'라고 선창하고 '받아주소서'라는 '원수애납수'를 3회 반복하며, 대중은 큰절을 하였다. 이때 노전 옆 인례스님은 작은 경쇠를 울려 절하고 일어날 때 신호를 하였다.
>
> 다게 염송과 3배가 끝나자 아침예불의 예참의례가 본격적으로 시작되었는데, 선창하는 스님이 대중의 오른편 앞으로 나아가서 칠정례의 의문을 선창하며 한 소절이 지나가는 것과 동시에 대중은 그 화음으로 함께 제창하였다. 선도가 창도하고 대중의 제창으로 음가가 잘 변별되지는 않았지만 장엄성만은 사위를 압도했다. 가령 '지심귀명례 사바교주 본사 석가모니불' 하며 큰절을 할 때, 대중은 선창의 '사바교주'를 염송할 때 '지심귀명례'를 시작하는 방식이었다.

오늘날 한국불교 사찰의 아침저녁 예불은 통상 칠정례로 봉행된다. 절하는 대상이 석가모니불, 불타야중, 달마야중, 문수보살 등 4대보살, 영산 당시 아라한중, 전법의 역대조사와 종사, 승가야중의 7처로 나눠 예경하지만 통도사에서는 불보를 석가모니불, 아미타불, 미륵존불과 영축산중 금강계단 정골사리 자비보탑을 더하고, 승보에 창건조사인 자장율사를 더한 십일정례로 봉행하고 있다.

통도사 아침저녁 예불로 한국불교 정화 시기 이전에는 아침에 향수해례, 저녁에 삼정례로 봉행하였다는 증언 기록이 있고, 현행 칠정례가 1950년대 중반 통도사에서 회편되어 보급·성행하기 시작했다는 기록으로 볼 때 현재와 같은 십일정례가 확립된 것은 1950년대 이후인 것만은 분명해 보인다.

또 석가모니불에 대한 예경도 공능과 찬탄만 하더라도 칠정례에서는 '지심귀명례 삼계도사 사생자부 시아본사 석가모니불'이라고 하는 데 반해, 통도사 예경에서는 '지심귀명례 사바교주 본사 석가모니불'이라고 하여 석가모니불을 '사바교주 본사'로 압축하고, 아미타불과 미륵불, 자비보탑, 자장율사에 예경하고 있는 점이 특이하다고 할 수 있다.

4시 1분경 십일정례의 예불을 마치자 노전스님이 행선축원을 고하였다. 행선축원은 선방축원이라고 알려졌는데 수행을 다짐하며 사찰 내외의 유주무주 유연중생의 왕생극락과 시주화중의 복덕을 축원하는 의식이다.

행선축원은 불교수행과 예불의 목적과 의도를 선명히 드러내주었다. 조석으로 향과 등불을 부처님 전에 올리며 삼보에 귀의하며 부처님께 절을 하오니, 전쟁이 없고 평안하여 불법이 더욱 빛나고 법륜이 펼쳐지기를 기원하며 수행자들의 수행의지를 드러냈다.

가령 언제나 태어날 때면 지혜로운 삶에서 물러나지 않고 수행하여 일체중생을 건져 필경에는 부처도 중생도 따로 없는 세계를 기원한다. 이와 같은 원을 발원하는 것을 불교에서는 '총원總願'이라고 하는데, 보편적 기원이라고 할 수 있다. 보편적인 기원과 아울러 현실적인 사찰 안팎의 안녕을 기원하며 토지신 등 일체 신중에게 가호를 청하며 언제나 보살도를 실천할 것을 다짐하는 식이었다.

기원과 다짐의 축원이 끝나자 대중은 다 함께 "나무석가모니불 나무석가모니불 나무시아본사 석가모니불"을 화음으로 염송하고 반야심경을 염송하였다.

대승불교의 반야 공사상을 압축하고 있는 260여 자의 한자로 구성된 반야심경은 오늘날 한국불교 사찰의 법회 때는 찬불가 다음으로 염송하며 제법의 자성이 공함을 관찰하는 법문으로 시설되고 설해지기도 하며, 상단예불이 끝나고 불법문중의 가호를 청하며 신중단을 향해 염송하는 대중과 신중이 함께 자성의 공함을 관하며 진여 본질을 깨닫고자 하는 의도에서 염송된다.

의식을 종료할 때 의식과 같은 현상의 세계에서, 말이 없는 진여 본질의 세계로 들어가기를 염원하는 의도에서 염송되기도 한다. 반야심경은 260자에 불과해 염송은 2분이 채 소요되지 않았다. 반야심경 염송 후 4시 6분경 대중은 큰절을 올렸다.

— 산사세계유산등재추진위원회 편 『산사, 한국의 산지승원 학술총서 무형유산 I』(2017)

대중이 함께 사찰의 주전에 모여 예불을 올리더라도 주전에 계신 부처님이나 성현께 예를 올리는 것이 정상적일 것이다. 만일 그렇지 않다면, 칠정례가 되었든 십일정례가 되었든 간에 정례를 하려면 소상이나 그림으로 모시고, 모시지 않은 분들은 위패라도 써서 예경하는 것이 적합할 것 같다. 간혹 이 같은 의견을 제시하면 제사 때는 그렇게 한다고 한다. 제사를 지낼 때 시동尸童을 신위 대신 앉혀놓고 제사를 지냈다고 하듯이 인사를 드리려면 당사자나 당사자를 상징하는 무엇을 모셔놓고 하는 것이 옳을 것이다. 봉원사 등 대찰에서는 지금도 삼동결제나 정초기도 때 전통의 향수해례香水海禮 예경을 하는데, 각 위목을 써 걸어놓고 한다고 한다. 하지만 칠정례의 위목을 걸어놓고 예경하는 예를 흔하지 않은 것 같다.

필자가 종종 이 같은 견해를 밝히면 대개 '다 알아서 받는다'라거나 '별걸 다 시비한다'고 핀잔한다. 이 같은 주장이 별 걸 다 시비하는 걸까. 그렇지 않다. 예禮는 정확해야 한다. 본전이 극락전이라면 아미타부처님께

행자교육 중 예불(ⓒ김무경)

인사 올려야 한다. 계시지도 않는 부처님들이나 보살들을 칭명하고 정작 본존 부처님께 인사를 드리지 않는다면, 본존께는 별도의 예도 올리지 않으면서 왜 굳이 때마다 예를 올린다고 할까. 별 걸 다 시비하는 것이 아니다. 우리는 예를 올리는 것이다. 그것도 우리가 모시고 신앙하는 부처님께 아침저녁으로 예를 올리는 게 조석 예불이라면 더욱 그러하다.

그렇지만 본존불과 상관없이 칠정례나 종파의 조사나 창건조사 등을 더해 팔정례, 십일정례로 봉행하는 한국불교 예경은 쉽게 바뀔 것 같지 않다. 오히려 이것을 한국불교의 역사 또는 역동성으로 이해할 수 있으나, 이에 대한 문제의식을 갖고 있는 이들이 없기 때문이다.

그렇다면 왜 주전의 존상과 크게 상관이 없는 예경이 한국불교에 널리 퍼져 설행되고 있을까.

첫째, 현 칠정례와 같은 예경의 성격이 무엇인지 파악해야 한다. 현재 행해지는 칠정례는 당우에 존상이나 그림을 모시고 신앙하는 부처님께 조석으로 문안인사를 드리는 예경과 달리, 신앙하는 경전 상의 불보살이나 신중을 청해 참회하고 예경하며 발원하는 참법과 같은 의식이라는 것이다. 참법을 봉행할 때는 해당 신앙의 대상을 초청하여 예경하고 참회하며 공양을 올린다. 한국불교는 중국불교와 달리 참법 가운데 예경 또는 공양의 의문이 참법이라는 의미를 가진 예참의식으로 남아 있는데, 이 예참에서 예경 의문만 회편되기 시작하였다. 예참 의문으로는 「대예참」 「소예참」 「화엄예참」 「관음예문」 「오분향례」 「칠처구회례」 「지장예문」 「신중대례문」 등이 전해지고 있다. 예참 의문은 20세기 들어와 불교의식을 현대화하는 과정에서 예경의식의 현대화에 영향을 주었다고 보이는데, 새롭게 예경의식을 편수해가는 과정의 산물이 현재의 칠정례라고 이해할 수 있다.

예경을 새로 편수한 예로는 백용성이 편찬한 『대각교의식』이 있다. 이 책의 「향례」 중에 '조석통상예식'이나 '중례'가 있다. 이 「향례」는 변재삼보에 앞서 석가모니불께 먼저 1배를 하고 변재삼보께 예경한다. 백용성의 '조석통상예식'은 4배의 약례略禮라는 관점과 대예참 등에 비해 중례라는 관점이 있다. 중례는 '과거삼존 현재사위불타, 오방불과 미륵불, 시방삼세상주불멸일체불타, 시방삼세상주불멸일체법보, 문수보현관음세지성사, 시방삼세일체성사, 영산당시 부촉제자 아라한, 격외선지조사' 이 여덟 곳에 예경한다.

'중례'는 1950년대 통도사를 중심으로 편수된 것으로 알려진 오늘날 칠정례의 원형이라고 할 수 있을 정도로 구조가 유사하다. 불보, 법보, 승보의 변재삼보 사이에 '오방불, 미륵불'이라는 구체적인 불타와 성사聖士를 배치하여 예경하는 한 예가 시작되었다고 보인다.

이와 같은 예경은 불보살을 불러 청해 예경하는 참법이나, 야외에 설단하고 일체 무주고혼을 청하여 음식을 베푸는 수륙재 같은 재회의 삼보소청三寶召請에서 유래한다고 할 수 있다. 그렇지만 예참이나 재회가 아님에도 불구하고, 전각의 존상과 상관도 없는 중례나 칠정례로 예경하는 한국불교의 몸짓은 어떤 논리로 명료하게 설명할 수 있을까.

둘째, 우리에게 한국불교 대중 예불에 이러한 양상이 일어나게 된 연유를 밝혀줄 근거는 전통 사찰의 살림살이에서 찾을 수 있다. 한국불교는 각방 살림이라는 방식을 고수하였다. 사찰이 지나치게 커지니 전각 등을 중심으로 적당히 살림을 나누어 독립적으로 운영하는 방식이다. 함께 머물지만 살림을 따로 살 때는 공양을 따로 마련한다. 심지어 각자 공양할 양식 2홉이나 3홉 혹은 5홉을 공양주에게 내어 공양을 짓는다. 그리고 공양을 할 때는 각자가 낸 만큼 받아 공양을 하였다. 거기서 더 나아가 한국불교 사찰에는 다양한 전각이 있고, 각 전각은 유기적이지만 독립성이 강한 불보살과 신중을 모신다. 각각의 불보살이나 신중은 고유성을 가지고 있고 각자의 서원을 가지고 있다. 그 서원에 기대어 신앙하는 이들은 자신이 신앙하는 불보살이나 신중을 본존으로 삼아 우선적으로 모신다. 각자 모시는 불보살이나 신중이 있다고 하더라도 당해 사찰의 주전에서 아침저녁 행하는 예불은 한자리에 모여서 함께 모신다. 이때 누구에게 먼저 예경을 할 것인가 하는 문제가 나올 수 있다. 각자 모시는 불보살에게 예경을 먼저 하게 되면 예경이 중구난방이 될 것이다. 이들이 함께 예경하려면 어떻게 할 것인가. 이에 대한 해답을 찾은 것이 예참의 형태인 중례나 칠정례, 팔정례, 십일정례가 아닌가 한다. 이는 지극히 주관적인 견해다. 통도사 같은 대찰 예불에 참석해보고 떠오른 생각이다.

전통적으로 한국불교의 아침예불은 향수해례, 저녁예불은 삼정례 또는 사성례로 간단히 봉행했다고 전해지며, 지금도 그렇게 봉행하는 절들이 더러 있다고 한다. 『석문의범』의 모본이라고 할 수 있는 『불자필람』에는 조례종송에 이어 '향수해례'와 '사성례(실제는 육성례)'가 편제되어 있다. 이는 전통적인 조석 예경 방식을 보여주는 것으로 보인다. 하지만 오늘날 칠정례가 보급된 연유는, 1920년대에 불교 현대화를 목표로 의례와 경전의 우리말 번역을 시작한 백용성 선사의 「향례」 가운데 중례 회편의 편의성에 의지해, 1950년대 한국불교의 큰 이슈인 불교정화(법란) 이후 16배인 향수해례 등을 간소화하기 시작한 데서 찾을 수 있다.

대중이 법당에 모여 16배인 향수해례를 하지 않고 본존과 협시보살께 삼정례만 올리기에는 절하는 횟수가 너무 적다는 지적을 제방의 스님들께 누차 들었다. 오늘날 행하는 칠정례나 팔정례, 십일정례의 아침저녁 예불은, '시방삼세일체상주삼보'의 변재삼보께 처음 1배로 행하는 예배를 불법승 삼보께 올리는 삼정례로 나눠 예배하는 '삼지신례'와 같은 예경의식의 중간에 다시 구체적인 불보살을 넣은 형태다.

예참 등을 행할 때 "지심귀명례 시방삼세일체상주삼보至心歸命禮 十方三世一切常住三寶(지극한 마음으로 시방삼세에 항상 계시는 일체의 삼보님께 예경합니다)" 하며 절 1배를 올리고 의례를 시작한다. 하지만 현행 한국불교의 예불은 추상화된 변재삼보 앞에 석가모니불이, 그리고 중간에 구체 불보살이나 아라한 조사 등이 혼입된 칠정례 또는 십일정례의 형태다. 그러므로 한국불교의 조석 예불로 행해지는 대중 예불은 근현대 불교로 이행하는 전환

시대에서 생겨난 역사적 산물이라고 할 수 있다.

또 하나 예경에서 관심을 끄는 것은 예경의 횟수다. 불교 전통이나 경궤經軌에 나타난 예경은 아침 8시, 정오, 오후 4시의 주간 삼시와 저녁 8시, 자정, 새벽 4시의 야간 삼시를 합해 육시(여섯 때)에 행하였다. 오늘날은 새벽 4시와 저녁 6시의 조석 예불과 사시의 끝 무렵에 마지를 올리는 사시마지巳時摩旨까지, 육시예불이 삼시예불로 축소 봉행되었다고 할 수 있다. 이 같은 역사와 전통을 참조하면 일일정진을 조석 예불로만 마치고 송주는 부전스님의 몫으로 치부되는 현행 예불을, 불교수행을 하는 전 대중이 함께 봉행하는 수행의례로 복원해야 할 당위가 있다. 이와 같은 전통 수행의례의 환원에는 『삼시계념의범三時繫念儀範』이 한 참고가 될 수 있다.

예경은 신앙의 대상을 분명하게 하거나, 어떤 형태로든 예경 대상의 조상이 어려우면 번이나 위패 등이라도 모시고 하는 것이 좋다. 추상적인 변재삼보는 그저 칭명만 하면 되겠지만, 구체적인 불보살이나 신앙의 대상은 소상이 아니면 번이나 위패라도 모셔놓고 절하는 것이 예법에 적합하다고 할 수 있다. 향수해례 때 위목位目을 걸고 예경하거나, 대만 등지에서 수륙재를 행할 때 상하당에 모신 1백 석의 자리에 일일이 위패를 모셔놓고 공양하는 사례를 보면 어느 정도 공감할 수 있지 않을까 한다.

계율을 주고받는 수계

귀의의 실천

수계는 계를 주고[授戒] 계를 받는[受戒] 의례다. 계를 받는 이는 계를 받아 계에 따라 살 것을 서원·다짐하고, 계를 주는 이는 계를 받는 사람이 계를 받았음을 증명해준다. 수계의 종류에는 삼귀의계, 5계, 보살계를 비롯해 신입 출가자를 위한 사미 10계, 비구 250계, 비구니 348계 등이 있다.

삼보에 귀의하여 그 가르침대로 살아가고자 서원하고 다짐하며 받는 수계를 '삼귀의계'라고 한다. 삼귀의계를 받고 난 다음 삼귀의계의 구체적인 의미를 실천하는 것이 5계를 지니는 것이다. 불교 5계를 수지하는 것은 자신의 정체성이 불교도임을 드러내는 하나의 몸짓이다. 불교의 가장 큰 의미는 진리를 깨쳐 해탈하는 것이다. 이를 위한 첫째 몸짓은 5계를 지니고 진리대로 살아가는 것이다.

①살아 있는 생명을 죽이거나 괴롭히지 않는다.
②주지 않는 다른 사람의 물건을 갖지 않는다.
③다른 사람의 배우자와 관계를 맺지 않는다.
④사실이 아닌 말을 하지 않는다.
⑤술과 같은 취하는 것을 마시지 않는다.

5계 수지는 귀의삼보의 실천을 구체화한 것이다. 겉으로 드러난 5계의 모습은 지극히 윤리적이다. 하지만 5계는 단순히 윤리적인 지침이 아니라 불교의 이상인 해탈의 추구에 걸림돌을 제거하는 구체적인 몸짓이다. 남을 괴롭히고 해치는 행위나 남의 것을 빼앗고 훔치는 행위나 다른 이성을 탐하거나 거짓말을 하거나 술에 취하는 행위는 욕망과 성냄, 어리석음의 길에 더욱 빠져드는 것이다.

불법승 삼보에 귀의하는 것이 바른 스승의 가르침대로 살아가겠다는 서원이라고 할 때, 바른 스승의 가르침은 바로 5계 수지에서 출발한다. 삼보에 귀의하고 5계를 지니는 삶이야말로 진리대로 살아가는 삶이고 욕망의 수레바퀴를 벗어나는 길이다. 그러므로 귀의삼보와 5계 수지의 몸짓은 불교 정신의 시작이라고 해도 과언이 아니다.

그럼 오늘날 한국불교의 수계의례는 어떻게 진행될까. 조계종 포교연구실의 『재가불자수계의범시안』을 참조하여 재가신자의 5계 수계의식을 간단히 알아보자.

먼저 수계식이 열릴 도량을 깨끗이 청소한다. 촛불을 켜고 향을 사르며 꽃을 올린다. 의식을 인도하는 스님은 줄을 맞춰 수계할 이들을 세우고 작은 종 다섯 망치를 친다. 그리고 수계법사가 인도하는 목탁소리에 맞춰 수계자와 대중은 부처님 전에 3배를 올린다. 그럼 본의식의 순서를 대강 살펴보자.

첫째, 부처님께 올리는 향의 공능을 찬탄하며 변재삼보께 절을 한다. 둘째, 수계의식을 증명할 불보살님과 역대 율사스님을 청한다. 셋째, 계를 설해줄 큰스님을 청한다. 넷째, 계의 공덕과 5계와 그 의미를 일러준다. 다섯째, 참회를 한다. 여섯째, 참회진언을 염송하며 스님들이 수계자들에게 연비를 한다. 연비는 팔을 향으로 간단히 태우는데 몸이 지닌 업장을 불태운다는 의미를 갖고 있다. 이때 남자는 왼팔, 여자는 오른팔에 하기도 한다. 일곱째, 삼보께 귀의한다. 여덟째, 삼귀의계를 받아 계체를 얻었으므로 5계를 지킬 것을 다짐하는데 계사가 지킬 수 있는지를 물으며 수계자는 지키겠다고 대답한다. 아홉째, 삼귀오계를 받았으니 스스로 불사를 성취하고 중생을 교화하겠다는 서원을 발원한다. 열째, 수계공덕을 회향한다. 열한째, 계첩을 받는데 이때 불명佛名(계명)을 받게 되므로 불자로 태어나게 된다. 석가모니불 정근을 하고 수계공덕을 회향하는 것으로 의식이 끝난다.

그렇다면 출가자를 위한 수계의식은 어떠할까. 출가는 두 단계의 수계를 거친다. 첫째 사미와 사미니가 되는 수계와 일정 기간의 준비수행이 끝난 다음 두 번째로 비구와 비구니가 되는 수계의식이 그것이다. 물론 '식차마나式叉摩那'라고 하는, 비구니계를 받기 이전의 수계의식이 있긴 하지만 예외로 하고, 처음 출가하여 계를 받는 사미계 수지의 모습만 살펴보도록 한다.

먼저 삼보의 존호를 칭명하며 절을 하는 거불을 하고, 삼보님을 널리 청해 오늘의 수계법회가 열리게 된 연유를 아뢴다. 자리를 바치고 공양을 올린 다음 행자는 불전에 나아가 향을 올리고 3배 하고 무릎을 꿇고 합장한 뒤 "삼도의 고통에 빠진 중생들을 능히 건지시는 대성존께 귀의하오니, 여러 중생들이 널리 다함없는 즐거움[無爲樂]에 들기를 바랍니다"라고 청한다.

근대 이전 왕조시대에는 국왕의 허가를 얻어야 했다. 출가를 할 때는 뜰에서 향을 사르고 국왕을 향해 3배하고 무릎을 꿇고 합장하고 "위로는 네 가지 귀중한 은혜를 갚고 아래로는 삼악도의 고통을 건지고자 집을 나와 좋은 도를 닦고자 하오니 국왕께서는 가엾이 여겨 허락해주소서." 하고 청한다.

다음에 부모님의 허락을 청한다. 국왕의 허락이 필요하지 않은 오늘날에는 이를 국가로 대치해 형식적으로 진행한다고 한다. 부처님과 국가와 부모님의 허락을 청하는 것으로 진행된다. 이렇게 한 다음 세속의 옷을 벗고 출가자의 옷인 치의緇衣를 입고 불전에 3배하고 부처님과 부모님께 출가를 다짐한다. 이어 머리를 깎고 불명을 받고 가사를 받는다. 다음에 수계 화상아사리和尙阿闍梨, 갈마아사리羯磨阿闍梨, 교수아사리敎授阿闍梨의 3화상和尙을 청하고 동학반려들에게 증명을 청하고 천신들에게 도량의 옹호를 청한다.

다음은 수계아사리가 사미 10계를 설하는데, 계목은 이렇다. 첫째, 살생하지 않는다. 둘째, 남의 물건을 훔치지 않는다. 셋째, 삿되게 음행하지 않는다. 넷째, 거짓으로 말하지 않는다. 다섯째, 술을 마시지 않는다. 여섯째, 높고 넓은 대와 상에 앉지 않는다. 일곱째, 화만과 영락을 쓰지 않고 향과 기름을 몸에 바르지 않는다. 여덟째, 노래하고 춤추며 창을 짓고 않고, 그런 까닭에 가서 보거나 듣지 않는다. 아홉째, 금과 은과 돈과 보물을 잡지 않는다. 열째, 먹을 때가 아니면 먹지 않고 가축을 기르지 않는다.

10계를 설하고 나서 지킬 수 있는지 세 번 묻고 세 번 답한다. 이어 뜻을 굳건히 하는 입지게송을 염송하고 계사와 대중 앞에 3배하고, 또 불전에 향을 올리고 3배하며 사미는 대중의 말석에 앉는다. 이때 속가 부모는 자식이 출가하여 스님이 되었으므로 새로 출가한 사미스님에게 절을 올린다. 이때 출가한 공덕이 큼을 찬탄하고 불전에 공양을 올리고 축원을 하고 출가의식을 마친다.

출가를 위한 수계의 특이점은 부처님과 국왕과 부모님의 허락을 받아야 한다는 것이다. 불교 초기 부처님이 계실 때는 부처님의 허락만으로 출가가 허용되었지만, 후대 중국이나 한국, 일본 등 불교를 국가 차원에서 수용한 나라들에서는 출가 시 국왕의 승인이 필요했다. 국왕의 승인이 필요했다는 것은 불교 출가자라고 할지라도 국가[國王]의 제도[治下] 안에서 존재한다는 것을 의미한다. 국가를 떠난 불교, 다시 말해 제도권 밖의 불교는 공식적으로 인정되지 않았다. 출가가 허락된 스님은 일반 국민과 다른 특수한 예우를 받는다. 군역과 세금 면제 등이 그것이다.

지금은 나라의 허락을 받고 출가하지 않지만, 형식상 국가의 허락을 받는 형태로 진행하고 있다. 하지만 오늘날 출가자는 병역이나 세금을 면제받지도 않고 국가적 특별대우를 받지도 않으므로 형식적으로 국가의 허락을 받는 형태로 할 것이 아니라 부처님, 부모님, 은사스님께 허락을 받는 형식으로 수정할 필요가 있겠다.

재가자를 위한 삼귀의계와 5계 수계, 출가자를 위한 사미 10계와 비구 250계 등의 수계를 제외하고 오늘날 한국불교에서 널리 행하는 수계의식으로는 보살계 수계의식이 있다. 재가자들이 재일齋日에 절에 와서 공양을 올리고 여덟 항목의 계를 지닌다[受持]고 하는 팔재계八齋戒도 있다. 오늘날 한국불교에서 일상적으로 행해지는 재일, 가령 지장재일이나 관음재일 같은 날의 의식을 보면 상단에 공양을 올리고 법문을 하는 법회를 갖기는 하나 수계의식이나, 계를 수지하는 포살과 같은 신앙행위를 찾아보기 어렵다. 수계를 하는 재일에는 목욕재계를 하며 몸과 마음을 정갈히 하고 수계를 한다. 그런 이유로 지금은 '재계齋戒'라고 하면 단순히 '몸과 마음을 깨끗이 한다'고 이해하는 경향이 있는데, 재계에 대한 동아시아권의 인식은 3일 재齋와 7일 계戒라고 할 수 있다. 이는 3일은 오후에 금식하고 7일은 범행梵行하는 것으로 이해할 수 있다. 범행은 남녀관계를 하지 않는 것이다. 그러므로 재계 정신의 핵심은 음식을 굶고 정결한 몸가짐을 갖는 것이라고 하겠다.

늘어나는 계목

삼귀의의 근원에서 보았듯이 처음에는 부처님과 가르침에 귀의하는 '이귀의' 수계라는 첫 번째 의식이 시작되었고, 이후 부처님을 따라 수행하는 출가 제자들이 생겨나고 재가신자는 그분들에게도 귀의하게 되면서 삼귀의가 완성되었다. 부처님과 그 가르침 그리고 부처님을 따르는 제자, 이 셋은 불교에서 최고의 보배로 존중받게 된다. 그 결과 부처님과 그 가르침과 제자들은 삼보로 불리게 되었으며, 삼보三寶, 곧 세 가지 보배는 이후 불교도들에게는 최고의 신앙 대상으로 자리 잡았다.

가우따마 싯다르타가 출가하고 수행하여 우주와 인생의 진리를 깨치고, 붓다가 되어 깨친 진리를 설파하고, 뒤이어 그를 따르는 출가와 재가의 신자들이 생김으로써 불교가 성립된다. 불교의 성립은 단순히 부처님만 존재하는 것도 아니고, 가르침만 있어서도 안 된다. 그분을 믿고 그분의 가르침을 따르는 출가, 재가의 신자가 있을 때 가능하다. 일종의 사회화이며 불교의 몸짓은 불교의 수행과 실천, 곧 불교적 삶과 밀접한 관련이 있다.

부처님의 법문을 듣고 믿음을 일으켜 목숨이 다하도록 귀의하겠다고 맹세하지만 하루아침에 법문을 듣고 받은 감명대로 올곧게 살아간다는 것은 결코 쉬운 일이 아니다. 재가신자들을 위한 생활준칙이 되는 계율이 제정된 것도 그 어려움을 극복하는 방안으로 창안되었다고 할 수 있다. 계가 필요해지면 계를 정하는데, 이를 '수범수제隨犯隨制의 원칙'이라고 한다. 다시 말하면 어떤 바람직하지 않은 행위를 하는 이가 있으면, 혹은 계율에 적응하지 못해 교단에서 탈락하는 수행자나 사건이 빈번히 발생하게 되면, 그 행위에 따라 그 같은 행동을 하지 말라는 금지의 계율, 혹은 예외의 규정이 제정되는 것이다. 이 원칙은 출가와 재가를 막론한다. 그 결과 불교의 계율은 그 조항이 적지 않게 늘어나게 되었다.

삼보에 귀의하기 이전에 재가자들을 위해 부처님께서는 보시에 대한 이야기, 계율에 대한 이야기, 하늘나라에서 태어난 이야기, 감각적 쾌락에 대한 욕망의 위험·타락·오염과 욕망의 여윔에서 오는 공덕 등을 설한다. 법문을 통해 마음이 열린 이들에게 사성제와 연기의 도리를 설하여 깨달음에 이르게 한다. 이후 앞에서 언급한 재가신자를 위한 5계가 제정되었다.

5계에서 한 걸음 더 나아가 재일에 재가신자가 지닐 팔재계가 시설되었다. 팔재계는 한 달에 한 번, 재일의 하루 낮과 밤 동안만이라도 받아 지니는 계율이다. '첫째, 중생을 죽이거나 괴롭히지 않는다. 둘째, 주지 않는 남의 물건을 갖지 않는다. 셋째, 음행을 하지 않는다. 넷째, 거짓말을 하지 않는다. 다섯째, 정신을 취하게 하는 술 등을 마시지 않는다. 여섯째, 꽃다발을 쓰거나 향을 바르고 노래하고 춤추거나 그런 곳에 가서 구경하지 않는다. 일곱째, 높고 넓고 크며 잘 꾸민 평상에 앉지 않는다. 여덟째, 때 아닌 때에는 먹지 않는다'고 하는 여덟 조항이 그것이다.

삼귀의계가 바른 스승과 가르침, 부처님의 바른 제자를 믿고 따르겠다는 서원이고, 5계가 사회윤리적인 성격이 강한 데 비해, 팔재계는 윤리적인 측면에서 조금 더 나아가 종교수행적인 성격이 다분하다. 팔재계의 수지는 재가자들로 하여금 출가자와 같은 수행을 재일만이라도 행할 수 있도록 함이며, 이와 동시에 진리의 깨침으로 한발 더 다가가게 하는 수단이다. 한편으로는 팔재계를 지닌 이들을 '정인淨人'이라고 하여, 수행자를 가까이서 외호하는 존재로 자리매김하게 하였다. 비슷한 예로 불교 이래 지금까지 상좌불교의 출가자들은 신도로부터 일체의 금전을 받을 수 없었지만 정인이 대신 받았다. 이 같은 몸짓은 여러 측면으로 설명할 수 있겠지만 불교가 세상과 단절되는 것을 막아주는 효과가 있다고 할 수 있다.

기성불교를 소승小乘·열승劣乘이라고 폄칭하며 전개된 대승불교의 독특한 특징 중 하나는 출가와 재가를 아우르는 보디삿뜨와Bodhisattva(보리살타)의 등장이라고 할 수 있다. 대승불교 이전의 보살은 '일생보처보살'이라고 하여 부처를 이루기 직전 단계에 있는 수행자를 지칭하고, 성불 이전의 가우따마 싯다르타만을 보살이라고 불렀다. 하지만 대승불교에서는 성불을 위해 정진하며 중생을 구제하고자 하는 모든 수행자를 보살이라고 칭한다. 오늘날 한국불교에서는 불교의 여자신도를 부르는 말로 그 의미가 축소되어 쓰이지만, 본래 의미는 대승불교를 믿고 실천하는 이들을 지칭하는 표현이다.

대승불교에서는 출가와 재가의 보살이 지니는 보살계를 시설했다. 보살계는 악행의 금지를 중시하는 '섭율의계攝律儀戒' 선행을 권하는 '섭선법계攝善法戒', 널리 중생을 이롭게 하는 '요익중생계饒益衆生戒'의 '삼취정계三聚淨戒'에 그 정신이 잘 드러나고 있다.

재가보살을 위해 시설된 대승의 보살계는 대략 『보살지지경菩薩地持經』의 4바라이 41경계, 『유가사지론瑜伽師地論』의 4바라이 42경계, 『보살영락본업경菩薩瓔珞本業經』의 10무진계, 『우바새계경優婆塞戒經』의 6중 28실의계失意戒, 『불설보살내계경佛說菩薩內戒經』의 47계, 『범망경梵網經』의 10중 48경계 등이 있는데 계목이 점차 늘어나고 있음을 알 수 있다. 계목이 점차로 늘며 기존의 5계 등에 대해 무거운 계(六重 혹은 十重戒)와 여타의 재가보살이 지녀할 계목을 가벼운 계[輕戒]라고 하여 구별한다.

가령 『우바새계경』의 6중 28실의계는 순수한 재가보살을 위한 계목인데 비해 『범망경』의 10중 48경계는 재가보살과 출가보살이 각각 지켜야 하는 계목으로 구성되었는데, 그 경계가 모호하다. 48경계의 스물일곱 번째 계목은 '별청別請을 받지 마라'이고, 스물여덟 번째 계목은 '스님들을 별청하지 마라'이다. 한쪽은 출가보살을 위한 것이고 한쪽은 재가보살에게 한정된 것으로 보이기 때문이다. 『범망경』의 계목은 출가와 재가 보살이 함께 활용하던 것이라고 하겠다.

기존의 5계 가운데 '술을 마시지 마라'라는 금계는 술을 팔지 말라는 것으로 변하여 재가자가 직업 선택을 하는 데 영향을 주는 것으로 변화한다. 나아가 '여섯째 비구·비구니·우바새·우바이의 사부대중의 허물을 말하지 마라, 일곱째 자기를 칭찬하고 남을 비방하지 마라, 여덟째 자기 것을 아끼려고 남을 욕하지 마라. 아홉째 성내지 말고 참회하면 잘 받아주어라, 열째 삼보를 비방하지 마라'라는 계목을 무거운 죄로 시설하고 있다. 여섯 가지, 열 가지 내지 무거운 죄를 위시해 스물여덟 가지 혹은 마흔여덟 가지의 가벼운 계목이 더해져 재가보살을 위한 계목은 58계까지 늘어났다.

정사精舍나 승원僧院에서 단체생활을 하는 출가 수행자들의 경우를 보면 사회가 발달할수록 계목이 늘어남을 알 수 있다. 계율을 담고 있는 율장律藏 가운데 중국에서 한문으로 번역된 것으로, 설일체유부의 『십송율十誦律』(61권), 법장부의 『사분율四分律』(60권), 화지부의 『오분율五分律』(30권), 대중부의 『마하승기율摩訶僧祇律』(40권), 음광부의 『해탈계경解脫戒經』과 앞에서 설명한 상좌불교의 『마하박가-율장대품』과 『쭐라박가-율장소품』이 있다.

불교 수행 등에 대한 견해 차이로 인해 나뉜 수행자 집단을 부파部派라고 하며, 부파마다 계목에 차이가 있다. 출가수행하는 과정에 낙오자가 생길 때마다 계율을 제정하다 보니 일어난 일로 수행자 비구 250계, 비구니 348계의 계목이 생겨난 것이 그것이다.

보살계 문화

대승불교의 보살은 악업을 행하지 않는 소극적인 계율의식에서 벗어나 선업을 적극적으로 실천하는 십선계와 보살계를 수지하였고, 다양한 붓다와 보살의 등장으로 수계 등 신행문화가 새롭게 전개되었다. 진리 탐구와 타자 구제라는 두 이상을 동시에 추구하게 되었다. 초기 대승불교에서는 출가와 재가 보살의 차이가 크지 않았다고 보이나 이후 대승불교의 출가보살들이 '상좌불교'의 출가자를 위한 율律(사분율 등)을 수지하게 되면서, 보살계의 수지는 재가보살들을 위한 것이라는 인식이 발생한 것으로 보인다.

보살계 법회는 예부터 국왕을 비롯한 왕후장상과 평민 등 다양한 계층의 불자들이 참여하여 불교의 사회화에 크게 이바지한 신행문화다. 한국불교의 보살계 수계법회에서는 『범망경』의 10중 48경계가 설해지나, 중국불교에서는 『우바새계경』의 6중 28실의계가 설해진다. 한국불교의 보살계 수계법회는 '보살계 수계산림'이라고 불리는데, 단 몇 시간 동안 보살계 계목을 설해주고 연비를 행하는 약식으로 봉행되기도 한다. 필자가 조사한 2015년 10월 17일 속리산 법주사에서 행한 약식의 보살계법회 장면이다.

> 속리산 법주사 금동대불 앞에 보살계 계단을 마련하고, 단상에는 삼사 칠증의 스님을 모시고, 14시부터 향을 찬탄하는 편부터 증명삼보를 청하고 참회진언을 염송하며 연비를 하고, 계상을 설명해주고 지킬 것인지를 다짐하며 1시간 20분에 걸쳐 진행되었다.

대만 등지에서는 1주일간 보살계 도량을 개최한다고 하지만 한국불교에서는 그와 같은 예는 별로 없고, 대찰을 중심으로 2박 3일 일정으로 설행하는 보살계 산림이 있다. 1996년 3월 13일부터 15일까지 2박 3일간 부산 범어사 금강계단에서 행해진 보살계 법회 장면을 『보살계수계산림계본』을 중심으로 살펴보자.

첫날 오전 10시에 보제루에 운집하여 천수주를 염송하며 계단을 정화하고, 10시 30분에 설계단 예경, 입재축원, 삼화상 소개, 칠증사 소개, 발원문 낭송, 사시마지를 올린 뒤 점심공양을 하고, 오후 1시 반에 다시 보제루에 운집하여 천수주를 염송하고, 전계대율사의 보살계 심지법문과 십중대계를 설하고 발원문을 끝으로 저녁공양을 한다. 저녁예불 이후 천수주 기도를 하고 첫째 날을 마친다.

둘째 날 오전 3시에 일어나 새벽예불과 천수경 염송기도를 하고 아침공양 이후 9시부터 보제루에서 설계단 예경을 시작으로 제1, 제2 존증아사리가 48경계의 20조목까지 설하고, 발원문을 낭송한 다음 사시마지를 올리고 점심공양을 하고, 오후 1시 반에 다시 보제루에서 천수주를 염송하고, 제3, 제4, 제5사師(스님)가 48경의 10조목과 9조목씩을 설하고, 발원문을 낭송하고 저녁공양 이후 저녁기도로 둘째 날 의식을 마친다.

셋째 날은 둘째 날과 동일한 오전의식을 봉행하고, 7시 30분에 보제루에 모여 천수주를 염송하고, 보살계 수계식의 거향찬擧香讚 대비주 예경삼보 청성법請聖法 고불문告佛文 청사법請師法 개도계법開導戒法 사불괴신四不壞信 참회과법懺悔過法 발원문 연비燃臂 계백걸계啓白乞戒 수계갈마授戒羯磨 선계상법宣戒相法 결찬공덕結讚功德 계백작증啓白作證 찬서讚瑞 회향回向 바라밀 염송을 한 후 폐식하고, 사시마지와 점심공양으로 수계의식이 끝난다.

법주사 1일 수계의 경우 1,500여 명 이상 참여하였는데, 당일은 미륵대불 개금불사 회향일이라 법주사를 순례차 방문한 외지의 불자들도 많이 동참하였다. 보살계 수계법회에는 증명불보살이 청해지고, 수계를 실제 해줄 법사스님이 청해지고, 참회로 업장 소멸을 하고, 계사스님들은 계목을 설명해주고, 수계불자들이 계를 잘 지닐 것을 다짐 받는 형식으로 진행된다.

보살계 법회는 3사師 7증證을 청해 열리므로 대체로 본사급의 대형 사찰에서는 연례적으로 상설될 수 있지만, 작은 사찰에서는 초청법사와 비용 등의 이유로 개설이 쉽지 않다고 한다. 하지만 보살계를 설해줄 법사 이외의 수계를 증명하는 도반인 증명동학證明同學은 유명 고승을 청하지 않아도 큰 무리가 없다. 왜냐하면 3사 7증 제도의 원형은 '구족계를 줄 수 있는 최소 요건'으로, 후대에 다섯 명의 증명 비구스님만 있으면 수계를 줄 수 있다는 부처님 말씀이나 역사적 사실로 미뤄볼 때 그렇다.

보살계 수계법회에 동참하려면 대체로 몇만 원 정도의 금액을 내고 신청을 하는데, 보살계를 많이 받으면 받을수록 좋다는 믿음이 강해 보살계를 수십 번 받았다거나 보살계를 받을 때마다 불명을 받아 불명이 여럿 있다는 이야기를 흔히 듣게 된다. 보살계 수계를 통해 불자로서 살아갈 지침을 받는 한편 업장을 소멸하여 소원을 성취하고자 하는 의도를 읽을 수 있다.

보살계를 국내에 도입한 역사는 자못 길다. 고려의 국왕 가운데 보살계를 수차 수계했다는 기록도 전한다. 물론 근대 이후의 기록으로 보이는 2015년도 범어사 보살계 산림도 당시가 96회라고 한다. 최소 1년에 한 번 정도 설행했다고 치더라도 1백 년 정도의 역사를 가지고 있음을 알 수 있다.

그렇다면 『범망경』 보살계 조목에서 보이는 사상적 특성은 무엇일까. 첫째, 『우바새계경』의 재가보살 계목과 달리 『범망경』 보살계 조목에는 재가보살 우바새와 출가보살 비구가 지닐 계목이 따로 구분되어 있지 않다는 점이 제일 큰 특징이라고 할 수 있다. 앞에서도 지적하였지만 청하는 계목과 청을 받는 계목이 나란히 제시되고 있다.

둘째, 직업과 관련한 조항이 많다는 것이다. 48경계의 첫째인 스승과 벗을 공경하지 않는 것을 경계하는 계목에는 국왕이나 전륜왕의 지위를 받을 때나 관원들이 그 지위를 받으려고 할 때 먼저 보살계를 받으라고 하고 있다. 또 재가보살이 직업상의 권한으로 불법을 파괴하는 법과 제도를 만들지 말라고 하고 있다.

셋째, 고기나 오신채를 먹지 말라거나 선망조상을 위해 칠칠재를 설하라거나 '대승은 불설이 아니라'는 데 대한 반박, 경전이나 불상의 매매 등에 관한 조항들이 여럿 등장한다. 이를 볼 때 『범망경』의 보살계 조목이 성립한 시기는 비교적 후대라는 것을 알 수 있다. 또한 이러한 조항들은 『범망경』이 중국에서 찬술되었음을 뒷받침하는 근거가 된다고 하겠다.

넷째, 보살계를 받은 국왕이나 태자, 백관, 사부제자가 자기들의 세력으로 불법을 파괴하거나, 불법을 법으로 통제하는 등 불법을 파괴하는 행위를 하지 말라거나, 출가보살은 나라의 사신이 되지 말라는 등 국왕과 왕자 등과의 관계가 집중적으로 언급되고 있는데, 이는 국가로부터 불교를 보호하려는 강력한 메시지라고 볼 수 있다.

불교가 출세간을 지향하지만 현실적으로 불교 또한 국토세간을 떠날 수 없음을 『범망경』은 보여주고 있다. 『범망경』 보살계에 내재한 사상은, 『호국인왕경』의 국왕은 불법을 보호하고 불법(부처님과 그 수행자들)은 국가를 법으로 보호해야 한다는 사상과 맥락을 같이한다고 할 수 있다.

오늘날 대개의 보살계 수계법회는 계목의 설명과 법문, 참회의 연비와 수지의 약속 등으로 이루어져 별다른 의례적인 요소는 많지 않아 보인다. 하지만 『범망경』에는 육시(8시, 12시, 16시, 20시, 0시, 4시)에 보살계를 수지하라고 하고 있다. 이는 일일 육시에 예불을 올릴 때 보살계를 염송하고 지닐 것을 발원하라는 의미로 읽힌다.

부처님과 스님들께 귀의하며 부처님께서 설하신 육바라밀의 구체적인 덕목인 계목을 하루 여섯 시각[六時]에 몸과 마음에 담아 지니므로 보살계의 수계는 대승보살의 진정한 믿음의 몸짓이요, 귀의의 몸짓이라고 하겠다.

재일과 포살

재일은 불교도들이 팔재계를 지니는 특정한 날을 뜻한다. 이 날은 몸과 마음을 삼가고 자신의 행위를 반성하며, 아울러 좋은 일을 행하며 정진하는 날이다. 대표적인 재일로 6재일이 있다. 매월 음력 8일, 14일, 15일, 23일, 29일, 30일을 6재일이라 하고, 매월 음력 1일, 8일, 15일, 23일을 4재일이라고 하는데, 6재일에 매월 음력 1일, 18일, 24일, 28일을 더해 10재일이라고도 한다.

재일은 사천왕과 그 대신이 세간을 순찰하며 사람들의 선악을 관찰한다는 설화에서 유래한다. 매월 음력 8일은 사천왕이 대신을 세간에 보내 사람의 선악을 관찰하고, 14일에는 사천왕의 태자를 보내 선악을 관찰하게 한다. 하지만 선업을 짓는 이가 드물다는 보고를 듣고 15일에는 사천왕이 직접 세상을 관찰한다. 이런 설화에 따라 그날은 몸가짐을 조심하고 선업을 짓는 것이다.

부처님 당시 인도에서 최고의 선업은 출가사문에게 공양을 올리는 것이었다. 그러므로 재가자들은 재일에 목욕재계하고 절을 찾아 스님들께 공양을 올리고 팔재계를 받고, 그날만큼은 출가 수행자처럼 하루 동안 수행하며 선업을 짓는다. 즉 팔재계의 내용처럼 음행하지 않고 오후에는 음식을 먹지 않는 오후불식을 지님으로써 몸과 마음을 깨끗이 닦는다. 지금도 스리랑카나 미얀마, 캄보디아 등지의 남방불교도들은 그날 흰옷을 입고 절에 와서 공양을 올리고 기도를 한다. 아울러 재일에는 출가 비구스님들도 한곳에 모여 포살을 행한다.

'포살'은 범어 우뽀사다uposadha의 음역으로 장정長淨, 장양長養, 증장增長, 선숙善宿, 정주淨住, 장주長住, 근주近住, 공주共主, 단斷, 사捨, 재齋, 단증장斷增長이라고 한문으로 번역하고 혹은 설계說戒라고 칭한다. 의미를 대략해 보면, 오래도록 깨끗한 곳에 머물게 하고, 오래도록 선근을 길러주고, 깨끗한 곳에 오래도록 머물거나 함께 머물고, 악업을 끊어주어 버리게 되고, 악업을 끊고 선근을 늘려주는 것이며, 혹은 계목을 설한다는 뜻이다.

포살제도의 기원은 인도 전통의 제사법식인 신월제와 만월제 전에 거행하는 예비제로, 제주祭主는 이날 단식을 하며 청정한 계법에 머물며 몸과 마음을 함께 깨끗하게 한다.

이를 다시 정리하면 함께 머물고 있는 비구스님들이 보름마다 한곳(포살당)에 모여 율법을 잘 아는 비구스님(율사)에게 계목을 설해줄 것을 청한다는 뜻이 된다. 이로써 과거 보름 동안의 나의 행위가 계본에 부합되는지를 성찰하는 것이다. 만약 어긴 자가 있으면 청중 앞에 참회하게 하여 비구스님들이 균등히 깨끗한 계인 정계에 오래도록 머물며 선법을 기르고 공덕을 늘린다. 재가신도들도 재일에 팔재계를 받아 지니는 포살을 하는데, 이는 선법을 기르는 것으로 출가수행자의 포살과는 성격과 입지가 조금 다르다고 할 수도 있다.

결국 재일은 재계하는 것으로 수정행修淨行, 수기행守飢行을 닦는 것이다. 곧 정행[梵行]을 닦는 수행이며, 굶으며 하는 수행이다. 하지만 오늘날 한국불교에서의 재일은 공양을 올리는 모습 외에는 인도 전통의 재일신앙과는 조금 거리가 있다.

한국불교에는 십재일, 육재일이라는 표현도 쓰지만, 관음재일, 지장재일, 미타재일, 약사재일, 정광재일(초하루) 등의 표현이 더 흔하게 쓰인다. 매월 음력 24일, 18일, 15일, 8일, 1일에 주로 절에 가며, 절에서는 불공 또는 법회가 열린다. 깨끗한 마음으로 절에 오르니 정행이라고 할 수는 있다. 하지만 오늘날 재일신앙을 보면 저녁에 절에 올라 다음 날 아침에 내려오는 경우는 일반적이라고 할 수 없다. 그러므로 정행과 오후불식의 '수기행'을 닦는다고 단정하기는 어렵다. 적어도 공양을 올리는 것만은 분명하다. 팔재계와 같은 포살이 행해지는 경우는 찾기 힘들다.

그렇다면 한국불교의 재일신앙은 어디에 근거하고 있을까. 초하루 보름의 경우와 관음재일, 지장재일의 신행이 같다고 단언하기는 어렵다. 아마도 시왕사상에 의거한 십재일사상十齋日思想의 변형이 아닐까 하는 생각이 든다. 왜인가. 한국불교에서 신행되는 십재일의 원불과 해당 날짜는 인과관계가 별로 없다. 가령 음력 18일은 지장재일, 24일은 관음재일이라고 하지만 이 날이 지장보살과 관음보살의 탄신일이나 열반일과는 전혀 관련이 없다. 두 보살의 기념일과는 전혀 관련이 없고 오직 찾을 수 있다면 십재일은 시왕의 원불로서의 관련만 있다.

〈십재일표〉는 명부세계의 시왕에게 공양을 올리는 날을 표시하고, 거기 명부 시왕의 원불을 각각 배대配對하고 있다. 명부 시왕이 인간의 수명과 선악을 심판하는데, 각 시왕은 육갑에 배대된 이들을 심판한다. 가령 경오, 신미, 임신, 계유, 갑술, 을해 생 등은 매월 초하루 진광대왕에게 공양을 올린다. 그리고 진광대왕의 명호를 1천 번 염송하면 자신의 악업을 소멸할 수 있다. 이를 위해 시왕에 배대된 여섯 생들은 갑계甲契를 결성하여

십재일	주 원불	시왕	지옥 명호	주 탄일	육갑(六甲)
1일	정광불	진광	도산광	2월 1일	경오 신미 임신 계유 갑술 을해
8일	약사불	초강	확탕	3월 1일	무자 기축 경인 신묘 임진 계사
14일	현겁천불	송제	한빙	2월 28일	임오 계미 갑신 을유 병술 정해
15일	아미타불	오관	일수	5월 8일	갑자 을축 병인 정묘 무진 기사
18일	지장보살	염라	발설	3월 8일	경자 신축 임인 계묘 갑진 을사
23일	대세지보살	변성	독사	2월 27일	병자 정축 무인 기묘 경진 신사
24일	관세음보살	태산	좌대	3월 7일	갑오 을미 병신 정유 무술 기해
28일	노사나불	평등	거해	4월 1일	병오 정미 무신 기유 경술 신해
29일	약왕보살	도시	철상	4월 7일	임자 계축 갑인 을묘 병진 정사
30일	석가불	전륜	흑암	4월 27일	무오 기미 경신 신유 임술 계해

〈십재일표〉

함께 공양하고 기도를 하였다. 조선 후기 들불처럼 일어난 갑계신앙이 이것이다. 갑계에 함께하는 이들을 '동갑'이라고 하였다. 동갑은 여섯 살로 묶였으며, 갑계의 명칭은 앞의 생을 따 경오계·무자계·임오계·갑자계·경자계·병자계·갑오계·병오계·임자계·무오계라고 불렀다. 물론 후대에 이르면 다른 연령들이 다른 갑계에 가입하여 활동을 하였으며, 왕성한 활동을 한 계도 있고 금방 소멸한 계도 있었는데, 조선 후기 이들의 기여로 사찰 재정이 충실해지는 계기가 되었다.

갑계의 시왕신앙은 후대에 자연스럽게 시왕의 원불신앙으로 이어졌을 것으로 보인다. 그 같은 흔적이 관음·지장재일 신앙이라고 할 수 있다. 하지만 초하루·보름의 경우 정광재일이나 미타재일이라고 하는 경우도 있지만 대체로 초하루·보름법회라고 칭하며 불공을 올리고 있다. 또 초하루의 경우 신중기도를 한다.

초하루·보름 불공은 상단 부처님께 권공하고, 상단의 공양이 끝나면 중단의 신중님들께 마지를 물려 공양을 권하는 형식으로 진행된다. 공양을 올린 이들을 위해 주지스님이 부처님께 축원을 올린다.

이런 방식이나 역사적 사실 등으로 볼 때 오늘날 한국불교에서 설해지는 재일신앙은 팔관재계나 비구계목을 설하는 포살의 의미라고 단정하기는 어렵다고 할 수 있다. 오히려 십재일 신앙에서 볼 수 있듯이 생전에 미리 선업을 닦자는 생전예수재의 일상적인 선업 닦기로서의 초하루·보름의 불공기도와, 명부 시왕에게 공양을 올리고 사후의 명복을 생전에 미리 비는 시왕사상의 흔적이 아닌가 생각한다.

재일에 재가자나 출가자를 위한 포살이 행해지진 않지만, 2000년대 초반 이후 대한불교조계종은 종단 소속 스님들로 하여금 안거기간에 행해지는 포살에 의무적으로 참여하도록 하고 있다.

재일과 포살의 의미는 그 본래의 뜻과 같이 출가와 재가를 막론하고 부처님의 가르침대로 살고자 하는 귀의의 몸짓이다. 포살과 재일의 의미대로 실천하는 것은 선근을 늘리고 정법을 오래 머물게 하는 요체라고 하겠다.

불교 수행의 목적은 대자유를 얻는 데 있다.

대자유, 그것을 불교에서는 해탈解脫이라 하고,

그런 상태를 열반이라고 한다.

불교의 수행법은 해탈하는 방법이다.

초기불교 이래 불교의 해탈 방법은 사성제의 현실 진단 아래

팔정도 등 37조도법이 제시되었고,

대승불교에 이르러서는 바라밀의 실천과 신앙이 강조되었다.

한국불교의 전통에는 간경, 염불, 참선이라는

삼문수행三門修行이 솥의 세 발처럼 균형을 이루고 있다.

2부

해탈의 몸짓, 수행

☸ 업을 닦는 송주

☸ 노는 입에 염불

☸ 예참 뒤에 참선

○

'해탈'을 구한다고 하면, 우리가 처한 현실이 해탈을 원할 수밖에 없을 정도로 만족스럽지 못하거나, 우리가 어딘가에 얽매여 자유롭지 못하다는 것이 전제되어 있다. 잘 알다시피 불교는 현실을 고통스러운 것으로 본다. 전통 불교용어로 일체개고一切皆苦다. '일체가 고통스럽다'는 뜻이다. 부처님은 일체가 '오온五蘊'이고 '십이처十二處'라고 하셨다.

오온은 흔히 존재를 구성하는 요소로, 빛과 모양으로 구성된 색온色蘊, 대상을 만나서 일어나는 느낌의 수온受蘊, 느낌에 대해 일으키는 이미지(표상)인 상온想蘊, 이에 대해 일으키는 행위의 행온行蘊, 그것이 고착화된 의식인 식온識蘊의 다섯 가지를 지칭하며 이것을 일체라고 한다.

십이처는 인간의 다섯 가지 감각기관과 의식의 여섯 가지 인식주체가 인식하는 각각의 대상인 색(빛과 모양)·성(소리)·향(냄새)·미(맛)·촉(접촉)·법(존재) 등을 지칭한다. 여섯 인식 기관과 여섯 인식의 대상을 합해 열두 가지 처處를 '일체'라고 한다.

'일체'에 대한 이해는 불교의 정신과 이상을 분명히 보여주며, 여기에서 불교의 정신을 읽을 수 있다. 먼저 오온을 보면 인식의 대상이자 물질적 요소인 색온과, 인식과 인식 행위의 과정으로 구성되었다. 십이처 또한 인식과 그 대상을 일체라고 하고, 일체는 괴롭다고 한다. 그러므로 일체의 고통에서 벗어나야 즉 해탈해야 한다는 것이다.

물론 여기서 오온과 십이처, 일체 존재(법)는 항상 한결같지 않으며, '주재하지 못하므로 괴롭다'는 삼법인 등의 불교 명언은 불교가 추구하는 해탈이 인식의 문제라는 것을 잘 보여준다. 괴로움은 인식에서 일어난다고 보는 것이다. 불교의 다양한 가르침은 단순히 양상을 알려주는 데 그치지 않는다. 그것을 극복하는 방법을 일러주고 있다.

괴로움에 처한 존재들이 그것을 벗어나는 방법으로 베풀어진 것이 부처님의 가르침이며 불교의 교설이다. 붓다께서 세상에 계실 때, 재가신자를 위해 보시와 계율의 준수, 그것을 통해 더 좋은 세상에 갈 수 있다는 것을 가르쳤으며, 의식이 점차 열림에 따라 출가자를 위한 가르침인 일체 존재의 존재 양상인 연기의 도리를 가르치고, 사성제의 진리와 팔정도의 실천을 통해[修行] 고통에서 벗어날 것을 설파하셨다.

팔정도는 여덟 가지 바르게 실천해야 할 길이다. 바르게 보기[正見], 바르게 생각하기[正思惟], 바르게 말하기[正語], 바르게 행동하기[正業], 바르게 생활하기[正命], 바르게 정진하기[正精進], 바르게 기억하고 기념하기[正念], 바르게 선정하기[正定]가 그것이다. 세상을 바르게 볼 때 바른 생각이 들고 바르게 말할 수 있고, 바르게 살아갈 수 있고, 바르게 정진하고, 바르게 마음을 챙기고 기억하며, 바르게 선정에 들 수 있다. 다음의 수행방법은 대승불교가 등장하기 이전 불교의 주요 수행방법들이다.

네 가지에 대해 마음을 집중하는 사염처四念處
네 가지로 정진하는 사정근四正勤
네 가지 뜻대로 만족하는 사여의족四如意足
다섯 가지 일체 선법을 내는 뿌리인 오근五根
다섯 가지 악을 깨뜨리고 선을 이루는 오력五力
일곱 가지 깨달음의 칠각지七覺支
여덟 가지 바른 길 팔정도八正道

이 서른일곱 가지 수행과목은 깨달음을 이루는 불교의 중심이라고 할 수 있다. 하지만 대승불교가 등장하면서 수행방법에 대해 새롭게 이해하기 시작한다. 대승불교의 특징 중 하나라고 할 수 있는 다양한 붓다와 서원이 출현한다. 중생을 구제하고자 서원하는 불보살이 일러주신 다라니를 염송하거나 붓다의 명호를 칭념하거나 붓다와 그 공덕을 지극히 염원하기만 해도 구제되어 해탈할 수 있다는 사상이 대두된 것이다.

대승불교의 출현은 고통에서 벗어나는 방법이 다양하게 시설될 수 있는 환경과 여건이 조성되었기 때문이라고 할 수 있다. 그 결과 대승불교에는 여섯 가지 바라밀, 열 가지 바라밀의 수행법이 제시되었으며, 이후 밀교에서는 진언 다라니 염송이 주요한 해탈의 수행법 중 하나로 대두되었다. 그렇다고 대승불교의 수행법이 이전의 수행법을 일방적으로 배제하였다거나 전혀 다른 새로운 수행법이라고 할 수는 없을 것 같다. 단지 시대와 환경에 따라 그에 걸맞은 수행법이 요청된 데서 오는 양상이라고 할 수 있다.

제2부에서 제시하는 송주나 염불, 참선은 불교 탄생 이래 여러 양태로 계속 존재하였다고 할 수 있다. 중국불교를 거쳐 한국불교에 전해져 정착된 수행법으로, 오늘날 한국불교에 전승되어 널리 활용되고 있다.

업을 닦는 송주

차례와 의미

송주는 주문을 외운다는 뜻이다. 하지만 한국불교에서 송주는 경전을 독송하거나 염송하는 송경誦經까지 포함한 넓은 의미로 쓰인다. 지금부터 이 절의 중심 테마인 송주의 몸짓에 대해 집중적으로 검토해보도록 하겠다.

'주呪'는 진언이라는 의미의 만뜨라mantra의 뜻 번역어로, 다라니·주·명明·신주神呪·밀언密言·밀호密號라고 번역하며, 진실하여 허망함이 없는 언어라는 뜻이다. 본래 진언은 사유의 도구로서 신들이 발성한 신성한 소리라는 뜻이다. 밀교에는 '삼밀가지三密加持'라고 하여 입으로는 진언을 염송하고 몸으로 수인을 맺고 마음으로 부처님의 공덕을 관상하는 수행법이 있다. 이 가운데 입으로 진언이나 다라니를 염송하는 수행법을 '송주'라고 한다.

송주 방법은 대개 해당 다라니나 진언이 송출送出된 경전에 그 수행법이 설명되어 있다. 필자는 『천수경, 의궤로 읽다』에서 언급하였는데, 먼저 송주를 하기 위해 단을 만드는 법을 다시 한번 살펴보자.

> 사문이나 바라문 모든 선남자 선녀인 등이 보살법을 받고자 하면 4주肘(1주는 1자 반의 길이)의 단을 지어야 한다. 뛰어나고 청정한 곳을 찾아 잘 쓸고 물을 뿌려 깨끗이 청소하며, 땅에 향수와 우분을 (바르고) 갖가지 여러 잡색의 번과 보배 요령을 달고 거울을 달고, 아울러 금은 등 갖가지를 사이에 섞어 도량을 장엄한다. 그 도량 가운데 가로 세로 4주의 오색의 단을 세운다. 먼저 아래에는 백색, 다음은 황색, 다음은 적색, 다음은 흑색으로 네 문을 만든다. 그 단 중심에 연화좌를 만들어 하야게리파관세음상何耶揭唎婆觀世音菩薩像을 안치한다. 동문에는 화좌華座를 만들어 11면보살을 안치하며, 북문에는 연화좌를 만들어 팔비관세음을 안치하며, 남방에는 난타 용왕 등 여덟 용왕을 안치한다. 마흔다섯 개의 등을 켜고 먼저 여덟 용왕을 부른다.
>
> 옴 도야비도야 아쨔나가라도야 아라천도 스바하
>
> 그 단 서문 근처 남쪽에 한 화로를 안치한 다음에 중심인 하야게리파관세음보살을 청하고 다음에 팔비관음을 청한다(신인身印이 온다).
>
> 옴 야세야첩담 스바하.
>
> —『대정신수대장경大正新脩大藏經』 20, 171下~172上

이렇게 단을 준비하여 자리를 만들고 다라니를 설해줄 성현을 청한다. 그리고 그분을 맞이하여 공양을 올리고 다라니를 설해줄 것을 청한다. 현재는 '정구업진언, 오방내외안위제신진언, 개경게, 개법장진언'이 다라니를 청하는 계청으로 쓰인다.

이 행법은 천수다라니를 염송하는 행법으로 가범달마伽梵達摩(7세기경 인도인)가 번역한 『천수다라니경千手陀羅尼經』에는 10원과 6향과 칭명존호만 제시되었고, 계수와 찬탄구문은 불공不空(705~774)이 번역한 『천수천안관세음보살대비심다라니天手天眼觀世音菩薩大悲心陀羅尼』에 실려 있다. 적어도 8세기 말에는 국내에 유입되었겠지만, 이 행법의 양태를 확인할 수 있는 잘 알려진 문헌은 『오대진언집五大眞言集』(1485)이라고 할 수 있다. 불공의 번역과 가범달마의 다라니와 42주가 연이어 편철되어 전해진다. 순수한 천수주 행법이라고 할 수 있다. 이 행법이 언제부터 천수다라니 행법에 합편되었는지는 단언하기 어렵지만 『권공제반문勸供諸般文』(1574)의 '염불작법', 『염불작법念佛作法』(1575) 『염불보권문念佛普勸文』(1764) 등 염불작법의 선행행법으로 천수주 행법의 서두가 나타나다가, 『삼문직지三門直指』(1769) 등을 거치면서 송주 행법의 정형화가 이루어졌다고 보인다.

이 송주 행법을 중심으로 송주의 차례를 다시 한번 정리해보면 두 단계로 나눌 수 있다. 첫째는 단을 차리는 것이고, 다른 하나는 다라니를 설해줄 성현을 청하는 것이다. 단을 차리고 성현을 청하는 데는, 다시 자신의 몸과 마음을 깨끗이 하고 다음은 도량의 안팎을 깨끗이 한다. 이렇게 하여 송주할 수 있는 여건이 마련된다. 그럼 송주하는 차례와 그 의미를 검토해보도록 하자.

첫째, 단을 차린다. 단을 차린다는 것은 신불神佛을 모시고 공양을 올린다는 의미다. 불교에서 진언이나 경전을 염송한다는 의미는 단순히 책에 쓰인 다라니나 경전을 염송하는 것이라고 이해하지 않는다. 진언이나 다라니를 설해주시는 그분을 모시고 다라니나 경전을 청해 듣는 형식을 취한다. 그분을 모시는 과정이 극화된 대표적인 의례로는 한국불교에서 특화된 '영산재' 형식이라고 할 수 있다. 영산재라고 하면 특수한 의례라고

만 이해하지, 그 의례가 석가모니 부처님을 청해, 『법화경』을 설하신 영취산의 법회를 재현한 의례라고는 잘 이해하지 않는다. 그 원인은 여럿 있겠지만 주원인은 지나치게 의례가 기능적으로 형식화된 데 있다고 할 수 있다. 오늘날 행해지는 공양의식 또한 이와 크게 다르지 않다. 경전이나 진언을 설해줄 분을 청하기 위해 자신의 몸과 마음을 깨끗이 하기 위한 것이 정구업진언 염송에 그친다. 단이 설치되고 불법이 펼쳐지는 곳을 도량이라고 하는데, 수륙재 같은 큰 재회를 열 때가 아니고는 도량을 정화하는 별도의 의식을 하지 않고 신묘장구대다라니 염송으로 대체한다.

둘째, 성현을 청한다. 깨끗한 단을 차리고 수행자의 정화가 끝났으니 다음은 단의 좌석으로 내가 원하는 다라니를 설해줄 분을 청한다. 현재 이 의식은 '오방내외안위제신진언'으로 알려진 '나모 사만다 못다남 옴 도로도로 지미 스바하' 진언을 세 편 염송하는 것으로 행해진다. 그런데 국내 송주 경전에는 이 진언의 명칭이 현재처럼 개명改名되었다. 이 진언은 '제신을 위로하는 진언'이라고 일반적으로 이해된다. 하나 이 진언의 원래 명칭은 '안토지진언安土地眞言'으로, 모든 이의 마음을 편안하게 하는 참말씀이란 뜻이다. 이는 경전이나 다라니를 설해주실 분을 청하는 진언이다. 한국불교에서는 공양의식 때 오시기를 청하는 보소청진언普召請眞言과 자리를 바치는 헌좌진언, 시식의식 때의 안좌진언의 역할이 합해진 공능을 가지고 있다. 이 진언의 변천 등에 대해서는 필자의 여러 논저에서 누차 밝혔으므로 여기서는 더 이상 자세한 언급은 하지 않겠다. 일반적으로 진언은 언어적 의미가 없다고 하지만 오방내외 안위제신진언의 '나모 사만다 못다남'은 귀의와 예경의 귀경사로 '보편의 부처님께 예경하오며'라는 의미이고, '옴 도로도로 지미 스바하'의 옴은 진언을 총섭한 것이고, '도로도로'는 성현께서 수레를 타고 내려[지미, jimi] 오시는 의성어라는 견해가 있다.

셋째, 공양을 올린다. 경전이나 다라니를 설해줄 분을 청해 모셨으니, 다라니를 설해달라고 청해야 한다. 그런데 경전이나 다라니를 설해주실 분을 모시고 곧바로 그렇게 해주십사 하는 것은 예의가 아니다. 그래서 청에 응해 이 도량에 오시어 자리에 앉으신 분에게 먼저 공양을 올린다. 성현을 청했으니 공양을 올리는 것은 당연하다. 그러므로 안위제신진언 이후에 향이나 차를 올리는 것이 도리다. 1464년 간경도감에서 간행한 『금강경』에는 안토지진언 이후에 널리 공양을 올리는 보공양진언이 시설되었다. 하지만 오늘날 이 의식에 관련된 의문이나 지문은 간단한 송경이나 송주 행법에서는 찾아보기 어렵다. 단지 법화경을 독송하고 설명하는 영산재 의식이나 공양의식에서나 볼 수 있다.

넷째, 찬탄하며 청한다. 경전이나 다라니를 설해줄 것을 청하기에 앞서 경전을 찬탄한다. 찬탄은 경전이나 다라니를 연설해 받는 수행자의 자세라고 할 수 있다. 게송과 진언으로 구성되어 있는데, 게송은 그 뜻이 드러나 있다고 하여 현교의 방식이라고 하고, 개법장진언은 법장을 여는 진언이라는 뜻으로 밀교식이라고 할 수 있다. '무상심심미묘법 백천만겁난조우 아금문견득수지 원해여래진실의'의 개경게開經偈는 현교의 방식이다. 7언 4구의 개경게에서 1·2구는 대구로 경전의 찬탄과 경전을 만나기 어려움을 노래한다. 3·4구는 경전을 전해 듣는 이의 다짐이다. 첫 구의 '무상無上'과 '심심甚深'은 위로 더 높은 것이 없고, 아래로 더욱 깊은 그런 가르침이라는 뜻이다. 이를 '위없이 깊고 깊은'이라고 번역하는 경우가 있는데, 상하의 수식을 없애버린 번역이다. 다음 3구의 경우 오늘날 국내 의문에는 한결같이 '문견'으로 등장하지만, 의미상이나 전승, 중국이나 일본 등지의 본으로 볼 때 '견문'이어야 한다. 앞의 단락에서 청해 모셨으니 이제 성현을 뵙게 되고, 법문이나 다라니를 듣게 된다[見佛聞法]는 것이다. 어떤 연유에서인지 '견문'이 16세기 본부터 '문견'으로 도치되었다. 아마 '아금'과 '견문'이 연이어져, 아음(아금의 'ㄱ', 견문의 'ㄱ')이 연속되어 발음이 불편하자 발음의 편의를 위해 도치했을 것으로 추정된다. 어찌되었든 환원해야 한다. 개법장진언은 밀교적 방식의 경전 여는 행위라고 할 수 있으며, '법장'은 '진언밀장'이라고 할 수 있다.

다섯째, 계청啓請한다. 앞서 경전이나 다라니를 설해주실 분을 청하여 공양을 올리고, 경전이나 다라니를 듣게 되면 잘 간직하여 부처님의 가르침을 깨치겠다고 서원한다. 그러니 무엇무엇을 청한다고 할 때 이 청하는 방식을 계청이라고 하는데, 우리가 늘 행하는 천수경은 그 다라니의 명칭이 길다. '천수천안관자재보살광대원만무애심대다라니'이고 그것을 계청한다고 아뢴다. 그런데 『삼문직지』나 몇 의문에는 '계청'과 앞에 있는 목적어인 다라니의 명칭을 나누어 '계청'을 그 다음 의문의 제목으로 이해하기도 한다. 하지만 『오대진언집』에 의하면 '대불정다라니계청' '불정존승다라니계청'이라고 하여 한 행으로 표기하지, 이를 줄을 바꿔서 두 줄로 표기하지 않는다. 이는 '○○다라니를 계청하는 법'이라고 할 수 있다. ○○다라니를 ○○다라니의 제목으로 이해하고 계청만을 그 다음 본문의 제목 또는 청원동사로 이해하는 것은 적합하지 않다.

계청하는 법은 다라니나 경전의 설주說主를 청했으니 그분께 인사를 드리는데, 대체로 그분의 상호와 공덕을 찬탄하고 발원한다. 천수경의 경우 10원 6향과 관세음보살의 명호를 열 번 염송하면 다라니를 설해주신다고

'천수천안관자재보살광대원만무애심대다라니경'에서 관세음보살께서 약속하셨다.

여섯째, 다라니나 경전을 설해 듣고 찬탄하고 예경하고 발원하고 자삼귀의自三歸依를 하고 삼회향의 칭명으로 송주의식이 끝나게 된다. 몸과 마음을 정화하여 단을 차리고 경전이나 다라니를 설해주실 분을 청해 모시고 경전이나 다라니를 설해주시는 것을 듣는다는 이 형식은, 인쇄된 경전이나 다라니로 염송하거나 독경하는 오늘날 염송 행법과는 무관한가. 어찌 보면 무관할 것 같지만 전혀 그렇지 않다. 오늘날에는 인쇄된 책 형태의 경이나 다라니를 읽는다고 이해하지만, 의궤 형식에 의하면 경전과 다라니를 설하신 성현을 초청하여 경전이나 다라니를 듣는다고 할 수 있다. 단순히 부처님의 말씀을 읽는 것이 아니라 경전의 설주를 청해 모시고 그 분의 말씀을 듣는다고 확신하고 관상을 해야 한다. 그런 까닭에 불교의례는 관상으로 이뤄짐을 놓쳐서는 안 된다. 진실한 마음으로 부처님을 청하면 부처님께서 현전하신다고 믿고 관상해야 한다. 부처님께서 내 앞에 지금 현전해 계시다는 것을 믿는 불자라면 그 마음가짐이 그것을 믿지 않는 것과는 다르지 않겠는가.

천수경에는 청하는 의식이 끝나고 나면 관세음보살께서 신묘장구대다라니를 설하시는데, 그 흔적은 마치 '즉설주왈' 하듯이 '신묘장구대다라니왈'이다. 하지만 오늘날 '왈'은 탈락된 채 활용되고 있다. 설해주신 경전이나 다라니를 듣고 마음속에 간직한다. 끝으로 설주께 인사드리고 발원을 하고 또 공덕을 회향하고 자삼귀의를 한다. 자삼귀의는 다른 이들을 위해 삼귀의하는 것이 아니라 스스로 발원하는 삼귀의로, 『화엄경』「정행품」에 실려 있고, 『삼문직지』에서는 '자귀삼보'라고 칭하고 있다.

[스스로 부처님께 귀의하며] 중생들이 위없는 마음 내어
몸으로 큰 깨달음 이해하기를 서원합니다.
[스스로 가르침에 귀의하며] 중생들이
바다 같은 지혜의 경장에 깊이 들기 원합니다.
[스스로 승가에 귀의하며] 중생들이
일체 장애 없이 대중을 잘 인도하기 원합니다.
自歸依佛 當願衆生 體解大道 發無上心
自歸依法 當願衆生 深入經藏 智慧如海
自歸依僧 當願衆生 統理大衆 一切無閡

이때 '[스스로 부처님께 귀의하며]'는 염송하지 않는 것이 옳다고 보이지만 관습적으로 염송하고 있다. 이렇게 스스로를 위한 삼귀의를 하고 "나무석가모니불 나무석가모니불 나무시아본사석가모니불" 하고 칭명의 예경을 하며 끝나게 된다. 대체로 이와 같은 차례로 경전이나 다라니를 염송한다.

활용과 실제

그렇다면 경전과 다라니 염송을 우리는 어떻게 활용하고 있는가.

첫째는 부처님의 말씀을 공부하는 것이다. 경전은 부처님의 말씀이다. 부처님의 육신이 계시지 않는 세상에서는 쇠나 나무나 그림 등으로 부처님의 모습을 조성한 등상等像이 부처님을 대신하고, 부처님께서 설한 경전이 부처님의 말씀을 담고 있고, 스님들이 그 말씀을 지녀 전한다. 그러

므로 불교 수행자들은 경전 독송을 통해 부처님 말씀을 배우고 익힌다.

둘째는 가피를 얻기 위해서 경전을 읽고 진언을 염송한다. 초기불교 시절에 재가신자는 보시를 하고 계율을 지니며 선업을 닦아 점차로 더 높은 경지를 체험하였다. 또 후대 대승불교에 이르러서는 보시·지계·인욕·정진·선정·반야의 육바라밀을 닦았으나 좀처럼 육바라밀을 쉽게 성취하지 못한다고 이해하고 부처님의 가피에 의지하는 수행법이 제시되는데, 염불이나 진언다라니를 염송하는 것이 그중 하나다.

부처님의 말씀을 공부하는 것을 경전의 독송讀誦 또는 간경看經이라고 할 수 있다. 독송은 소리 내어 경전을 읽는 독경과 경전을 외워 읊는 염송으로 구분되지만 편의상 경전을 읽는 것을 통칭하여 독송이라고 한다. 다라니의 경우는 독경을 하는 경우도 있지만 대체로 다라니 전부를 암송하여 염송한다. 하지만 경전이나 다라니를 암송할 수 있더라도 경전을 보고 염송하라고 가르치고 있다.

부처님의 말씀을 듣는 경전이나 다라니의 염송은 정기 법회 또는 예경 이후에 이루어진다. 예경의 경우 예부터 주야 여섯 차례에 걸쳐 예경하고 경전을 염송하는 육시예경의 수행 전통이 있어왔다. 오늘날 한국불교 사찰에서는 새벽예불, 사시마지, 저녁예불이 일반화되었다. 이렇게 행하는 예경이나 송주를 일과日課 또는 공과公課라고 한다. 중국불교나 일본불교에서는 요즘도 하루일과를 정해놓고 한결같이 수행한다고 한다. 우리나라에서도 큰 틀에서는 변하지 않았다고 할 수 있지만 그것을 지칭하는 용어와 행위는 변화했다.

일제 때 의례를 보면 확인할 수 있는데, 한국불교 의례의 역사적 산물인 『석문의범』에만 해도 조송주문朝誦呪文 모송주문暮誦呪文이라고 표기하고 있다. 하지만 근래의 의례의문에서는 그와 같은 제목을 보기 어렵다. 오늘날 한국불교 의례에서 시기를 특정하는 의례로는 아침종성, 저녁종성과 아침에는 차를 올리고 저녁에는 향을 사르는 조다석향朝茶夕香 정도가 아닌가 한다.

『석문의범』에는 아침저녁 송주가 명확하게 구별되어 있다. 아침송주의 경우, 송경誦經 행법의 진언인 정구업진언, 안위제신진언, 개경게, 개법장진언을 염송한 다음, '나모대불정 여래밀인 수능엄신주, 관자재보살여의륜주, 불정심관세음보살모다라니, 불설소재길상다라니'의 네 주를 염송하고, 현재 천수경의 한 부분으로 알려진 준제 행법부터 여래십대원, 사홍서원을 발원하고 〈장엄염불莊嚴念佛〉을 진행한다. 이에 반해 저녁송주는 아침송주의 네 주(사대주로 통칭) 염송 대신 현행 천수경처럼 천수주, 사방찬, 도량찬 등을 염송하고, 준제 행법으로 이어져 〈장엄염불〉로 끝난다. 이 아침저녁 송주의 핵심은 아침은 사대주, 저녁은 신묘장구대다라니 염송이라고 할 수 있다.

참고로 대만 『불문필비과송본佛門必憊課誦本』(2006)의 아침저녁의 송주 요목들을 보면, 대체로 아침은 능엄주, 대비주, 작은 열여덟 개의 주, 반야심경, 회향과 찬불을 한 다음 우리나라의 칠정례 같은 배원拜願, 삼귀의 등을 하고, 예조禮祖(조사스님들께 예경)를 끝으로 아침송주를 마친다. 저녁의 경우 서방의 부처님을 찬탄하고 아미타경을 염송하고 예불참회문을 하며 〈몽산시식〉을 하는 것이 특징이다. 아침은 송주, 저녁은 송경과 시식으로 구성되었는데, 여타 사찰의 과송본에서도 비슷한 모습을 확인할 수 있다. 아침저녁 송주를 홀수일과 짝수일에 따라 다르게 시설하는 경우도 발견된다. 한국불교의 아침송주에 대불정수능엄신주를 염송하는 것도 이와 유사하다고 할 수 있다.

오늘날 아침저녁 송주는 사찰이나 부전스님들의 신념이나 원칙에 의해 설행되는 것으로 보이며, 특별히 언급할 만한 의미 있는 통계를 확보하지 못했다. 다만 대불정수능엄신주가 아침송주로 제시되고 있고, 오늘날 국내에 유통되는 능엄주는 10권본 『능엄경』 7권에 실린 427구본, 『대정신수대장경』에 실린 439구본, 널리 유통되고 있는 550여 구본이 있다. 앞에 소개한 이 세 본의 축약본인 능엄주 '다냐타 옴 아나례 비사세 비라 바아라 다리 반다반다니 바아라 바니반 호훔 다로옹박 스바하'가 『일용작법』이나 『석문의범』 등에 실려 전승되고 있다.

경전이나 다라니를 염송하는 법회의 경우 '○○산림'의 형식으로 베풀어지기도 한다. 현재 대개의 불교인들이 영산재나 불공 등을 서로 다르게 인식하기도 하지만, 기본적으로 모든 불교의식은 부처님을 청해 설법을 듣는 것이 중심이다. 그 과정에 공양을 올리고, 법회를 옹호해달라고 신중님들께 청원하는 것이다. 이를 위해 다양한 노래와 춤 등이 등장한다. 범패와 작법으로 알려진 의식의 모습은 찬불의 기쁨을 최상의 음성과 몸짓으로 공양하고 바치는 한 표현이다.

그렇다면 경전과 다라니를 염송함으로써 어떤 이익을 얻는가. 한국불교에서 널리 염송되는 금강경에서는 진리를 설파하는 공덕에 대해 이렇게 말한다.

> 만일 셀 수 없는 아승기 세계에 칠보를 가득 채워 보시를 하는 사람이 있고, 만일 또 이 경전의 네 구절 게송이라도 마음에 간직하고 읽고 외우며 다른 사람을 위해 설명해주는 보살의 마음을 낸 선남자선여인이 있다면, 이

로 인해 쌓게 되는 복덕은 앞의 복덕을 뛰어넘을 것이다.

—『금강경』 제32분「응화비진분」

부처님께서는 금강경을 읽고 외우며 남을 위해 설명한다면 그 어떤 공덕보다 수승하다고 말씀하고 계신다. 경전을 읽기만 해도 공덕이 된다고 한다. 하지만 그 본뜻은 경전의 가르침을 지니는 것이다. 개경게에서 '원해여래진실의'라고 하였듯이 그 가르침의 핵심을 마음에 지닐 때 공덕은 완성된다. 금강경의 핵심 가르침을 '공空'이라고 하는데 이때의 공은 '무아'다. 일체에 '아'가 없다고 고구정녕 설파하지만 '나'라느니 '인'이라느니 '중생'이라느니 '수자'라느니 하며 집착을 일으키고 번뇌를 일으키는 중생의 상념을 부처님께서는 깨뜨리고 있는 것이다.

경전의 독송을 통해 부처님의 말씀을 듣고 내가 일으킨 일체의 상념을 타파할 때 번뇌는 소멸되고, 그로 인해 그동안 자신을 가두고 있던 지옥이 일시에 소멸되는 것이 바로 송주와 독경의 역할이다. 현교의 가르침을 염송하는 대승의 가르침이나 진언 다라니를 염송하는 밀교의 염송 공덕에는 종교적 가피가 진하게 묻어난다. 천수다라니경의 신묘장구대다라니를 염송하는 공덕을 부처님께서는 이렇게 설파하신다.

만약 선남자선여인이 이 다라니를 수지하면, 그 사람이 강이나 바다에서 목욕을 하여 그 물이 물속에 있는 중생들 몸에 닿게 되면, 저들 중생의 일체 악업과 중죄가 모두 소멸되고 곧 연화국토에 태어나서 다시는 태胎의 몸이나 습濕, 란卵의 몸을 받지 아니하거늘, 하물며 이 다라니를 수지 독송하는 자이랴.

또 이 다라니를 지송하는 사람이 길을 갈 때 큰 바람이 불어와 이 사람의

> 몸이나 옷에 스친 바람이 다른 중생들 몸을 스쳐 지나가면, 이 중생은 일체 무거운 죄와 악한 업을 모두 소멸하고 다시는 삼악도에 떨어지는 과보를 받지 아니하며, 항상 부처님 곁에 나게 됨을 알아야 한다.
> 이 다라니를 외우고 받아 지니는 사람이 얻는 복덕과 과보는 생각으로 헤아릴 수 없으며 천불께서 함께 찬탄하여도 다하지 못하리라.
> 또 이 다라니를 수지하는 사람이 하는 말이 혹 좋은 말이든 나쁜 말이든 일체 천마나 외도나 용과 신과 모든 귀신들이 들으면, 다 청정한 법음으로 듣게 되어 이 사람에게 공경하는 마음을 내고 부처님과 같이 존중하리라.
> —『천수천안관자재보살광대원만무애대비심대다라니경』

이는 신묘장구대다라니 공능 중 약간을 소개한 정도에 불과하다. 이 다라니는 다른 이름이 아홉 개나 되는데, 이름만으로도 여러 가지 공능을 확인할 수 있다. '광대원만廣大圓滿, 무애대비無礙大悲, 구고救苦다라니, 연수延壽다라니, 멸악취滅惡趣다라니, 파업장破業障다라니, 만원滿願다라니, 수심자재隨心自在다라니, 속초상지자재速超上地自在다라니'다. 이 뜻을 간략히 살펴보면, 크고 원만하게 소원을 성취해주는 다라니고, 걸림이 없는 대비의 다라니며, 고통에서 건져주는 다라니고, 수명을 늘려주는 다라니며, 악취(악도)를 없애주는 다라니고, 업장을 파괴하는 다라니며, 원을 채워주는 다라니고, 마음대로 자유자재 이뤄지는 다라니며, 속히 위 단계로 뛰어오르는 다라니라는 것이다. 특히 마지막의 속초상지자재다라니는, 관세음보살께서 전세에 천광왕정주여래千光王靜住如來로부터 이 다라니를 듣고 보살초지의 경지에서 곧바로 8지의 경지인 부동지에 이르렀다고 할 정도로 그 위력이 대단하다. 한국불교에서 염송되고 있는 다라니가 적지 않지만, 특히 이 다라니는 수많은 불자들에게 사랑을 받고 있으며 각종 법회에서

늘 염송된다.

또 '멸악취다라니' '파업장다라니'로서 악취, 곧 악도를 파괴하는 다라니로 신봉되고 있는데, 지옥에 빠진 중생에게 음식을 베풀려고 할 때 먼저 신묘장구대다라니를 염송해 지옥을 파괴하고 그곳 중생을 불러내어 법의 음식을 베풀어 구제하는 도구로도 쓰인다. 또 법회 도량을 건립할 때 이 다라니를 염송하며 사방에 물을 뿌려 도량을 정화하는 데에도 요긴하게 활용되고 있다.

노는 입에 염불

의미와 실제

염불은 온 마음을 오로지 여래의 상호와 공덕을 생각하는 데 붙들어 매는 것이다. 초기 불자들에게 염불은 부처님에 대한 귀의의식으로 사용되었고, 점차 귀의에서 나아가 구제하는 신앙의식으로 활용되었다. 초기 염불은 귀의와 예경의 의미가 포함된 '나모불'로 부처님의 명칭을 염송하는 것이었다. 이때의 염불은 부처님을 만나 자연 터져나오는 기쁨의 감흥이었다.

염불은 부처님께 귀의하며 예경하는 가장 순박한 믿음의 발로로, 최초의 종교적 행위라고 할 수 있다. 후대로 내려올수록 귀의의 의미는 줄어들고 부처님의 명호를 부르는, 일종의 진언처럼 '나모불·나모법·나모승'이라고 칭명하는 신앙으로 전개되었다. 불사에서 행하는 일체 행위의 시작을 '나모불'이라고 할 수 있다. 이 몸짓은 오늘날 한국불교의 각종 문서

서두에 '귀의삼보하옵고'라고 표현하는 방식으로 관습화되었는데, '나모삼보' 또는 '나모붓다야' '나모못다야' 정도로 표기하는 것이 본질적인 의미를 표현한 것이라고 생각한다.

정례頂禮하면서 '나모세존 석가모니여래 응공정등정각'이라고 칭명하는 것에 의해 극락세계가 여섯 가지로 진동할 뿐만 아니라 석가모니여래의 명호가 들리는 사람은 명호의 공덕에 의하여 온갖 좋은 과보를 낳는 근본이 되는 선근이 늘어나고, 마침내 아뇩다라삼먁삼보리에서 물러나지 않는 과보를 증득하게 된다고 『불설여환삼마지무량인법문경佛說如幻三摩地無量印法門經』에서 설하고 있다.

또 부처님께서는 『증일아함경增壹阿含經』에서 불자들이 두려운 곳에 처하여 몸의 터럭이 솟을 때, 마음속으로 부처님의 몸을 생각하며 입으로 여래의 명호를 부르면 몸의 터럭이 가라앉는 등 두려움이 소멸된다고 하신다.

염불에 대해 초기경전에서 이미 염불·염법·염승·염계·염시·염천의 여섯 염불[六念]이 열거되고 있다. 부처님을 생각하고 가르침을 생각하고 스님들을 생각하고 계율을 지니는 것을 생각하고, 보시할 것을 생각하고 하늘에 날[生] 수 있다는 것을 생각하는 것이다.

이후 대승불교가 등장하며 염불사상은 더욱 발전하게 되는데, 칭명하여 부처님의 명호를 듣게 됨으로써 공덕을 성취하게 된다는 것이다. 『미륵성불경彌勒成佛經』에는 부처님의 명호를 듣고 예배하고 공양하는 인연으로 모든 업장이 제거된다고 하고 있다. 특히 우리가 살펴봐야 할 염불은, 전세에 법장이라는 비구로 48원을 세워 수행하여 서방에 극락세계를 건설한 아미타불에 대한 염불이라고 할 수 있다. 『대아미타경大阿彌陀經』에서 "가령 내가 후에 붓다가 되었을 때 가르쳐준 명호가 모든 한량없는 시방세계에 들리게 하여 나의 명호를 듣고 알지 못하는 사람이 없게 하려는 것이다"라고 하여 모든 중생들이 부처님의 명호를 듣고 해탈하게 하려 함임을 밝혔다. 『범본 아미타경』에는 "선남자선여인이 이 법문의 이름을 듣거나 저 부처님의 명호를 기억하여 잊어버리지 않는 사람은 누구라도 모두 보호되고 섭수攝受될 것이다"라고 하고 있다.

염불로 극락정토에 왕생한다는 사상이 전개되면서, 염불하여 얻게 되는 공덕이 점차 구체화된다. 아미타불을 이룬 전세 법장비구의 열여덟 번째 원으로 잘 알려진 왕생염불원이 그것이다. "시방세계 중생들이 지극한 마음으로 믿고 원하여, 나의 국토에 태어나고자 열 번에 이르도록 염불하지만 만약 나의 국토에 태어나지 못한다면, 나는 결코 붓다를 이루지 않겠다." 이 십념왕생원은 법장비구 48원의 핵심이 되는 원이라고 한다.

『불설아미타경』에는 "만일 아미타불에 대한 이야기를 듣고 하루나 이틀 혹은 사흘 나흘 닷새 엿새 이레 동안 한결같은 마음으로 아미타불의 명호를 외우되 조금도 흐트러지지 않는 선남자선여인이 있다면, 그가 임종할 때 아미타불이 여러 거룩한 분들과 함께 그 사람 앞에 나타날 것이다. 그래서 그 사람은 마음이 흔들리지 않고 목숨을 마치고 아미타불의 극락세계에 왕생하게 될 것이다"라고 하며 일심염불로 왕생극락을 성취하게 된다고 설법하고 있다.

또 『반주삼매경般舟三昧經』에는 "재가자가 서방 아미타부처님의 정토에 대한 이야기를 듣고는 그곳의 부처님을 염하고 계를 어기지 않으며, 일심으로 하룻밤 하루낮이나 혹은 7일 밤낮으로 염송하면 7일이 지난 뒤에 아미타부처님을 친견하게 되는데, 깨어 있을 적에 보지 못하면 꿈속에서라도 친견하게 된다"고 하며, "임종하고 부처님을 친견하는 것이 아니라 이 사바세계에 앉아서 부처님을 친견하며, 경전을 설하시는 것을 듣고 모두 수지하여 체득하며, 삼매 중에서 모두 잘 구족하여 이것을 사람들을 위하여 설한다"고 하고 있다.

이렇듯 염불은 귀의와 감흥의 표현으로 시작하여 점차 종교적인 수행법으로 발달하였다. 특히 정토사상과 아울러 발전하여 불교의 대표적인 이행도易行道로 환영받게 된다. 근기가 깊고 수승한 이들이 닦는 난행도難行道에 비해 이행도는 근기가 깊지 못한 이들에게 환영을 받게 되었다. 하지만 염불은 결코 이행도에 머물지 않는다. 임종십념臨終十念이면 왕생한다지만 임종 때 일심불란하게 십념을 수행하는 것은 그리 쉬운 일이 아니다. 평소에 부단히 염불수행을 한 사람만이 임종 때에 십념염불을 할 수 있다. 그 결과 염불을 통해 해탈의 길로 나아가는 염불수행법이 정치하게 발전하였다.

그렇다면 염불의 종류는 무엇이 있는가. 유상·무상 염불삼매로 나누는 방법 등 여럿이 있는데, 널리 알려진 대표적인 분류는 중국 화엄종의 종밀宗密(780~840)이 분류한 네 가지 분류다. 종밀은 『화엄경행원품소초華嚴經行願品疏鈔』 권4에서 염불을 이렇게 나눈다.

①칭명염稱名念: 마음을 다해 부처님의 명호를 칭하며 생각하는 것.
②관상염觀像念: 소상·그림 등 불상을 자세히 보며 생각하는 것.
③관상염觀想念: 부처님의 상호를 자세히 보며 생각하는 것.
④실상염實相念: 자신과 일체 존재의 진실한 모습을 자세히 살피는 것.

이러한 네 가지 염불을 통하여 잡념이 사라지고 한 가지 대상에만 정신이 집중된 경지인 삼매를 증득함으로써, 염불삼매의 증득이라는 과보를 얻게 된다.

초기 인도 대승불교의 염불은 관상이 중심이었다고 할 수 있다. 하지만 지금은 염불하면 '칭명염불'이 가정 먼저 떠오를 만큼 칭명염불이 염불의 중심을 이루고 있다. 후대 중국불교 정토종에 이르러 칭명염불이 주종을 이루게 되었다고 할 수 있다. '나무아미타불'을 칭명하여 염불하면 염불 행법을 완성할 수 있다. 이렇듯 다양한 관법이 발달하였다.

『관무량수경觀無量壽經』의 16관법이 대표적이라고 할 수 있는데, 이것은 아미타불의 극락세계를 관하는 방법으로서, 16관법 가운데 상·중·하 3배에 대한 관을 제외한 열세 종의 관법은 아래와 같다.

해를 생각하는 일상관日想觀
물을 생각하는 수상관水想觀
땅을 생각하는 지상관地想觀
보배 나무를 생각하는 보수관寶樹觀
팔공덕수를 관조하는 보지관寶池觀
연화좌를 관조(생각)하는 화좌관華座觀
부처님과 보살님의 상을 생각하는 상상관像想觀
모든 부처님의 몸과 형상을 두루 관하는 진신관眞身觀
관음보살의 모습을 관해 그 모습을 생각하는 관음진신관觀音眞身觀
대세지보살을 보고 대세지보살의 몸을 관하여 생각하는 세지관勢至觀
두루 생각하는 보관普觀
섞어서 생각하는 잡상관雜想觀

이와 같은 염불수행은 한국불교에도 일찍부터 수용되었다. 왕생정토사상과 어우러지면서 염불신앙은 일반 민중들에게까지 깊숙이 보급되었다.

『삼국유사』는 '욱면'이라는 노비 여인이 염불을 하여 서쪽으로 날아간 이야기와 광덕과 엄장이 염불을 하여 극락에 간 이야기, 만일 동안 오로지 염불수행을 하겠다는 결사 이야기 등 다양한 염불신앙 기사를 전한다. 금강산 건봉사의 만일염불결사는 대표적인 염불신앙의 역사다. 1905년 서울 화계사에서 결성된 염불만일회의 연기緣起를 보면, 만일염불회의 공덕주 월명 화상이 50년 동안 염불하여 모은 전 재산을 만일염불회에 희사하고 있다.

만일 동안 염불을 하겠다는 만일염불결사는 불교 사원의 구조를 변화시키는 결과를 낳았다. 만일염불결사가 왕성하게 일어난 조선 후기, 염불수행을 하는 염불당인 대방이 대웅전 앞에 건설된다. 대웅전을 중심으로 동쪽에 선방, 서쪽에 강당과 정문의 누각으로 구성된 사동정중형의 전통적인 사원 형태에 변화를 가져왔다. 서울의 흥국사나 화계사, 경국사 등에 남아 있는 사원 구조가 그 사례다. 안암동 개운사 또한 그 잔영이 보인다. 만일염불결사는 만일염불회의 형태로 오늘날에도 사찰이나 신행단체에서 신행되고 있다.

불가의 이언俚言에 '노는 입에 염불하라'는 말이 있다. 염불하는 것은 특별한 장치나 수고가 없이 가능하다는 말일 것이다. 그저 '나무아미타불 관세음보살' 하면 훌륭한 염불이 되니 그렇게 타일렀을 것이다. 나무아미타불의 육자염불이 길면 '아미타불'만 하는 사자염불을 권하곤 하였다. '노는 입에 염불하라'는 이언은 시간과 형식에 구애받지 말고 부지런히 염불할 것을 권하기 위해서 창안되었다고 하겠다.

칭명염불이나 실상염불을 자유롭게 혼자서 수행할 수도 있지만, 대중이 함께 모여 수행하다보면 아무래도 정형화된 어떤 형식이 필요하게 마련이다. 형식 없는 내용은 무의미하고, 내용 없는 형식은 공허한 껍데기에 불과하기 때문이다. 형식은 내용에 의미를 부여하며 내용을 완성시킨다. 그러므로 염불을 행할 때의 형식은 염불작법으로 완성된다.

오늘날 한국불교의 일반적인 염불 양태는 '정근精勤'이라는 형태로 정형화되어 있다. 염불이라고 하면 부처님이라는 대상을 생각하는 것이라고 할 때 그 대상은 부처님과 보살, 신중 들이라고 할 수 있다. 오늘날 시설된 제 불보살을 염불할 때 하는 전과 후의 정근의문을 살펴보자. 먼저 석가모니불과 관세음보살 정근의문이다.

> 나모 삼계도사 사생자부 시아본사 석가모니불
> [정근을 마치고]
> 석가여래종자심진언
> 나모 사만다 못다남 박 [3편]
> [탄백] 천상천하에 부처님 같은 이 없고
> 시방세계 그 누구도 비할 수 없네.
> 온 세상을 내가 모두 볼지라도
> 부처님 같으신 분 일절 없어라.
>
> 나모 보문시현 원력홍심 대자대비 구고구난 관세음보살
> 관세음보살 멸업장진언
> 옴 아로늑계 스바하 [3편]
> [탄백] 신통한 힘 구족하고 지혜방편
> 널리 닦아 시방세계 모든 곳에
> 빠짐없이 나타내시니
> 이에 저희들은 일심으로 절하옵니다.

사생육도의 법계중생 여러 겁 동안
지은 업장 모두 소멸해주시기를
제가 지금 참회하고 머리 숙여 절하옵니다.
죄업장이 모두 소멸되고 세상마다 보살도를 행하여지이다.

관세음보살 정근 탄백 이후 '사생육도의 법계중생~행하여지이다'의 참회 서원문은 십악 참회 문구인데, 탄백 뒤에 후렴처럼 더하게 되었다. 상단 정근의문의 후렴으로도 가능하다. 다음은 지장보살과 아미타불 정근이다.

나모 남방화주 대원본존 지장보살
지장보살 멸정업진언
옴 바라 마니다니 스바하
[탄백] 지장보살 대성인의 크신 위신력,
항하사 겁 말하여도 다하지 못해
보고 듣고 찰나 동안 예배하여도
인간 천상 모두 함께 이익 얻으리.

나모서방대교주 무량수여래불 나무아미타불
아미타불 본심미묘진언
다냐타 옴 아리다라 스바하
[탄백] 서방 안락찰에서 중생을 이끄시는
아미타부처님께 절하오며
제가 이제 왕생하기를 발원하오니
자비로써 이끌어주시옵소서.

먼저 본사에 찬탄 귀명하고 칭명을 무수히 한 다음 진언 염송과 탄백으로 끝마친다. 이렇게 염불 정근하고 축원을 하는 것은 간단한 염불 행법이라고 할 수 있다. 물론 이전에 공양을 올리는 법회가 진행된다. 법회에서 오늘날 정근의 염불은 대체로 두 형태로 나타난다. 사시마지를 올리는 경우 마지가 아직 도착하지 않았을 때 당해 성현의 명호를 정근하며 마지를 기다린다. 혹은 공양이 끝나고 원성취진언과 보궐진언을 아뢴 다음 축원을 하게 되는데, 그 전에 찬탄과 귀명의 반절을 하며 목탁의 박자에 맞춰 정근을 한다. 정근을 몇 편 하는가는 10념·천념·만념의 편수를 정해 놓고 하기도 하고, 해당 의식의 상황에 따라 적절히 하기도 한다. 편수를 정해 할 때는 짧은 편수는 셀 수 있지만, 많은 편수를 염불할 때는 천념주와 같은 수주數珠를 돌려 편수를 맞추게 되는데, 편수가 채워졌거나 정근을 마쳐야 할 때 인도하는 집전자가 목탁을 빠르게 두 번 쳐 신호를 하여 마치며, 곧바로 빠른 박자로 "아미타불본심미묘진언" 하고 당해 성현의 종자진언 염송으로 넘어간다.

한국불교 의식에서의 염불 관행은 편수片數보다 일수日數를 중시하는 경향이 짙다. 천성 만성의 염불이 강조되곤 하지만 이는 염불을 많이 하라는 강조에 있다고 할 수 있다. 그 편수를 반드시 채우는 것보다 염불 또는 염불기도의 일수를 채우는 데 중점을 두었다는 것이다. 종자진언은 대체로 한 글자로 해당하는 인격이나 물격을 표현하는 밀교적 방식으로 찬탄과 귀명의 의미라고 할 수 있다. 이어 다시 한 번 대중이 이해할 수 있는, 뜻이 드러나는 현교의 탄백으로 해당 성현을 찬탄하고 정근을 마친다.

그렇다면 정형화되고 체계적인 염불작법 절차는 어떠할까. 아미타불의 명호만 일심으로 부르면 극락세계로 인도된다는 아미타불에 대한 염불신앙은 '노는 입에 염불하라'고 할 만큼 언제 어디서나 자유롭게 할 수 있는 쉬운 신행법이다. 하지만 만일염불결사처럼 오랜 세월에 걸쳐 아미타불을 신앙하고 염불하려면 아무래도 정형화된 형식이 필요하게 마련이다. 그렇게 염불을 형식화함으로써 염불은 종교적 종파적 신앙의 양태로 자리할 수 있었다.

이와 같은 염불작법의 몸짓을 보여주는 자료는 적지 않은데, 대체로 두 가지 양태로 나눌 수 있다. 첫째는 아미타불을 염불하여 극락세계에 왕생하니 그것을 믿고 신앙하라고 권하며 아미타불에 대한 예참으로 구성된 것이다. 『예념미타도량참법禮念彌陀道場懺法』과 국내에서 다시 짜인 『대미타참大彌陀懺』『소미타참小彌陀懺』과 『염불보권문念佛普勸文』 등이 있다.

둘째는 하루 여섯 때[六時] 혹은 세 때[三時] 예불하며 염불하는 법식이다. 중봉 화상의 『삼시괘념의범三時掛念儀範』 등과 한국에서 축약 편찬된 『염불작법』이 그것이다.

그렇다면 한국불교 염불신앙의 특징적 형식을 보여주는 『염불작법』은 어떤 구조와 차례를 가지고 있으며, 그 의미는 무엇이고 현재는 어떻게 전승되고 있으며 또 어떻게 변용되었을까.

『염불작법』은 1575년 전라도 담양 용천사에서 간행한 목판본으로, 『한국불교 의례자료총서』 제2집에도 실려 있다. 책명의 '작법'은 '법식을 짓는다'는 뜻인데, 불가에서 자주 쓰는 '여법하다'고 할 때 '법'은 대개 이 '작법'을 지칭한다. 법식대로 하는 것은 지극히 당연하다. 그런데 어째서 여법하다는 말이 자주 쓰일까. 법식이 여법하게 행해지지 못했기 때문이 아닐까 하는 의문이 든다. 그렇게 된 원인은 여럿 있다. 필자의 견해로는 의례의 법식을 설명하는 의례의 지문地文이 제대로 전승되지 못했기 때문이라고 보인다. 한국불교의 많은 의문은 거의가 대사 위주로 전승되었다. 의례의 대본인 의문에는 대사만 있고, 지문은 아예 없거나 극히 미미하다. 어떻게 하라는 몸짓에 대한 설명이 제대로 전해지지 못한 것이다.

『염불작법』의 염불하는 차례와 유사한 대만 불광산사의 「염불과송정서念佛課誦程序」의 순서 등을 비교하면서 작법의 의미 등에 대해 검토해보도록 하자. 먼저 『염불작법』의 차례인데 '염불'을 굵은 글씨로 표시했다.

보례[예불게송과 진언]

내 몸에서 다함없는 몸을 내어 두루 계신 부처님께 일일이 절합니다.

차 구불예경

'나모과거비바시불 ~ 나모석가모니불'의 과거칠불과

'서방아미타불·당래하생미륵존불' 칭명

차 개경게송과 개법장진언

정법계진언 옴 람 [7편]

정삼업진언 [3편]

차 천수(다라니) [5편]

도량찬

차 귀의삼보: 귀의불 귀의불양족존 귀의불경 등 [3편]

차 참회게송: 아석소조제악업 ~ 일체아금개참회 [3편]

차 회시게回施偈 2수

일체 부처님의 정법은 보살님과 스님들이 곧바로 보리에 이르게 하니 제가 귀의하며 제가 계율을 지녀 얻게 되는 여러 선근을 유정들이 불도를 이루기를 원하옵니다.

찬불게 3수: '아미타불진금색' 장엄염불 선행 게송

차 **염불**

예경: '나모서방정토 극락세계 삼십 만억 일십일만 구천오백 동명동호 대자대비 아미타불, 나모문수보살 보현보살 등 제보살'

찬탄십신상호예경: 무견정상상 아미타불

극락사성

정토발원: 원공법계제중생 동입미타대원해 [1배]

[대자보살발원게]

시방삼세불 위덕무궁극 [1배]

아금대귀의 지심용회향 [1배]

원동염불인 여불도일체 [1배]

원아임욕명종시 즉득왕생안락찰 [1배]

서원: 무변번뇌단 무량법문학 서도제유정 개공성불도 [1배]

원왕생게: 원왕생 원왕생 원재미타회중좌 자타일시성불도

상품상생진언

차 축원

상래현전비구중 풍송예불비밀주 마하반야바라밀

[부록]

관무량수경 '염불 관법' [운운]

48대원 원력장엄

여래십대발원문

'발원이귀명례삼보' [1배]

염불을 권하는 글

『염불작법』은 별도의 분과를 구분하거나 번호를 부여하지 않아 분과를 하기가 쉽지 않다. 단지 분과라고 볼 수 있는 유일한 경계인 '차次' 자를 여덟 차례 사용하여, 부록과 같은 축원 이후를 1편으로 보면 10편의 작법으로 구성되었다고 할 수 있을 것 같다.

다음은 「염불과송정서」의 차례다.

1. 노향찬爐香讚
2. 불설아미타경
3. 왕생주往生呪
4. 찬불게讚佛偈
5. 칭송미타성호稱誦彌陀聖號[百聲 或 千聲 後 轉念]
6. 배원拜願
7. 정토문淨土文
8. 대자보살발원게大慈菩薩發願偈
9. 삼귀의문三歸依文
10. 회향게

순서에 번호를 부여하였으므로 분과에 대한 언급을 할 필요조차 없다. 16세기 후반 『염불작법』과 현행 대만불교 「염불과송정서」의 염불작법 차례는 큰 틀에서는 유사하다. 그렇지만 세부적인 측면으로 보면 적지 않은 차이가 있다.

첫째, 「염불과송정서」에는 향을 사르고 아미타경을 염송하고 있다. 그렇지만 『염불작법』에서는 아홉 부처님께 예경하고 송주 절차를 한 다음 천수주를 하고 있다. 천수주와 아미타경의 염송을 같은 차원에서 이해하면 별 다를 바 없겠지만, 염불작법의 절차라는 측면에서 보면 두 경전 염송의 공능은 같아 보이지 않는다. 그렇다면 어떻게 해석할 수 있는가. 한국불교의 염불작법에 작법이라는 명칭이 부여되어 있음을 주목하여 이해하면 좀 쉬울 수 있다. 천수다라니를 다섯 편 염송하고 '도량찬'을 하고 있다. '작법'은 '법식을 짓는다'는 의미다. 이때의 법식은 도량을 결계하고 성현을 청하고 공양하고 시식하는 등의 몸짓을 규정한다. 이럴 때 도량찬을 하고 있는 것으로 봐서 도량을 깨끗하게 장엄하는 엄정嚴淨의 작법으로 천수다라니를 염송하며, 감로수를 사방에 뿌려 도량을 깨끗이 하였다는 의미로 도량찬을 하고 있다고 보인다. 그러므로 이곳에서의 천수주 염송은 도량 결계와 엄정을 위한 의식이라고 하겠다.

그렇다면 「염불과송정서」의 아미타경 독경은 무엇을 의미하는가. 향을 살라 올렸으니 부처님께서는 제자의 정성을 아시고 현전하셔서 아미타경을 설하여 염불의 마음을 내도록 하는 장치라고 할 수 있을 것이다. 이는 마치 불교를 모르는 이들을 청해 음식을 베풀 때, 부처님과 가르침과 스님들께 귀의하게 하는 것과 같이 아미타불과 아미타불의 세계를 일러주는 것이다.

둘째, 두 염불작법에는 귀의의식이 존재한다. 『염불작법』에서 귀의의식은 천수주 도량찬 다음 다섯 번째 의식으로 시설되어 있고, 「염불과송정서」에는 아홉 번째 의식으로 시설되어 있어 그 순서와 의문이 다르다. 『염불작법』은 '귀의불 귀의법 귀의승 귀의불양족존 귀의법이욕존 귀의승중중존 귀의불경 귀의법경 귀의승경'의 귀의문인 데 비해, 「염불과송정서」에는 『삼문직지』에서 '자귀삼보'라고 칭하는 '자귀의불 당원중생 체해대도 발무상심' 하는 자귀의문이다. 『염불작법』의 '귀의삼보' 의식은 시식 등 불특정 고혼을 청해 시식을 베풀 때 초청한 존재들에게 부처님과 가르침과 스님들께 귀의하도록 하는 의식이다. 의미상으로 볼 때 수계를 하는 법사스님이 "귀의불" 하면 위패를 모신 이들이 대신 "귀의불양족존" 하고 답하며, "귀의불경"이라고 법사스님이 증명하는 식으로 삼보에 귀의하도록 하는 의식이다. 수륙재 의문이나 〈몽산시식蒙山施食〉에 이런 양상이 잘 나타나 있다. 곧 삼귀의계를 받는 의식이다. 그에 비해 「염불과송정서」의 '자삼귀의'는 의식을 마치고 스스로 부처님께 귀의하며 일체 중생들이 대도를 깨치고 위없는 보리심을 발원하기를 발원하고, 또 스스로 법에 귀의하며 일체중생들이 경장의 가르침에 깊이 들어 지혜가 바다처럼 되기를 발원하고, 스스로 승가에 귀의하며 대중을 이치대로 통솔함에 걸림이 없기를 발원하는 것이다. 이는 수계적인 측면보다 발원이자 서원이라고 할 수 있다. 그런데 『염불작법』의 '귀의삼보'의 주체는, 내가 귀의하는 것인지 남을 귀의하게 하는 것인지 그 주체가 명확하지 않다. '자삼귀의'는 현재 한국불교 의식의 후반부를 장식하는 사홍서원과 유사한데, 『염불작법』에는 사홍서원 같은 '무변번뇌단 무량법문학 서도제유정 개공성불도'가 나타나고 있다. 오늘날 한국불교에서 널리 행해지는 '삼귀의, 반야심경, 사홍서원, 산회가' 등으로 진행되는 법회의식의 순서는 이 『염불작법』에서도 그 단초가 확인된다.

셋째, 『염불작법』의 순서는 한국불교 염불의 원형이라고 할 수 있는데, 오늘날의 장엄염불처럼 염불을 장엄하는 행법은 찾아보기 어렵다. 오늘날 염불 행법으로 알려진 장엄염불은 염불을 장엄하는 의식인데, 단조로운(?) '나무아미타불'의 반복을 지양하며, 불교의 진리를 네 구절로 전하는 게송을 삽입하여 염불을 풍요롭게 하였다. 가령 '청산첩첩미타굴 창해망

망적멸궁 물물염래무가애 기간송종학두홍'의 게송을 한 다음 아미타불을 하였다. 매 구마다 아미타불을 할 수도 있고, 두 구 또는 네 구 다음에 할 수도 있다. 이렇게 염불을 장엄하는데 외형상으로만 보면 '나무아미타불' 염불이 마치 게송의 후렴처럼 보인다. 장엄염불은 '정토업淨土業'이라고도 하는데, 19세기 초반 백파 긍선이 찬한 『작법귀감作法龜鑑』(1826)에 이 명칭이 보이기 시작한다. 시식을 마치고 초청한 존재들을 정토로 보내드리는 의식으로 정토업이 등장하는데, 이때의 정토업은 선근을 닦아주는 의식이라고 할 수 있다. 또 예불 이전의 저녁송주[焚修作法]를 할 때 신묘장구대다라니를 염송하고, 사방찬 도량찬 참회게 참회진언 이후에 멸죄진언 등 제 진언을 염송하는 것 또한 정토업의 하나다. 이때 정토업은 자신들의 업장을 참회하고 선근을 짓는 의식이라고 할 수 있다. 결국 참회하고 선근을 닦는 '분수의식焚修儀式'으로 염불작법이 발달하였다고 할 수 있다. 이전에 행한 허물을 뉘우치는 것을 '참懺'이라 하고, 이후에 행할 허물을 뉘우치는 것을 '회悔'라고 한다. 또 다라니를 염송하여 업장을 불사르는 것을 '분焚'이라고 하고, 염불 정근을 하여 선근공덕을 쌓는 것을 '수修'라고 한다. 염불작법은 분수의 기능을 위해 시설된 몸짓이라고 하겠다.

넷째, 『염불작법』은 현행 한국불교에서 결계와 엄정의 기능을 수행하는 천수경의 초보적인 원형을 보여준다. 원래 천수경은 신묘장구대다라니를 염송하는 의궤다. 천수다라니를 염송하기 위해 몸과 마음을 청결히 하고 관세음보살을 청해 모시고 인사드리고 10원과 6향을 발원하고, 관세음보살께서 신묘장구대다라니를 설해주시면 그것을 받아 일심으로 수지하며 염송하는 것이다. 그러므로 사방찬, 도량찬 등의 게송은 천수경과는 별 상관이 없다. 수륙재에서 〈영산작법〉을 행하려고 할 때는 관세음

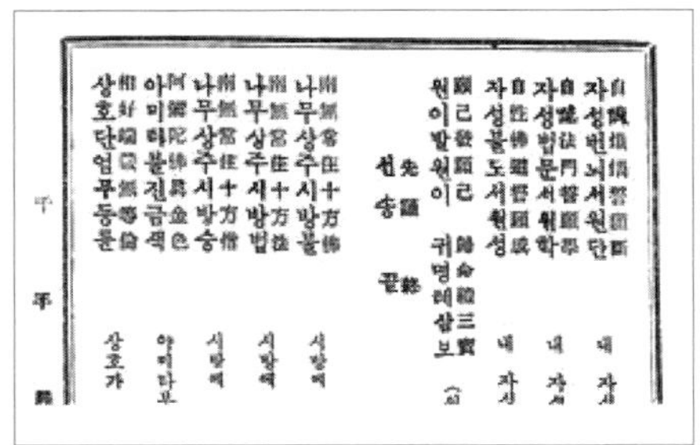
자성번뇌서원단 내 자시
자성법문서원학 내 자서
자성불도서원성 내 자시
원이발원이 귀명례삼보 (삼)
선송 끝
나무상주시방불 시방에
나무상주시방법 시방에
나무상주시방승 시방에
아미타불진금색 아미타부
상호단엄무등륜 상호가

충남 아산 정업원 간행『불교요집』(1965)

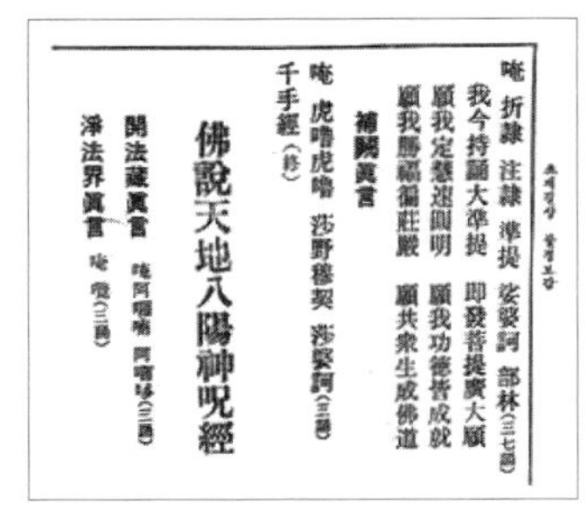
唵 折隷 注隷 準提 娑婆訶 部林(三七遍)
我今持誦大準提 卽發菩提廣大願
願我定慧速圓明 願我功德皆成就
願我勝福徧莊嚴 願共衆生成佛道
補闕眞言
唵 虎嚕虎嚕 社野穆契 娑婆訶(三遍)
千手經(終)
佛說天地八陽神呪經
開法藏眞言 唵阿囉南 阿囉䭾(三遍)
淨法界眞言 唵 覽(三遍)

『불경보감』(1965/1973)

보살을 청하여 감로수를 주십사 청원하고, 신묘장구대다라니를 염송하여 감로수에 관세음보살의 위신력을 끼쳐 사방 도량에 세 번 뿌려 도량을 정화한다. 이때 사방찬과 도량찬이 쓰인다. 사방에 감로수를 뿌려 사방찬을 하고, 감로수를 뿌려 도량이 깨끗해졌음을 찬탄하는 것이다. 그러고 나서야 성현을 청할 수 있게 된다. 그래서 도량찬에서 '삼보용천강차지三寶龍天降此地(삼보와 천룡께서 이곳에 오시네)'라고 노래하고, 이후 거불하고 불교의례를 시작하는 것이다. 하나 오늘날은『염불작법』에서처럼 참회게를 하고 있고, 십악참회와 준제행법, 여래십대발원과 사홍서원 등이 이어지고 있다.『염불작법』의 부록에 여래십대발원문이 편제되어 있는 것으로 볼 때, 방금 언급한 천수경 형성의 한 단초가『염불작법』임은 의심할 여지가 없다고 하겠다. 현행 천수경은 1970년대에 이르러서야 비로소 오늘날의 형태가 완성되었다. 천수경 성립에 대해서는 대체로 두어 가지 견해가 있다. '영산재 → 상주권공 → 삼보통청 → 천수경'으로 축소과정을 거쳤다는 설, 천수다라니를 중심으로 몇몇 의궤가 적층되고 합편되었다는 설이다.

후자는 필자의 관점으로, 필자는『천수경, 의궤로 읽다』에서 현행 천수경은 몇 의궤의 합성이라고 주장하였다. 천수경은 천수다라니를 중심으로 여러 의궤가 활용되는 공능으로 말미암아 자연스럽게 더해지면서 완성되었다고 보기 때문이다. 현행 천수경의 끝으로 이해하고 있는 '나무상주시방불·법·승'은 바로 『염불작법』의 거불이다. 그럼에도 불구하고 '나모상주시방불·법·승'을 '원이 발원이 귀명례삼보願已 發願已 歸命禮三寶(발원을 마치고 삼보께 절합니다)'라고 하는 지문 겸 대사의 하위 본문처럼 이해한다. 이는 『염불작법』에 대한 오해에서 일어난 일종의 해프닝이라고 할 수 있다. 천수경의 끝에 대한 오해를 해소하기 위해서 1970년대 이전의 의례 의문에는 '〈끝〉'이라는 표기를 하고 있음을 심심찮게 볼 수 있다.

또 20세기 초반 상업용으로 출판된 『소재길상불경보감消災吉祥佛經寶鑑』에서 확인되듯, 천수경 후반부에 편제된 준제행법을 염송한 다음 더 이상 염송을 하지 않으니 보궐진언을 염송하고 있음을 볼 수 있다. 보궐진언은 무엇인가를 완성하지 못했을 때 염송하는 진언인데, 아침저녁 송주를 마감하였음을 의미한다.

노는 입에 염불하라고 하였다. 이는 염불의 일상화라고 할 수 있다. 어떤 선악의 시비분별을 넘어설 때 불자들은 '나무아미타불 관세음보살'을 염한다. 염불을 통하여 해탈을 추구하는 것이다. 일심 염불로 염불삼매를 얻는다. 염불의 몸짓이 일상화되어 격식이 공고해지기도 하지만, 때로는 그 형식을 파괴하고 자유자재 형태를 재창조하기도 한다. 이 또한 해탈의 몸짓이 아니랴. 한국의 『염불작법』이나 천수경에 나타나는 편찬의 인식이야말로 조금 색다른 해탈의 몸짓이라 하겠다.

예참 뒤에 참선

조력의 예참

불교수행의 목적은 일체의 괴로움을 끊고 벗어나는 해탈이다. 해탈하는 방법으로 삼학이 제시되고 있다. 삼학은 계학·정학·혜학이다. 계학(戒學, adhiśīla)은 증상계학增上戒學이라고 하는데, 계는 선을 닦고 아울러 몸과 말과 생각으로 지은 악한 업을 막는 수행이다. 정학(定學, adhicitta)은 증심학增心學·작정학作定學·증상의학增上意學·증상심학增上心學이라고도 하는데, 정은 맑은 마음이 흐트러지는 것을 잡아주고 잡념을 없애주는 수행이다. 혜학(慧學, adhiprajñā)은 작혜학作慧學·증상혜학增上慧學이라고도 하는데, 혜는 능히 본성을 드러내게 하고 번뇌를 끊어 없애 일체 부처님의 실상을 보게 하는 수행이다. 그러므로 삼학은 불교수행의 강령이다.

계의 실천으로써 선정을 이루고 선정을 닦음으로써 지혜가 발현되므로, 삼학은 차례(순서)의 성격을 가지고 있다. 제1부 믿음의 몸짓이 계학을 주로 닦는 몸짓이라면, 제2부의 송주·염불·선정은 정과 혜를 닦는 몸짓이라고 할 수 있다. 송주와 염불이 삼매를 닦는 몸짓일지라도, 겉으로 드러나는 몸짓은 선정의 몸짓에 비해 수동적이다. 선정을 닦는 대표적 몸짓인 적연부동한 좌선은 일체의 움직임도 거부하고 목석처럼 대상을 응시하며 마음의 본래 자리에 들어가려고 한다.

좌선으로 일체의 바깥 경계와 망념을 쉬고, 특정한 대상을 꿰뚫어 주시하는 지(止, śamatha 定)와 바른 지혜를 내어 일체의 대상을 관(觀, vipaśyanā 慧)하는 수행을 닦아 괴로움에서 벗어나게 되는 것이 선정 수행이다. 이 수행은 탁월한 효과가 있지만 정토사상 등에서는 업장이 두터운 오탁악세의 중생들로서는 이루기 어려운 수행이라고 받아들인다.

중국불교에서는 업장이 두터워 수행하기 어려운 오탁악세의 중생들에게 좀 더 쉬운 수행법으로 제시하는 참법이 발달하였다. 참법은 업장이 많아 그것을 참회하지 않고는 선정을 이룰 수 없는 중생들에게, 참회를 하여 업장을 소멸한 다음 하나의 실다운 경계[一實境界]에 들어가도록 한다.

2부 3절의 제목이 '예참 뒤에 참선'이 된 것은, 먼저 예참의 조력을 닦아 힘을 얻고 그것에 의지해 하나의 실다운 경계에 들어가는 차례에 초점을 맞추었음을 의미한다. 예참을 통해 복덕을 짓고 복덕의 힘에 의지하여 지혜를 더욱 닦자는 동아시아불교의 이 같은 성과에는, 보시를 통해 공덕을 쌓고, 지계하며 삼매를 이루고 지혜를 닦는 삼학의 교학체계가 압축되어 있다.

오늘날 예참이 어떻게 한국불교 의례에 활용되고 있으며, 그것의 원형은 어떠한지에 대해 살펴보자.

'예참禮懺'이라는 명칭은 오늘날 유통되는 한국불교의 의문에서는 '삼보통청三寶通請'이라고 하는 공양의식의 공양의문에서 확인할 수 있다. 제 3부에서 자세히 다루겠지만, 성현을 청하고 공양을 변화시켜 오신 분들에게 '공양을 올립니다'라고 하는 의식에 예참이라는 항목을 붙이고 있다. 예참의 문자적 의미는 예불하고 참회한다는 뜻일 텐데, 참회에 관한 진술 없이 공양을 올리는 의식의 제목으로 붙어 있다. 연유는 무엇일까. 이 항의 설명이 끝나면 자연스럽게 이해할 수 있을 것이다.

또 하나 '예참'이라는 명칭은 『석문의범』에 실린 대웅전 예경의식의 '대예참' '소예참'에서 볼 수 있다. 제목에 '예참'이라고 하지만 내용을 보면 '예'만 있지 '참회하라'는 지문이나 대사는 등장하지 않는다. 대웅전 예경의식으로 소개된 의문 가운데 참회를 하는 내용이 있는 의문으로는 제목에 '참懺' 자가 없는 「관음예문례觀音禮文禮」에 불과하다.

참회하는 내용도 포함되어 있지 않은데 왜 한국불교에서는 실제로 공양하는 의식에 '예참'이라는 명칭을 부여하고 있을까. 한국불교에 등장하는 '예참'이라는 명칭의 근거는 무엇인가. 어떤 연유로 이와 같이 명명하고 있을까. 이에 대한 답변은 선정을 닦기 위한 조력의식인 참법을 분석해보면 어느 정도 얻을 수 있다. 이제부터 참법에 대해 조금 알아보자.

참법은 악업으로 인한 장애를 참회하여 소멸하는 과정의 법식으로 중국불교에서 생성되었고, 중국불교의 특징 중 하나다. 『대정신수대장경』과 『만신찬속장경卍新纂續藏經』에는 50여 종에 이르는 중국불교의 참법이 소개되어 있는데, 양무제의 『자비도량참법慈悲道場懺法』을 필두로 신행선사의 『칠계예참』, 천태지자의 『법화삼매참의法華三昧懺儀』 『청관세음참법請觀世音懺法』 『방등참법方等懺法』 『금광명참법金光明懺法』이 등장하는 등 6세기 후반 이후 참법의 전성시대가 열린다.

법화삼매참의	천수안 대비심주행법	범망경 보살계 참회행법	왕생정토 참원의
① 嚴淨道場	① 嚴道場	① 嚴道場	① 嚴淨道場
② 淨身	② 淨三業	② 淨三業	② 方便法
③ 三業供養	③ 結界	③ 結界	③ 正修意
④ 奉請三寶	④ 修供養	④ 修供養	④ 燒香散花
⑤ 讚嘆三寶	⑤ 請三寶諸天	⑤ 讚禮歸依	⑤ 請禮法
⑥ 禮佛	⑥ 讚嘆申誠	⑥ 悔除惡罪	⑥ 讚歎法
⑦ 懺悔	⑦ 作禮	⑦ 敬白請證	⑦ 禮佛法
⑧ 行道旋遶	⑧ 發願持呪	⑧ 正誦戒經	⑧ 懺願法
⑨ 誦法華經	⑨ 懺悔	⑨ 發誓禮佛	⑨ 旋遶誦經法
⑩ 坐禪實相正觀	⑩ 修觀行	⑩ 發願廻向	⑩ 坐禪法

〈주요 참법의 차례〉

『법화삼매참의』를 비롯해 여타의 참법은 위 표에서와 같이 대개 10법으로 구성되었다. 또 화엄종의 종밀이 편수한 『원각경도량수증의圓覺經道場修證儀』의 차례는 아래와 같이 전체를 세 대목으로 나누고, (2)참회법문을 세분하여 조직하고 있다.

(1) 도량법사

(2) 참회법문

1) 계청 2) 공양 3) 찬탄 4) 예경 5) 참회

6) 잡법사

① 권청 ② 수희 ③ 회향 ④ 발원 ⑤ 설무상계 ⑥ 계백 ⑦ 예참

7) 선요송경 8) 정좌사유

(3) 좌선법

위 표의 참법이 각 10법으로 분과된 데 비해 『원각경도량수증의』는 3대목 8과로 분과하였다. 위 표를 보면 『범망경보살계참회행법』을 제외

하고 마지막은 관행觀行, 곧 선정을 닦는 의례로 편제되었다. 참법의 차례에서 볼 때 첫째 단계에서부터 아홉째 단계까지는 열 번째 선정을 닦기 위한 사전수행과 같다고 할 수 있다.

대비심주(신묘장구대다라니)를 송주하는 『천수안대비심주행법』의 10법 편제를 간단히 살펴보면 다음과 같다.

첫째는 도량장엄이다. 조용한 거실에 번을 걸고 등을 켜고 향기로운 꽃과 음식으로 공양하며, 불상은 남향으로 모시고 관세음보살상은 동향으로 모시며, 행자는 서쪽을 향해 앉는다. 공양은 매일 힘을 다해 올려야 하지만 공양을 준비하지 못했으면 마음으로 정성을 다해야 하며, 현세에 원을 이루고자 하는 이들은 삼칠일(21일)을 한 만기로 삼아 깨끗이 재계를 지닌다. 일주일 동안 방편법식을 행하되 현실의 의례와 이치의 관법을 다 정밀하고 익숙하게 해야 한다.

둘째는 삼업공양이다. 몸을 깨끗이 하고 깨끗한 옷을 입어야 하고 마음을 한곳에 모아 쓸데없는 생각을 말아야 한다. 몸은 할 일과 하지 않을 일을 헤아리고, 입은 묵언해야 하고, 생각은 '지관'을 헤아려야 한다. 수행자는 훌륭한 스승을 의지하여 가르침을 받아야 하며 마음대로 해서는 안 된다.

셋째는 결계로 참법을 닦을 지역을 설정하는 것이다. 금을 긋거나 물을 뿌리는데, 다라니를 스물한 편 염송하며 사방에 물을 뿌려 경계를 설정한다.

넷째는 공양을 닦는 것이다. 결계를 마치고 관세음보살상 앞에 이르러 "일체공근 일심정례 시방상주삼보一切恭謹 一心頂禮 十方常住三寶(일체를 정중히 하며, 일심으로 시방에 항상 계신 삼보님께 머리 숙여 절합니다)"라며 공양을 올린다. 이때 향을 사르고 꽃을 뿌리는데, 중생들이 각각 호궤하고 향기로운 꽃을 지니고 법답게 공양을 한다. "이 향기로운 꽃의 구름이 시방세계에 가득하여 모든 부처님 나라에 한량없이 향으로 장엄하여, 보살도를 성취하고 여래의 향 성취하기를 바라옵니다"라고 염송하고 다음과 같이 관상한다.

'나의 이 향기로운 꽃이 시방에 두루 퍼져서 미묘한 광명대가 되고, 여러 하늘의 음악과 보배향 등 불가사의한 미묘한 법의 티끌이 되어, 하나하나의 티끌에서 일체의 부처님이 나오고, 하나하나의 티끌에서 일체의 진리가 나와, 장애 없이 휘감아 돌아 서로 장엄하며, 일체 부처님 나라 시방법계 삼보 전에 두루 이르러, 그곳에 다 나의 몸이 있어 공양을 닦으며, 그 하나하나 모두가 법계에 두루 하여, 저 모든 것들에 잡됨이 없고, 걸림이 없이 미래가 다할 때까지 불사를 짓고, 일체 중생에게 널리 끼쳐져 모두 보리심을 내어, 함께 무생법인에 들어 불지를 증득하기를 원합니다'라고 관상하고 다시 "일체 정중히 공양을 마칩니다"라고 한다. 이 의식을 '향화공양/향화게'라고 하는데, 이 향화게는 한국불교 고유의 〈영산작법〉에서 가장 화려하고 장엄한 작법무이기도 하다. 향기로운 꽃에서 일어나는 향기로 관상공양을 하는 것이다. 여기서 수공양修供養의 대상은 편재하는 시방의 상주삼보라고 할 수 있다.

다섯째는 삼보와 제천을 청하는 것이다. 이때 청하는 대상은 해당 경전이나 다라니를 설해주신 성현이나 해당 경전에 등장하는 불보살과 제천신이다. 청하는 방법은 지극한 마음으로 신구의 삼업으로 청해야 한다. 이렇게 청하는 것을 삼청三請이라고 한다. 은근히 삼청하면 반드시 와서 중생의 고통을 제거하고 즐거움을 준다. 그래서 모름지기 지극한 정성으로 자리마다 은근히 삼청하면 반드시 감응하여 내려오는 것이다. 이때 먼저 "일심봉청 나모본사 석가모니 세존"이라고 석가모니불을 필두로 제불과 다라니를 청하고, 관세음보살 등 여러 보살과 가섭존자 등 성문을 청하고, 마지막으로 일체의 천신을 청한다.

여섯째는 찬탄하고 정성을 펼치는 것이다. 청하신 분들을 찬탄할 때는 해당 경전의 찬탄구와 다른 경전의 것을 활용한다.

일곱째는 청한 불보살님께 절하는 작례다. 예시한 행법에는 청해 모신 각각에 절하는 대사를 제시하지 않지만, 『법화삼매참의』에는 청한 순서대로 "일심경례 본사석가모니불" 하며 한 분 한 분께, 삼칠일 예참기간 동안 매일 여섯 때 일일이 머리를 숙여 오체투지로 예경하라고 하고 있다. 제천과 귀신에게는 절할 필요가 없다.

여덟째 발원지주편은 발원하며 다라니를 지니는 의식이다. 오늘날 한국불교의 천수경과 비슷한 체제다. 신묘장구대다라니를 받아 지니려면 '10원과 6향을 발원하고 관세음보살을 십념하면 관세음보살이 다라니를 설해준다'는 『천수다라니경』의 말씀에 의지하여 편제되었다. 오늘날 한국에서 염송하는 천수경의 구조는 발원 앞의 계수문과 다라니 후반의 사방쇄수灑水(물 뿌림)를 통한 도량 엄정의식, 참회의식, 준제행법, 발원행법 등이 합편되어 있다. 하지만 이 참법의 발원지주편은 순수하게 신묘장구대다라니를 받아 염송하는 의식이다.

아홉째는 참회다. 송주를 마치고 육근으로 지은 장애를 참회한다. 참회를 마치고 몸을 돌려 법좌를 돌게 되는데, 이때 서 있는 바로 이 자리가 법계라고 관상하며 삼보를 범패소리로 창한다. 이때 창하는 귀명은 "나무불 나무법 나무승 나무석가모니불 나무아미타불 나무천광왕정주불 나무광대원만무애대비심다라니 나무천수천안관세음보살 나무대세지보살 나무총지왕보살"을 3칭 또는 7칭을 하고, 돌기를 마치고 상 앞으로 돌아와 삼자귀의를 한다.

열째는 관행觀行이다. 행자는 예참을 마치고 도량을 나와 별도 한 곳의 승상繩床(등받이 없는 의자)에 앉아 경전에 의거하여 관행을 닦는다. 눈과 입을 닫고 호흡을 조화롭게 하고 몸과 마음을 넓게 놓고 정관으로 죄업을 파괴한다.

이상 간략하게 중국불교의 참법 내용을 살펴보았다. 이 참법을 통해 보면 참법은 참회하는 법식이지만 참회한 이후에 좌선을 닦는 의식이라는 것이 분명하다. 전반부의 참회는 사참이고 종지부의 관행이나 좌선은 이참이라고 할 수 있다.

이참을 닦으려면 사참을 먼저 닦는 것이 참법의 기본 형태다. 참회를 할 때는 몸과 마음을 정화하고 삼업으로 일체 삼보께 공양하고 해당 불보살님을 청해 예경하고 참회를 하는 구조라는 것을 알 수 있다.

그렇다면 참법에서 드러나는 대표적인 특징은 무엇인가.

첫째, 공양은 삼업공양이고, 시방에 상주하는 변재삼보에 대한 공양이다. 다시 말해 삼보와 제천을 청해 예경하고 나서 공양을 올리는 의식은 없고 예경하는 의식만 있다는 것이다. 이것은 수륙재 등을 청한 이후에 공양하는 것과는 차이가 있다.

둘째, 예경 이후에 참회를 한다. 참제업장 십이존불의 칭명과 예경으로 참회를 완성하는 그런 형식이라고 보기는 어렵다. 염불신앙과 같이 불보살을 칭명함으로써 업장의 소멸을 추구하는 가지참회가 아니라, 공양과 예경, 발로참회와 같은 사참을 마친 다음 이참을 하는 구조다.

셋째, 공양이 삼업공양으로 관상공양이다. 이때 신구의 삼업으로 공양하고 예경하는데, 향화香花(향기 나는 꽃)를 활용한다. 향화조차 구할 수 없을 때는 운심공양을 한다. 공양물이 있으면 공양을 올리면 되지만 부족해도 허물이 아니라고 한다.

이렇게 볼 때 '예참'이라는 명칭이 부여되어 있지만 참회 없이 예경이나 공양만을 행하는 한국불교의 '예참'은 참법의 축약 형태라고 할 수 있다. 하지만 비교적 이른 시기에 축조된 것으로 보이며, 수륙재 의문인 『천지명양수륙재의 범음산보집』(약칭 범음산보집)에 실린 「선문조사예참」에는 5회의 참회문이 실려 있는데, 이때 참회는 참회게송의 염송에 그치고 있다.

참법은 비록 이참으로 좌선법이 시설되었지만 일실경계에 들고 나는 것은 거기에 한정되지 않는다. 그러므로 참선 수행으로 해탈하는 몸짓의 측면에서 일실의 경계에 들고 나는 좌선에 대해 살펴보아야 한다.

일실의 출입

불교의 셋째 해탈의 몸짓은 참선이다. 이 항을 '예참 뒤에 참선'이라고 하고, 예참을 통해 사참을 이루고 이참을 통해 하나의 실다운 경지에 드는 몸짓을 살피고 있다.

일실一實이란 무엇인가. 평등하고 진실한 깨침의 경지를 지칭하며 또 중생의 자성이 청정한 마음의 체를 지칭하는데, 『점찰경占察經』 하권에는 이렇게 설명하고 있다. "일실경계는 중생의 마음의 본체로서 본래 이래

나지도 않고 소멸하지도 않았으니 자성은 청정하여 가로막거나 거리낄 것이 없다. 마치 허공 같아 분별을 떠났으므로 평등하고 보편하여 이르지 못함이 없다." 또 여래의 법신을 지칭한다. 결국 일실에 든다는 것은 여래의 법신에 드는 것이고, 일실에서 나온다고 하는 것은 중생을 교화하기 위해 번뇌를 끊지도 않고 거기 머물지도 않는 것을 의미한다. 곧 보살도의 실천이다.

일실에 든다, 좌선에 든다고 하는 것을 선림禪林에서는 참선이라고도 한다. 참선 방법이나 공덕 등에 대해 참법에서 자세히 밝히고 있지만, 송나라 자각 종색의 『좌선의坐禪儀』의 설명을 들어보자.

> 좌선을 하려면 잡다한 인연을 쉬어 몸과 마음이 하나가 되어 생활할 때나 선정의 경지에 있을 때나 한결같아야 한다. 음식과 수면을 조절해야 한다. 한적하고 조용한 곳에서 두터운 방석을 깔고 옷과 허리띠를 느슨하게 하여 자세를 똑바로 정비한 뒤에 가부좌를 한다.
>
> 오른발을 왼쪽 허벅지 위에 올려놓고 왼발을 오른쪽 허벅지 위에 올려놓는다. 오른손을 왼발 위에 올려놓고, 왼손바닥을 오른손바닥 위에 올려놓으며, 양손의 엄지손가락 끝을 서로 맞대어 받친다. 그리고 천천히 몸을 일으켜 앞으로 펴고 또 좌우로 몇 번 흔들어 잘 정돈한 뒤에 몸을 바르게 하여 단정히 앉는다. 가부좌가 힘들 때는 왼쪽 다리를 오른쪽 다리에 올려놓기만 하고 손을 같이 하는 반가부좌를 하면 된다.
>
> 몸은 어느 한쪽으로 기울어지지 않도록 하며, 허리와 등뼈, 머리와 목의 골절이 서로 떠받치어 마치 탑을 세워놓은 것처럼 한다. 귀와 어깨가 서로 나란히 되도록 하며 코와 배꼽은 수직이 되도록 한다. 혀로 잇몸을 가볍게 떠받치며 위아래 입술과 이는 서로 맞대어 가볍게 다문다. 눈은 반쯤 떠 졸음이 오지 않도록 한다.

이렇게 몸가짐이 안정되어 호흡이 잘 조절된 뒤에 하복부를 편안하게 하고 일체의 선과 악에 대한 상대적인 생각을 하지 않는다. 한순간 망념이 일어나면 곧바로 망념이 일어난 것을 자각한다. 이렇게 좌선수행을 오래 하면 일체의 경계를 분별하는 번뇌 망념이 없어져 나와 경계가 없어지고 하나가 된다.

이렇게 마음을 한 곁에 집중하면 망념이 침범하지 않는 상태로 현상을 바로 볼 수 있다. 순간순간 다른 생각에 휘둘리지 않고 생각이 일어나더라도 알아채어 현상에 집중할 수 있다. 하나의 점에 집중된 마음이 그대로 유지되면 마음은 평온해지고 생각은 잦아들고 아는 자가 내 삶 속에서도 내 앞에 펼쳐진 현상을 있는 그대로 여실하게 볼 수 있는 것이다.

좌선의 공덕에 대해서 『좌선의』에는 또 이렇게 갈파한다.

좌선 수행의 의미와 방법을 잘 알고 좌선을 하면 저절로 몸은 가볍고 편안해지며 정신이 상쾌해진다. 정념이 분명하고 진리의 맛으로 정신을 돕게 되어 고요하고 맑게 즐길 수 있다. 만약 이미 본심을 밝혔다면 용이 물을 얻은 것과 같고 호랑이가 산에 노니는 것과 같다. 하지만 아직 자신의 본심을 깨치지 못했다면 바람이 불면 불이 쉽게 번지듯이 힘을 많이 쓰지 않더라도 긍정적인 마음으로 자신을 기만하지 않아야 한다. 깨달음의 경지가 높을수록 마군의 장애가 많아져 역경과 순경이 만 가지일지라도 단지 능히 좌선을 하면 정념이 현전하게 된다.

『좌선의』는 선정의 마침과 일상의 공부에 대해서도 자세히 일러주고 있다.

좌선 수행을 끝내고 선정에서 벗어나려고 할 때는 천천히 몸을 움직여 안전하고 조심스럽게 일어나야 하며, 몸을 가볍고 난폭하게 움직여서는 안 된다. 선정에서 나온 뒤에도 평상시의 일상생활에서 언제나 화두를 참구하는 등 방편을 만들어 선정의 힘을 잘 간직하기를 마치 어린아이를 보호하는 것같이 해야 한다.

좌선을 통해 일실경계에 들고 또 나와서는 한결같은 마음이 흔들리지 않아야 한다. 일실경계를 얻고자 수행에 나서고 그런 다음 다시 현실로 돌아와 살아가는 수행의 모습은 심우도의 표현이 압권이다. 소를 찾는 열 장의 그림이라는 〈십우도/심우도十牛圖/尋牛圖〉는 중국 송나라 곽암이 진리를 찾아 자아를 실현하는 단계를 열 장의 그림으로 표현한 것이다. 열 장면을 일별해보자.

첫째는 소를 찾으러 나서는 심우尋牛다. 왜 소를 찾는가. 기르던 소를 잃어버렸기 때문이다.

둘째는 소 발자국을 발견하는 견적見跡이다. 소를 찾아 나섰다가 지칠 무렵 저 앞에 소가 지나간 흔적을 발견하게 된다.

셋째는 소를 발견하는 견우見牛다. 소의 한 부분을 발견하게 되어 조심스럽게 소가 있는 곳으로 다가간다.

넷째는 소를 얻는 득우得牛다. 소를 잡았지만 아직은 도망쳤던 거칠어진 소를 마음대로 하지 못한다.

다섯째는 소에게 풀을 뜯겨 먹이는 목우牧牛다. 풀을 먹인다는 것은 이제 소를 자유롭게 다스릴 수 있게 되어간다는 의미다.

여섯째는 소를 타고 본래의 집으로 돌아오는 기우귀가騎牛歸家다. 이제 소를 잃어버리거나 방황할 일은 없어졌고 길들여진 소가 도망가는 일도 없다.

일곱째는 소를 잊고 수행자만 남은 망우존인忘牛存人이다. 이제 소를 지킬 필요가 없이 목동은 걱정을 내려놓고 편안하게 낮잠을 즐긴다.

여덟째는 소와 사람 모두 잊는 인우구망人牛俱忘이다. 소를 내려놓고 나니 이제 자기 자신에게도 걸림이 없는 경계다.

아홉째는 제자리로 돌아오는 반본환원返本還源이다. 어디에도 걸림이 없는 진공眞空의 세계에 들어가고 보니 너와 내가 둘이 아니고 삼라만상과 내가 떨어져 있지 않는 경계에 들었다.

열째는 세상으로 나아가 중생의 손을 잡는 입전수수入廛垂手다. 어디에도 걸림이 없게 된 목동, 수행자는 자신의 성취를 혼자 즐기지 않는다. 하산, 곧 출산이다.

수행자가 좌선에 든 것, 산에 든 것은 일실경계에 드는 데에만 목적이 있지 않다. 마음의 여일한 한 경계에 드는 경지에 이르렀으니 이제 다시 나오는 것이다.

'예참 뒤에 참선'이라고 이 절의 체계를 중심으로 표현하자면 참법에 드는 것은 곧 좌선에 들기 위함이며, 참법에서 나와 좌선에 드는 것은 참회를 완성하기 위해서이다. 참회를 완성하는 이참이자 실상의 여실한 경계에 들었으니 심일경성心一境性이 설립한다.

참선수행으로 심일경성이 설립되면 잡념을 보게 되고 잡념이 힘을 잃고 점차 소멸하게 되며 일어나는 횟수도 감소한다. 심일경성이 명확히 설립되어 수행이 깊어지면 몸과 마음이 부드러워지고 따뜻해지고, 자비의 눈빛과 배려의 손길이 넘실거린다. 지혜를 겸비하게 되어 작은 일은 작은 일대로 큰일은 큰일대로 슬기롭게 해결해나간다.

참선으로 일실에 들었을 때나 나왔을 때나 한결같은 상태를 유지하는 것이다. 이것을 보고 상락아정의 행복이 갖추어졌다고 한다. 그러므로 참선은 해탈하여 열반을 얻게 하는 불교 최고의 몸짓이다.

예참을 마치고 조용한 곳에서 앉아 몸과 호흡을 조절하며 마음을 한곳에 집중하여 수행하는 참선은 개별적인 수행이라고 할 수 있다. 하지만 선원에서는 일정한 기간에 일정한 시간을 정해놓고 참선과 방선을 하며 정진한다. 좌선 자체는 불교수행의 핵심적인 요체지만, 참선을 위주로 하는 선종이라는 종파가 발생하였으니 참선은 동아시아불교의 특징이라고도 할 수 있다.

한국불교에 '자비도량참법'이나 '108참회문'으로 알려진 「예불대참회문」이 행해지고 있으나 좌선으로 연결되는 것 같지는 않고, 순수한 사참으로만 주로 행해지고 있다고 보인다. 대다수 한국불교 법회에는 '입정'이라는 순서를 갖고 있는데, 그 순서를 보면 삼귀의, 반야심경, 찬불가, 청법가로 청법하고 입정을 가진 다음 설법이 진행된다.

비록 형식적일 정도로 짧게 진행되곤 하지만 참선에 들어 잡념을 가라앉히고 법사는 설법을 하고 청중은 듣는다. 법회 때 잠시 의식 순서로 갖는 입정은 참선의 일상화로 해탈을 이루고자 하는 것으로, 의미 있는 해탈의 몸짓이라고 하겠다.

공양은 삼보·스승·부모·망자 등에게
음식이나 의복 등을 공급하는 행위다.
초기불교 때 공양은 의복, 음식, 와구, 탕약의 사사四事공양이
중심이었지만 후대에 불탑이나 불상, 승원 등으로 늘어났고,
재물공양 외에 공경공양, 찬탄공양, 예배공양 등과 같이
정신적으로 숭배하는 태도 등을 법공양이라고 했다.
불법승 삼보처럼 공경하는 분들뿐만 아니라 망자에게 행해지는
베풂도 공양이라고 했으나 후대에 시식과 분리되었다.
3부에서는 오늘날 한국불교에서 보편적으로 행해지는
〈삼보통청〉을 중심으로 논의한다.

3부

바침의 몸짓, 공양

1 거불과 소청

2 가영과 헌좌

3 변공과 헌공

4 발원과 보궐

5 삼삼의 축원

6 현실의 피안

1

거불과 소청

거불의 의미

오늘날 한국불교에서 공양을 올리는 방식은 특정한 날 삼보를 통청하는 등 각 대상을 청해 공양을 올리는 방식과 매일 사시(10시)에 마지를 올리는 방식이 있다.

공양이라고 하면 음식물이나 법을 바치는 행위를 말하지만 수행자나 불교인들이 스스로 식사하는 행위도 공양이라고 한다. 그럼 공양 때에 가장 먼저 하는 의식은 무엇인가.

부처님께 올리는 공양도 격식을 갖추어야 하지만 수행자 스스로 식사하는 공양도 격식이 있다. 그 처음은 '거불擧佛'이다. 거불은 부처님의 명호를 들어 칭하는 것이다. 거불이 의식의 첫째에 놓인 의미는 무엇일까. 오늘날 널리 쓰이고 있는 거불은 이렇다.

나모불타부중광림법회
南無佛陀部衆光臨法會
나모달마부중광림법회
南無達摩部衆光臨法會
나모승가부중광림법회
南無僧伽部衆光臨法會

위 거불의식은 불공의식으로 등장하는 〈삼보통청〉 〈제불통청〉이라는 의식에서 행해진다. 불명을 거명하는 게 거불이라고 할 수 있는데, 이 의식에는 여타의 거불과 달리 '광림법회'라는 수식구절이 삼보의 명칭 뒤에 붙는다.

20세기 초에 정리된 불교의식집 『석문의범』에는 '청請'이라는 명칭이 들어가는 공양의식 의문이 20여 개나 있는데, 그곳의 거불 가운데 제불통청을 제외하고 '광림법회'라는 수식구가 등장하는 공양의식은 하나도 없다. 이 의식 다음에 행하는 의식은 보소청진언이다. 소청召請은 불러 청한다는 것이다. 이런 순서로 볼 때 불러 청하는 대상을 미리 거명한다고 이해할 수 있다. 그렇다면 다른 공양의식 때 하는 거불 또는 거목擧目에도 광림법회라는 언급이 있어야 할 텐데, 〈삼보통청〉이나 〈제불통청〉이라고 칭명되는 의식에만 이렇게 되어 있다. 그렇다면 다른 의식들에는 거불이 어떨까. 다음은 아미타불, 약사여래, 미륵불, 관음보살, 지장보살, 아라한, 가람제신을 청해 공양 올릴 때의 거불이다.

나무극락도사아미타불 나무좌보처관세음보살 나무우보처대세지보살
나무동방약사유리광불 나무좌보처일광편조보살 나무우보처월광편조보살

나무현거도솔미륵존불 나무당래교주미륵존불 나무삼회도인미륵존불
나무원통교주관세음보살 나무도량교주관세음보살 나무원통회상불보살
나무유명교주지장보살 나무남방화주지장보살 나무대원본존지장보살
나무일대교주석가모니불 나무좌우보처양대보살 나무십육대아라한성중
나무시방불 나무시방법 나무시방승

당해 의식에 청해 모셔서 공양 올릴 주존主尊들에 대해 단지 예경[南無]만 하고 있는 형태다. 공양을 올릴 때 이처럼 공양 올릴 주존의 함자를 거명하며 '예경하는' 형태의 거불이 적합한지에 대해서 논의하고 있지 않다. 우리의 시선을 우리 옛 스님들이 남겨놓은 의례자료로 옮겨보면 지극히 단순하고 평범한 사실에 금방 눈을 뜨게 된다.

'거불'이라는 의식 명칭은 한국불교 이외의 의식에서는 보이지 않는다. 거불과 유사한 형태의 '나모 따사 바가바또 아라핫또'라고 하는 예경의 구절이 빠알리어 예경의식에 보이고, '지심귀명례 시방상주삼보'라는 형태의 예경 구문이 중국의 수륙재 의문의 처음에 나오고 있을 뿐이다.

남방 상좌부 예경이나 중국불교 수륙재 의문 서두에 부처님 또는 삼보께 예경하는 구문이 존치되어 있는 것과 달리, 한국불교 의식의 서두에 '거불'이라는 표현이 보이는 비교적 빠른 시기의 의문은 15세기 후반에 간행된 『진언권공眞言勸供』(1496)이나 소수 〈작법절차作法節次〉라고 하겠다. 관음보살을 청해 감로수를 받아 도량에 뿌려 도량을 깨끗이 하고 거불을 하고 있다.

'법화즉'이라고 하여 법화경법석을 열 때의 거불은 '영산교주 석가모니불, 증청 묘법 다보여래, 극락도사 아미타불, 문수보현대보살, 관음세지대보살, 영산회상불보살'이고, 화엄경법석을 할 때는 '화엄교주비로자나불,

원만보신노사나불, 천백억화신석가모니불, 보현문수대보살, 관음세지대보살, 화엄회상불보살'이며, 지장경법석을 열고자 할 때는 '일대교주 석가모니불, 유명교주 지장왕보살, 문수보현대보살, 관음세지대보살, 도리회상불보살'을 칭명하며 절하라고 작은 글자로 해석하는 협주를 달고 있다.

이 〈작법절차〉는 후대 『영산대회작법절차靈山大會作法節次』(1634)로 확대 개편되는데, 그 책 어디를 봐도 오늘날 거불처럼 명호의 뒤에 '광림법회'라는 수식구를 붙인 예를 찾지 못한다.

거불은 명호를 칭명하며 예배를 하는 의식임은 분명하다고 할 수 있다. 위에 시설한 거불은 통상 6거불이라고 불리지만 실은 5거불이다. 마지막의 '○○ 회상불보살'이라 하는 것은 앞의 5거불의 통칭統稱이다. 특히 법화경법석의 의식이 극대화된 영산재(작법)에서 거불을 할 때 끝에 있는 '영산회상불보살'을 창할 때는 소리를 짓는데 불단을 향하던 대중들이 같은 소리로 제창하며 재장에서 원형으로 둘러선다. 마지막의 '○○ 회상불보살'을 창하며 하는 작법은 동일하다고 할 수 있다. 이 모습은 거불을 하며 부처님을 둘러 돌던 요잡의 형태화라고 할 수 있다.

결국 거불은 의례를 시작하려고 할 때 먼저 불법승 삼보나 삼존의 명호를 칭명하며 예경하는 것이라고 할 수 있는데, 상좌부 예경이나 수륙재의 '지심귀명례 상주삼보' 같은 1배 예경이 아닌 삼존 또는 오존 예경으로 분화되었다. 이렇게 분화되면서 영산재나 수륙재를 설행하려고 할 때 각 삼보의 공능에 대한 찬탄과 예경법식이 극도로 발달한 것이라고 할 수 있다.

하지만 거불의 명호에 '광림법회'라는 수식구가 추가된 문제는 여전히 해결되지 않는다. '광림법회'는 '법회에 임하셨다'는 서술어로서 명호라고 하기 어렵다. 이 구절을 명호에 붙이기에도 적합하지 않다. 그럼에도 이 구절이 명호에 붙게 된 연유는 무엇일까.

『영산대회작법절차』는 이 구절이 존재하게 된 연유를 밝히고 있다. 이 의문에는 삼보를 간단히 청할 때에 봉청게를 하고 '나모불타부중광림법회'를 하며 1배를 하고 곧바로 자리를 바치는 '헌좌獻座'를 하라고 지시하고 있다. 일반적으로 청하여 공양을 올릴 때는 유치와 청사로 청하고 가영歌詠을 하며 절하고 자리를 바치는 헌좌게와 진언의 순서로 이어진다. 하지만 시간 여유가 없어 간단히 청할 때는 '시방삼세 부처님과 용궁 바다에 감춰진 오묘하고 참된 경전과 보살, 성문, 연각승 들을 받들어 청하오니, 자비를 버리지 마시고 강림하시기를 바라옵니다'라는 단청불單請佛 게송을 염송하고 오늘날의 거불로만 소청을 진행한다. 그렇다면 간단히 청할 때는 언제인가. 예전에는 수륙재회를 최소 3일, 5일, 7일을 또는 21일, 49일에 걸쳐 열었다. 첫날은 전부를 청해 모시지만 다음 날은 이미 청해 모셨으므로 다시 청해 모시지 않고 청해 모신 분들을 칭명하며 예경한다. 그러므로 '나모불타부중광림법회'라고 하는 청불請佛의 거불이 탄생할 수 있었다고 보인다.

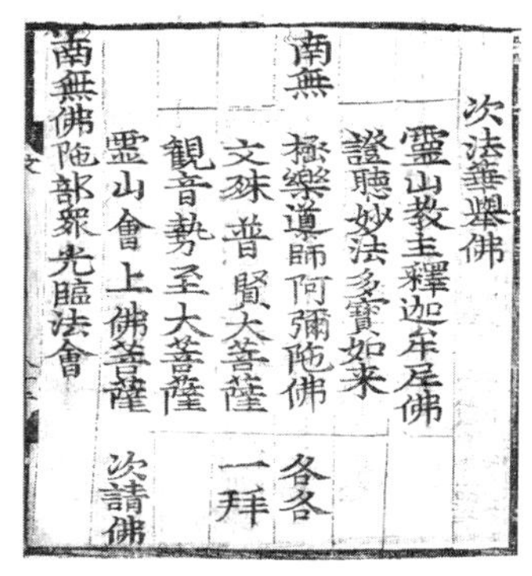
次法華擧佛
南無
靈山敎主釋迦牟尼佛
證聽妙法多寶如来
極樂導師阿彌陁佛 各各
文殊普賢大菩薩 一拜
觀音勢至大菩薩
靈山會上佛菩薩 次請佛
南無佛陁部衆光臨法會

청문(金華山 澄光寺, 1662)

그렇지만 『영산대회작법절차』(1634)와 달리 약간 후대에 나온 「청문請文」(1662)에는 법화거불 다음에 현재의 거불을 '차청불次請佛'이라는 지시어로 '나무불타부중광림법회~'를 청불, 붓다를 청하는 대사임을 밝히고 있다. 『작법절차』(1496)나 「영산대회작법절차」에는 5종의 거불이 제시되고 있으나 18세기 이후 출현하는 영산작법에서는 '법화거불'만 등장하기 시작한다. 거불 이후에 '나무불타부중광림법회~'의 '청불' 대사가 이어지고 있다. 후대에 청불의 대사가 거불의 역할을 수행하기 시작하였다. 이를 다시 정리하면 오늘날 한국불교 〈삼보통청〉의 거불인 '불타부중광림법회'는 거불, 보소청진언, 유치, 청사가 결합한 형태다. 여기서 '광림법회'는 '유원자비광림법회'가 생략된 형태다. 물론 삼보를 청하는 '봉청게'가 별도로 전해지지 않지만, 오늘날 거불은 예경과 청사의 의미를 담고 있음이 분명하다. '유원자비唯願慈悲'라는 청원의 구문을 살리면 '불타부중께 귀의하며 예경하오니 자비로써 법회에 임하옵소서'라는 의미가 완성된다.

그렇다면 거불이나 거목을 거명할 때 해당 공양 올릴 대상을 칭명하는 것이 적합한가. 각 의례 혹은 법석의 설주를 중심으로 거불하는 모습은 『진언진공』의 〈작법절차〉에서 확인된다. 그렇지만 상좌부 불교의 붓다 예경이나 중국 수륙재의 '지심귀명례 상주삼보'는 1배를 한다. 삼보라고 해서 불보·법보·승보를 분화하여 예경하지 않는다. 그것도 붓다와 삼보는 보편적인 불성과 삼보를 모두 지칭한다고 할 수 있다. 다시 말해 석가모니불이나 아미타불이나 관세음보살이라고 하는 구체적인 보신이나 화신의 격을 지니지 않는다는 것이다.

오늘날 한국불교식 거불은 『작법절차』에 나오는데, 오늘날 행해지는 영산재(영산작법)의 시원적始原的 대본이라고 할 수 있는 『작법절차』의 거불

이전의 의식은 변재삼보에 대한 찬탄과 예경, 도량 정화가 중심이 된다. 거불 이전에 칭명되고 예경되는 변재삼보는 구체적인 위격이 아니라 보편적인 위격을 지니고 있다. 변재삼보에 비해 거불에서의 격은 구체불이다. 〈영산작법〉은 경전을 염송하는 법석을 열 때 행해지는 의식으로, 경전의 설주이신 해당 불보살을 청해 모시는 형식이다.

이와 같은 차원에서 해당 불보살을 청하여 공양을 올린다고 할 때 해당 불보살을 칭명하는 것도 전혀 의미가 없다고 할 수는 없을 것 같다. 그런데 해당 불보살이나 신중을 청할 때의 거불에 대해 논의하고 있는 다음의 의례자료는 우리의 안목을 열어준다. 열두 단을 차리고 3일 낮밤 수륙재를 개설할 때의 차례 법식을 전하고 있는 『오종범음집五種梵音集』(1661)은 거불에 대해 다음과 같이 지시하고 있다.

> 동쪽의 중단 당산단 성황단 오로단 종실 위의 다섯 단 거불은 다 '나모불타야 나모달마야 나모승가야'이고,
>
> 서쪽의 제산단 풍백단 가람단 사자단 가친단의 다섯 단 거불은 '나모시방불 나모시방법 나모시방승'이다.

동서쪽에 열 단과 북쪽의 상단, 남쪽의 하단을 합해 열두 단을 차리고 3일 낮밤으로 수륙재를 설행하는 차례법식인데, 동서의 단에 거불이 한쪽은 음역어이고, 한쪽은 한자음으로 하는 차이에 불과하다. 결국 둘 다 불법승 삼보를 칭명하고 있다. 이 지문으로 볼 때 거불의 의미는 보편적인 불법승 삼보를 칭명하며 예경하는 것이지 해당 격의 존재가 아님을 알 수 있다.

삼보를 청하여 공양을 올리는 불교의례는 일체 존재들에게 공양을 베

푸는 시식에서 그 형태가 나타나고 있는데, 상단의 성현들을 청할 때 하는 거불은 '나모청정법신비로자나불 나모원만보신노사나불 나모천백억화신석가모니불'이다. 경전을 염송하는 화엄법석의 거불과 유사하다. 그럼에도 불구하고 오늘날 한국불교에서 상단 공양의식의 거불은 '나모불타부중광림법회'라는, 청사를 생략하고 간단히 청사의 의미를 포함하여 행하는 구문으로 정착되었다.

19세기 초에 간행된 『작법귀감』에는 단청불單請佛이 아니라 유치와 청사가 그대로 나타나고 있는데도 이렇게 거불을 하고 있다. 이렇게 변용된 역사는 자못 길다.

그렇다면 거불의 가장 바람직한 양태는 무엇일까. 거불의 대상은 보편상주하는 삼보라고 할 수 있을 터이고, 그것을 형식화하면 '나모상주시방불, 나모상주시방법, 나모상주시방승'이어야 하지 않을까. 이를 축약하면 '나모불, 나모법, 나모승' '나모불법승'으로 칭명할 수 있다. 그러므로 법회 서두의 거불은 석가모니불, 아미타불 같이 특별한 격을 가진 불보살이 아니라, 보편삼보의 칭명 예경으로 행해지는 것이 적합하다. 불보, 법보, 승보의 각각 특징이 다른 삼보인 별상삼보적인 구체적인 삼보의 거불보다 동체삼보적인 변재삼보의 칭명 예경이 거불이다. 다시 정리하면 법신비로자나불, 석가모니불, 지장보살, 약사여래, 아미타불 등의 구체적이고 별도의 모습을 지닌 삼보를 칭명하는 것이 아니라 나모불, 나모법, 나모승과 같이 변재삼보로 거불하는 것이 적합하다.

이렇듯 해당 법회나 공양의 대상을 거명하는 거불이 한국불교에 정착한 시기는 짧지 않다. 그에 대한 이해와 인식 또한 오래되었다. 그러므로 법회의 시작을 알리는 거불이 가지고 있는 의례적인 상징성은 적지 않다.

보통의 음성이 아닌, 범패의 짓는 소리로 행해지는 거불은 어쩌면 한국불교 의례의 한 특징을 담고 있다고 하겠다.

소청의 구성

거불 이후 '삼보통청'의 공양의식은 보소청진언 염송과 유치 낭송과 불러 청하는 청사로 구성된다. 보소청진언은 불러 청하는 진언이고, 유치는 청하는 대상의 덕과 상호를 찬탄하며 공양을 올리게 된 연유를 아뢰는 글이며, 청사는 불러 청하는 말씀이다. 그렇다면 이 의식 체계에서 확인해야 할 것은 무엇인가. 먼저 생각해보아야 할 것은 이 의식이 이루어진 배경이다. 공양을 올릴 대상이 바로 이 자리에 있지 않으면 공양을 올릴 대상을 청해야 한다. 그에 비해 이 자리에 청해 모신 분에게 공양을 올리려면 공양 받을 분에게 나아가 공양 시간이 되었음을 알리고, 공양을 올리겠다고 하고 공양을 올리면 된다.

거불 설명 시 한국불교의 공양 형식은 청해 올리는 공양과 마지 공양 올리는 형식이 있다고 했다. 그러므로 소청은 당연히 이곳에 계신 분에게 공양 올리는 것이 아니라 다른 세계에 계신 분을 청해 공양을 올려야 하는 상황의 의식이라고 할 수 있다.

보소청진언

한국불교 의례의 의문을 조금 자세히 보면, 진언은 대개 게송 다음에 시설되고 있다. 보례게와 보례진언, 개경게와 개법장진언, 헌좌게와 헌좌진언, 진령게와 소청진언 등이 그 예다. 이렇게 동일한 의미로 게송과 진언이 연해 시설된 의례를 현밀顯密 방식이라고 한다. 뜻이 드러나는 현교 방식과 뜻이 잘 드러나지 않는 밀교 방식으로 의례를 진행하는 것이다. 이 현밀의식 또는 현밀의궤라는 측면에서 보면 보소청진언 앞에는 무언가 현교적인 장치가 있지 않았을까 하는 의심이 들 수 있다.

한국불교의 공양의례가 오늘날과 같이 상단에 공양을 하고 중단에 공양을 하고 하단에 시식을 하는 삼단 구조인 것은 수륙재의 변형 양태라고 할 수 있고, 실제로 공양의식의 구조와 구문의 상당 부분은 수륙재 의문에서 유래한다. 수륙재 의문인 『결수문』을 보면 보소청진언 앞에는 모두 진령게가 나온다. 그 내용은 보소청할 대상을 청한다는 내용이다. 가령 사자使者를 청할 때는 "요령소리로 널리 부르고 청하오니 사직 사자시여, 멀리 있더라도 듣고 아시고 삼보님의 가지력加持力에 의지하여 오늘 밤 이 시간에 내려오십시오"라고 하고, 삼보를 청할 때는 "요령소리로 널리 부르고 청하오니 시방의 부처님 나라에서는 듣고 알게 되며, 요령소리 법계에 두루 미쳐 가없는 부처님과 성현들은 모두 모이옵소서"라는 게송을 하고 진언으로 소청을 한다.

다만 상위의 삼보를 청하는 진언은 불부소청진언, 연화부소청진언, 금강부소청진언의 세 진언을 활용하는 데 비해 사직 사자使者나 오방오제들을 부를 때는 '나모 보보데리 가리다리 다타아다야' 같은 보소청진언이 쓰인다. 진령게송이라는 명칭처럼 요령으로 진언을 염송하는 것도 남다르다. 불교의 법구는 다양하지만 크게 쇠와 북으로 나눌 수 있다. 범종, 소금, 요령 등은 금속의 울림을 이용하고, 북이나 목탁은 가죽과 나무, 통속을 활용해 소리를 내는데, 특정 대상을 청하며 부를 때는 대개 요령을 이용한다.

연유를 아뢰는 유치

법회에 이르러 청하는 게송을 하거나 생략하고 보소청진언을 염송하고 오늘날은 유치를 아뢴다. 유치는 공양을 올리게 된 연유를 아뢰는 글이지만 실제 내용은 공양을 올릴 분에 대한 찬탄이 주를 이룬다. 공양 올릴 대상을 찬탄하고 오늘 어떤 사유로 공양을 올리게 되었으니 법회도량에 왕림하여 공양을 받아주시기를 부탁드리는 것이다. 때로는 증명을 청하기도 한다. 오늘날의 공양의식은 대개 이렇게 진행되고 있지만 수륙재 의식을 보면 거불 이후에 '소疏'라고 아뢰는 글을 올리고 있다. 소를 올린다고 하여 상소라고 하는데, 주요 소문은 상위의 소, 중위의 소, 하위의 소, 사자소, 오로소, 회향소, 대회소, 건회소, 대령소 등이 있다. 각 소는 스님들이 읽고 있지만, 그 내용을 보면 재를 올리게 된 재자가 스님들께 어디에 가서 몇 일간에 걸쳐 수륙재를 열어 무주고혼을 극락세계로 인도해달라는 취지의 글이다. 그래서 글을 쓰는 이가 대개 재자, 혹은 재자와 재주로 보인다.

소문을 작성해 날인을 하고 봉투에 넣고 봉하는 형식인데, 단에 올렸다가 아뢰고는 소청을 할 때 불태우는 것이 형식상으로 옳은 것 같다. 하지만 그렇게 행해지고 있진 않다. 소문을 읽는 주체는 재주라고 할 수 있다. 재주가 임금일 경우 신하들이 소문을 작성하여 재회로 가서 임금을 대신해 아뢰었다고 보인다. 하지만 조선 초기 연산군이 재회에서 소문을 읽지 말라는 명을 내린 이후에는 스님들이 소를 읽었다고 전해진다. 지금도 각종 재회에서 스님들이 소를 읽고 있다. 재공양을 올리는 주체가 당해 사찰의 내부자라면 스님이 대신 읽어 올려도 되겠지만, 의례를 봉행하는 스님들이 재회를 올리는 주체가 아니라 재회를 받는 의식인 재대령이라면 소문의 성격에 맞지 않다.

현재 수륙재회 외의 일반법회에서 소문이 아뢰지는 경우를 보기는 쉽지 않다. 소문이 따로 없으니 진언만 염송하고 바로 유치로 이어지게 된다. 『삼보통청』의 유치는 다음과 같다.

> 우러러 생각하오니, 삼보자존은 진여의 청정법계에서 자비의 구름으로 피어나 드러낼 몸이 없이도 구름처럼 삼천대천세계를 덮으시고, 설하는 법이 없이도 법의 비로 팔만사천 번뇌를 씻으시며, 갖가지 방편문을 열어 끝없는 고해의 중생을 이끄시니, 빈 골짜기의 메아리처럼 구하는 것은 모두 얻게 하시고, 맑은 연못의 달그림자처럼 원하는 것을 모두 이루어주십니다.
>
> 그러므로 사바세계 남섬부주 대한민국 ○○처 청정도량에서 ○○처 거주하는 ○○인이, 이 공덕으로 일체의 고난은 영원히 소멸되고 사대는 강건해지고 육근은 청정해지며 마음속의 바라는 일들이 뜻대로 원만히 두루 통해지기를 바라오며 이 같은 ○○원을 이루고자 금월 금일 삼가 법연을 열어 조촐한 공양구를 다함없는 삼보자존께 공양하옵니다.
>
> 정성으로 법요를 거행하며 신기한 가피를 바라는 이들이 삼가 싱그러운 향을 사르고 예로 청하오며, 백옥 같은 흰쌀을 올려 재를 차렸습니다. 공양물은 미미하오나 정성은 간절하오니, 자비 거울 돌리시어 작은 정성을 굽어 비춰주옵소서. 삼가 일심으로 먼저 삼청을 펼치옵니다.

유치는 대략 3단계로 구성되었다. 첫째 공양을 올릴 분들의 공덕이 위대하다는 것, 둘째 재자가 어디로 가서 삼보님께 조촐한 공양을 올리는 발원, 셋째 공양물이 비록 미미하나 정성이오니 오셔서 받으시고 자비를 내려달라며 삼보를 청하겠다는 것을 아뢰고 있다.

유치는 재자를 밝히는 부분이 핵심이라고도 할 수 있는데, 지금은 어느 어느 사찰에서 어디 사는 누가 어떤 소원을 이루기 위해 재회를 차렸다는 두 번째 단락의 형식에 대해 살펴볼 필요가 있다. 유치 문장의 옛 모습은 소문과 형식이 같은데 『삼보통청』의 본문을 풀이하면 '삼보제자 ○처 ○인이 삼가 엎드려 어떤 일을 위해 ○○ 사찰로 나아가 정찬을 경건히 마련하고 ○○ 불보살님께 공양하며'라고 진술하고 있다.

지금은 백일기도 도량, 관음기도 도량이라고 하여 '도량'을 사찰의 수식어로 표현하곤 하지만, 본래 관상공양으로 행해지는 공양과 시식을 '수월도량공화불사'라고 한다. 19세기 이후의 의문들은 이를 사찰로 이해해왔다고 보인다. 이후 당해 사찰에서 당연 공양을 올리게 되면서 재자의 주소보다 사찰의 소재지를 먼저 밝히게 되었고, 공양 올리는 재자들의 주소는 뒤에 밝히는 형태의 유치 문장이 정형화되었다. 이렇게 되어 공양을 올리는 주체보다 공양이 펼쳐지는 사찰로 중심이 옮겨갔다.

유치의 끝에는 '선진삼청先陳三請'이라고 하여 청사를 세 번 하는데, 여기서 삼청을 반드시 세 번으로 해석할 필요는 없어 보인다. 불교의식에는 횟수에 관한 다양한 표기가 존재한다. 삼편三遍, 삼칭三稱, 삼창三唱, 삼도三度, 삼하三下 등이 그것이다. 이 단어들의 뜻을 '같은 내용을 세 번 반복하라'라고 하는 것이 옳아 보이지만, 삼업공양이나 삼청 등의 예는 약간 달리 해석된다. 삼업공양이 신구의 삼업으로 공양하는 것이듯이, 삼청은 '세 번 청하겠다'는 의미로만 읽지 말고, '삼업으로 청한다'거나 '삼보를 청한다'는 의미로도 읽힌다. '세 번 청하라'는 지문은 대개 '3편'으로 표시된다. 마치 진언을 세 번 반복할 때는 '천수일편위고혼'처럼 '3편'이라 표기하고, 불보살의 명호를 범패소리로 부를 때는 창唱, 예경으로 할 때는 칭稱으로 표현하는 데 유의해야 한다.

유치는 대표적인 변려문인데 앞서 해석한 글의 원문을 보면, 변려문은 4자, 6자 혹은 8자 등 일정한 글자 수로 상호 대구를 이룬다. '삼보대성자께서는 종진계로부터 대비의 구름을 일으'키는데, 그 상태를 이렇게 묘사하고 공능을 찬탄한다.

> 仰惟 三寶大聖者 從眞淨界 興大悲雲,
> 非身現身布身雲於三千世界; 無法說法灑法雨於八萬塵勞
> 開種種方便之門; 導茫茫沙界之衆
> 有求皆遂如空谷之傳聲; 無願不從若澄潭之印月

세미콜론(;)으로 대구를 이룬 문장은 대구를 이루는 각 구절의 글자가 갖는 문법적 속성도 비슷하다. 간단하게 '유구有求~인월印月'의 마지막 구절을 보면 두 구의 첫 자는 유有와 무無, 둘째 자는 구求와 원願, 넷째 글자는 수遂와 종從, 다섯째 글자는 여如와 약若, 여섯 일곱째는 공곡空谷과 징담澄潭, 여덟째는 '지之', 아홉과 열째는 전성傳聲과 인월印月의 대구와 대조로 의미를 드러낸다. 골짜기와 못, 골짜기에 전해지는 소리와 연못에 비친 달 등이 좋은 조화를 이룬다. 구하고 바라는 것을 들어주시는 삼보를 찬탄하는 비유가 압권이다. 이렇듯 불교의례의 문장은 대구를 활용하여 성현을 찬탄하거나 재자의 바람을 시적으로 표현하고 있다.

청하는 말씀 청사

일심으로 삼보를 청한다고 하였으니, 이제 청하는 말씀을 아뢴다. 다시 말해 부르는 말씀이다. 먼저 청사를 읽어보자.

> 예경하며 일심으로, 대자비로 본체를 삼고 중생을 구호하심을 자산과 양식으로 삼으며, 병들어 앓는 이에겐 좋은 의사가 되시고, 길 잃은 자에게는 바른 길을 일러주시고, 어둠 속을 헤매는 자에겐 빛이 되시고, 가난한 자에겐 보배 창고를 얻게 하며, 모든 중생이 두루 이익되게 하시는 청정법신 비로자나부처님, 원만보신 노사나부처님, 천백억 화신 석가모니부처님과 서방교주 아미타부처님, 장차 오실 용화교주 미륵부처님 등 시방세계 항상 계신 진여 그대로의 불보님과
>
> 일승법의 원만한 교법인 대화엄경·대승의 참 가르침인 묘법연화경, 세 곳에서 전하신 마음도리·언어문자 여읜 선법 등 시방에 항상 계신 매우 깊은 법보님과
>
> 대지문수보살, 대행보현보살, 대비관세음보살, 대원지장보살님, 부처님의 마음등불 전해 받은 가섭존자·교법 바다를 유통시킨 아난존자 등 시방에 항상 계신 청정 승보님,
>
> 이와 같이 한량없고 끝없으며 낱낱의 티끌세계에 두루 하는 삼보님을 받들어 청하오니, '자비로써' 중생을 어여삐 여기시어 이 도량에 강림하여 공양을 받으소서.

청사는 요즘 언어로는 불러 초대하는 글말이다. 하지만 초대장과는 조금 다르다. 보소청진언 이전에 행하는 소문이 초대장이라고 할 수 있고, 청사는 청해 부르는 말씀이다. 설령 소문을 아뢰지 않았더라도 소문과 청사는 같아야 한다. 소문에서 이렇게 청한다고 하고 청사는 다르게 하면

예의가 아니다. 의례는 격식이 기본이다.

요즈음은 소문을 쓰지도 읽지도 않고 유치와 청사만 하고 있으니 청사를 면밀히 살펴보자. 청사를 한 마디로 요약하면 '○○를 청하오니 도량에 오셔서 공양을 받으십시오'이다. 이 공양의식을 〈삼보통청〉이라고 하고 있지만, '삼보통청'이라는 표현은 그리 오래된 표현이 아니다. 〈제불통청〉으로 표기되어 전해지다가 『작법귀감』이 등장하는 19세기 초반부터 나타난 표현이다.

이 의문은 청하는 대상이 삼보다. 불보와 법보와 승보를 청하는 대상이다. 오늘날같이 불보와 법보와 승보를 각각 청하지 않고 한꺼번에 청하는 것을 도청都請(모두 청함)이라고 하고, 삼보를 각각 별도로 청하는 것을 별청別請 또는 각청各請이라고 한다. 그러므로 삼보를 별청 또는 각청하려면 '나모일심봉청 불타야중 유원자비 강림도량, 나모일심봉청 달마야중 유원자비 강림도량, 나모일심봉청 승가야중 유원자비 강림도량'이라고 해야 하고, 도청은 지금처럼 '나모일심봉청 불타야중 달마야중 승가야중 유원자비 강림도량'이라고 한다. 한국불교 의례의 원형은 거의 수륙재 의식에서 유래했다고 할 수 있는데, 대소의 수륙재 의문은 이를 이해하는 데 도움을 준다. 오늘날과 같은 도청식 〈삼보통청〉은 수륙재 의문 가운데 가장 간략한 『결수문』의 삼보소청 방식이고, 삼보별청은 수륙재 『중례문』의 삼보소청 방식이라고 할 수 있다.

한국불교에서는 대체로 오늘날과 같이 세 편 반복하는 것을 '삼청'이라고 이해하고 있다. 왜일까. '삼보통청'이라고 하니, 통청通請에 대해 도청처럼 통합해서 청하는 것으로 이해하고 있기 때문이라고 할 수 있다. 통청通請은 통청統請이 아니다. 통청統請은 청사를 통합했다는 것이니 도청과 같은 것이라고 할 수 있을 것이다. 하지만 〈제불통청〉이나 〈삼보통청〉의 통청은 통청通請임을 주의해야 한다. '통청'이라는 표현이 16세기 이후 한국 불교 의례자료에서 빈번히 나타나기 시작한다.

〈제불통청〉은 오늘날과 같이 유치·청사 문장이 보편적인 삼보를 청하는 연유를 밝히거나 부르는 문장이 아니고, 특정 불보살을 청하는 연유와 부르는 말씀으로 된 일종의 표준안이다. 가령 유치와 청사의 밑줄 친 부분인 '앙유 삼보대성자仰惟 三寶大聖者'라는 서두 구절이 '앙유 ○○ 불보살仰惟 ○○佛菩者'로, 유치의 후반 '정찬공양 제망중중 무진삼보자존'이라는 공양의 대상에 대해서는 '정찬공양 ○불 ○보살'이라고 등장하고 있다. 청사에도 '평등요익일체중생 청정법신비로자나불 원만보신 노사나불 등 일체 삼보'가 칭명되고 있지만, 제불통청에는 삼보의 자리에 '○불보살'이라고 하며 곧바로 '유원자비 수차공양'의 구절로 넘어가고 있다. 청사의 대상은 '○불보살'이라고 하여 불보, 법보, 승보의 삼보나 청정법신 비로자나불이나 아미타불이라 하는 등의 구체불보살을 거명하는 표준안의 성격으로 되어 있다. 그러므로 〈제불통청〉의 차례를 보면 〈제불통청〉이라고 표준안을 제시하고, 이후에 비로자나청, 노사나청, 석가청, 치성광청, 정광

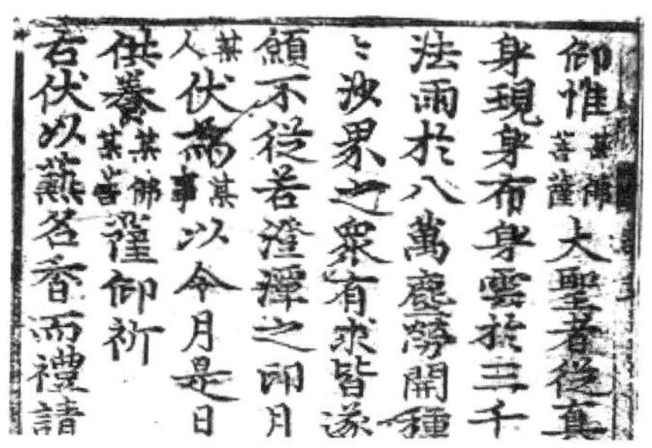
仰惟 某佛菩薩 大聖者從眞
身現身布身雲於三千
法雨於八萬塵勞開種
〻沙界之衆有求皆遂
願不從若澄潭之印月
某人 伏爲某事以今月是日
供養 某佛菩薩 謹仰祈
右伏以爇茗香而禮請

『청문』(1529년 필사본)

청, 미타청, 미륵청, 문수청, 보현청, 약사청, 풍악산 53석가청, 지장청 등이 연이어 편제되어 있다. 이는 18세기까지의 의례자료에도 그대로 이어지고 있다. 하지만 19세기에 접어들면서 〈상주권공〉의 축약 형태가 '삼보통청'이라고 지칭되다가 20세기 들어 오늘날과 같은 형식의 〈삼보통청〉으로 자리 잡게 된다. 결국 오늘날의 〈삼보통청〉은 삼보도청의 형식으로 3청이 아닌 '3편'으로 봉행되고 있다.

청사는 청사를 맡은 스님이 청사의 끝 '유원자비 강림도량 수차공양'의 '유원'쯤에 이르면 대중 스님들은 같은 소리로 '향화청香花請'을 한다. 청사를 따라 성현이 강림하니 꽃을 뿌리며 성현을 맞이하는 것이다. 그렇지만 지금은 꽃을 뿌리는 행위는 하지 않고 '향화청'을 제창한다. 18세기 『범음산보집』에만 하더라도 '향화청'의 소리를 하고 '산화락散花落'을 세 번 하라는 주석을 달고 있는데, 이는 꽃을 흩어 뿌려 떨어진다는 의미라고 하겠다.

이때 영산재나 수륙재에서는 '내림게來臨偈' 바라를 치고 있다. 내림게라고 하지만 별도의 게송은 없다. 그럼에도 불구하고 내림게라고 하며 바라를 치는 것은 무언의 게송으로 환영하는 의미라고 할 수 있다. 향화청은 산화散花하며 청하는 일종의 코러스적인 의례라고 할 수 있다. 청사로 성현을 모시자 함께하는 대중은 꽃을 뿌리며 지극한 마음을 표현한 것이다. 한국의 불교의례에서 성현을 청할 때 향화청과 산화락이 모두 사용되는 데 비해 일본불교 의식의 봉청의식에는 산화락散華樂으로 꽃을 뿌리며 맞이하고 있는 예를 볼 수 있다.

불법승 삼보를 도청하면 향기로운 꽃을 뿌리며 맞이하였다. 이제 오신 분을 찬탄하는 순서다. 어떻게 환영하고 있을까.

2

가영과 헌좌

노래로 맞이하는 가영

공양을 올리기 위해 성현을 초청하여 맞이한다. 꿈에도 그리는 분을 만나려는 순간이다. 삼보는 우리를 지켜주시는 분이다. 우리는 그분들을 청한다. 삼보님을 청했다. 청해 모실 때 제일 먼저 드는 느낌은 무엇일까. 아마도 감격, 그것이 아닐까. 그 감격을 노래에 담은 것이 가영이다. 기쁨으로 삼보를 맞이하는 재자들은 꽃을 뿌리며 청한다. 그리고 이제 그분을 맞이하는 노래를 부르니, 그분들을 찬탄하는 노래가 절로 나오리라. 가영 가사에 담긴 모습을 보자.

부처님 몸 시방세계 충만하니
삼세여래 부처님도 한몸이시니.
넓고 크신 원력구름 다함이 없고
넓고 넓은 진리바다 끝이 없어라.

저희 이제 일심으로 절하옵니다.
佛身普遍十方中
三世如來一體同
廣大願雲恒不盡
汪洋覺海渺難窮
故我一心歸命頂禮

과거 현재 미래의 모든 부처님은 한몸이시며, 그 광대한 발원은 다하지 않고 끝없는 바다 같은 깨침은 헤아리지를 못한다는 부처님에 대한 찬탄이다. 한문은 기본적으로 운율을 가지고 있고, 대구법으로 하고 싶은 의미를 드러낸다. 시방十方과 일체一體는 같은 위치에서 1, 2구 대구를 이룬다. 일과 십을 통해 전체를 표현한다. 또 광대廣大하다거나 왕양汪洋하다는 것도 다 크고 많다는 의미다. 원력의 구름이나 깨침의 바다도 하늘과 바다로 대비되었고, '항부진恒不盡'과 '묘난궁渺難窮' 또한 항상 다함이 없거나 끝이 없다고 다른 표현을 써서 같은 어휘를 피하고 있다. 1, 2, 4구의 말언 중中, 동同, 궁窮은 동東 자 평성으로 압운되었다. 문학성이 뛰어나다.

그런데 이 가영은 조금 의아하다. 가영은 성현을 청할 때 염송하므로 해당 성현을 찬탄하게 마련이다. 앞 절에서 청사의 삼청과 도청에 대해 언급했지만, 여기서는 삼보를 별청하지 않고 도청을 하였다. 도청을 하였으므로 삼보께서 함께 오셨다. 그런데 환영하는 가영은 부처님 가영만 하고 있다. 삼보를 한꺼번에 청했으니 가영 또한 불보만의 가영이 아닌 삼보 가영을 하는 것이 맞을 것 같은데 그렇지 못하다. 삼보를 한꺼번에 도청하였으면 삼보를 한꺼번에 노래로 맞이하는 도가영都歌詠을 하는 것이 옳다. 삼보를 도청하는 『결수문』은 아래 도가영을 제시하고 있다.

위신의 광명이 시방에 두루 비춰
천강에 비친 달은 본래 하나.
네 지혜 두루 밝은 성사들은
법회에 임해 중생을 이롭게 하시네.
威光遍照十方中
月印千江一體同
四智圓明諸上士
賁臨法會利群生

삼보의 공능을 표현하며 제 성사라고 한꺼번에 드러내고 있다. 삼보도청을 하고 있으므로 이렇게 가영한다. 하지만 삼보를 별청하고 있는 수륙재 『천지명양수륙재의찬요天地冥陽水陸齋儀纂要』(약칭 『중례문』)에는 삼보를 별청할 때마다 하는 각각 가영이 실려 있다. 불보가영은 "부처님 몸 시방세계 충만하니" 하는 앞의 가영과 같고, 법보와 승보의 가영은 다음과 같다.

가르침은 온전한 이치요 이치 속엔 현묘함이 있어
이치를 의지하여 수행하면 결과는 저절로 이루어지리.
보배로운 게송은 인간 세계에 십만이나 되고
부처님의 말씀은 바다 안 삼천세계에 가득하네.
教能詮理理中玄
依理修行果自然
寶偈人間方十萬
金文海內廣三千

둥근 머리 장삼 입고 부처님의 등불 잇고
의발 전하고 법을 설해 중생을 유익케 하네.

귀의하되 분별하는 마음을 일으키지 않고
범승을 가리는 마음을 쉬면 성승을 뵈리라.
圓頂方袍繼佛燈
傳衣說法利群生
歸依不得生分別
休擇凡僧與聖僧

그렇다면 〈삼보통청〉에서는 삼보를 도청하면서 왜 삼보 도가영이 아닌 불보가영만을 하고 있을까. 불보가영이 채택된 의문들이 19세기 이후 빈번히 나타나고 있는 것으로 볼 때, 불보가영이 〈삼보통청〉 가영으로 정착한 시기는 결코 짧지 않은 것 같다. 이는 〈영산작법〉을 하며 행해지는 수륙재 의례들이 18세기 이후 설행 상황의 변화에 따라 심한 축약을 겪는 과정에서 일어난 양상이라고 보인다. 경전을 해석하고 독송하는 법석法席, 삼보와 중위의 신중들에 대한 공양供養, 일체 무주고혼에게 베풀어지는 시식施食이 합해진 수륙재의 설행 상황이 축소되면서, 청사는 도청으로 하고, 가영은 별청의 불보가영만이 그대로 남아 있게 되지 않았을까 하는 생각이다.

그리고 가영의 끝에 "고아일심귀명정례故我一心歸命頂禮(그러므로 저희들이 일심으로 머리 숙여 절합니다)"라는 '고아게'라는 의식을 하고 있다. 내용상으로 볼 때 머리 숙인다고[頂禮] 하지만 이마를 땅에 대는 정례의 큰절을 하지 않고 고개를 숙이는 저두례低頭禮만 하고 있다. 이 게송은 현재의 수륙의문에는 있으나, 『오종범음집』에는 불보가영에만 지문이 보인다.

『범음산보집』의 지문에 '유원자비광림법회'라고 청한 다음 곧바로 자리를 바치는 헌좌로 이어지며, 헌좌를 한 다음 차와 탕을 올리고 일체공경의 절을 올리는 것이 차례가 맞을 듯하다. 그래서 가영을 하며 '고아게'로 절을 하는 것은 의례의 순서상 조금 어색해 보인다. 하지만 청하여 노래로 맞이하는 절절한 신심을 가진 이들로서는 찬탄하며 머리를 숙여 예경을 하는 것은 지극히 당연한 몸짓일 수 있다. 찬탄하는 과정에 저절로 일어난 감흥으로 인한 몸짓, 그것이 '고아게'로 형식화되지 않았을까 한다.

서원을 담은 헌좌

자리를 바치는 헌좌의 경우 좌에 해당하는 위패의 좌대 등을 실제 쓰는 경우는 거의 없어 보인다. 논의하고 있는 〈삼보통청〉은 삼보를 도청해 공양을 올리고 축원을 하는 의례라고 할 수 있는데, 앞에서도 언급했지만 불당에 모신 성현께 공양을 올리는 의례라고 할 수 없다. 불당에 모신 삼보라면 청할 이유가 없을 것이다. 하지만 이렇게 생각할 수 있다. 가령 한 집안에 계시더라도 식사 때가 되면 때가 되었음을 알리고 자리를 마련하여 모시고 공양 올리고 하니, 한 곳에 계시더라도 소청과 헌좌를 할 수 있다는 견해다. 불당과 재당이 다른 경우를 상정할 수 있지 않느냐는 반론이다. 하지만 불당에서 재당으로 부처님을 모시고 가지 않으므로 적합하다고 보기는 어렵다. 불당에서 공양을 올릴 별도의 재당(공양을 올리는 식당이나 도량)으로 옮겨갈 때는 수긍할 수 있지만 같은 자리에서 봉행할 때는 재고할 여지가 그다지 없어 보인다.

결국 누군가를 청한다고 하면 청하는 대상이 이곳에 부재한다는 것을 의미한다. 지금 이곳에 존재하지 않으니 청해 모셔야 하는 것이다. 청해 모시려고 하면 어디에 어떻게 모실지를 해결해야 한다. 헌좌라고 할 때의 '좌'는 어떻게 장엄해야 하는가.

좌석을 바치는 상위(단)의 헌좌게송을 중위 신중들께 바치는 게송과 함께 살펴보면, 상위와 중위의 역할에 대한 의미를 새롭게 이해할 수 있다. 먼저 상위의 게송을 보자.

> 훌륭하게 장엄한 깨침의 좌석에서
> 모든 붓다 앉으시어 깨침을 이루었고
> 제가 이제 올린 좌석도 그와 같으니
> 우리 함께 불도를 이루오리다.
> 妙菩提座勝莊嚴
> 諸佛坐已成正覺
> 我今獻座亦如是
> 自他一時成佛道

훌륭하게 장엄한 깨침의 좌석에서 삼세의 모든 부처님이 앉으시어 정각을 이루셨다는 것이다. 삼세의 부처님이 정각을 이루신 그 같은 훌륭한 좌석을 나도 이제 바치며 삼세의 부처님처럼 우리도 불도를 이루겠다는 서원을 발하고 있다. 그렇게 서원하며 '옴 바아라 미라야 스바하'라고 진언을 삼편하며 절 1배를 한다. 그럼 신중님들께 자리를 바칠 때는 어떻게 하는가.

> 제가 이제 경건히 보배로 좌석을 장엄하고
> 화엄신중님 전에 바치오니

번뇌 망상 소멸하고
속히 해탈보리과를 원만히 하소서.
我今敬設寶嚴座
奉獻華嚴聖衆前
願滅塵勞妄想心
速圓解脫菩提果

자리를 바쳐 올리니 번뇌와 망상심을 멸하고 속히 해탈보리과를 원만히 하라는 의미로 읽힌다. 중위의 존재들은 상위의 존재들과 달리 완전한 깨달음을 얻지 못했다. 그래서 아직은 번뇌와 망상심을 가지고 있다. 그러하니 이 해탈보리좌에 앉으셔서 속히 해탈보리의 과果를 원만히 하기를 발원한다. 그런데 중위 신중의 위격을 다시 살펴볼 필요가 있다. 중위의 신중은 천계의 천신天神, 선신仙神, 제신諸神이라고 할 수 있고, 십법계의 분류상 범부 육도의 맨 위인 천계라고 할 수 있다. 이들은 불법을 옹호하기를 발원하고 동시에 불법을 믿고 수행하는 이들을 보호하겠다고 서원한 이들이다. 그렇다면 오늘 자리를 바치는 이들은 누구인가. 육도의 두 번째 법계인 인천人天의 존재들이다. 천신의 위位에 이르지 못한 인간이 천신에게 번뇌를 소멸하고 해탈보리과를 속히 얻기를 발원하고 있다. 잘못되었다고 할 수는 없을지라도 뭔가 예의에 적합하다고 보기는 어렵다. 인간이 천신을 위해 발원한다는 것이 그 말이다. 그렇다면 이 사실을 어찌 이해해야 할까.

상위의 헌좌게송의 변천 내력을 훑어보면 중위 헌좌게송의 의미를 다시 생각해볼 수 있는 계기를 갖게 된다. 한국불교 의례의 상위의 헌좌게송은 몇 차례 변천을 겪는다. 14세기 중반 한국에서 편집된 수륙재『결수문』이나 『중례문』의 헌좌게송의 말구는 '자타일시성불도自他一時成佛道'가 아닌 '회작자타성불인廻作自他成佛因'이다. 두 게송의 차이는 적지 않다. '나와 남이 동시에 불도를 이루다'와 '나와 남의 성불 인연을 돌려 짓다'라는 의미로 주체의 차이가 분명히 드러난다.

자리를 바치면서 하는 서원이라고 보면 별 문제가 없을 수 있다. 나와 남이 일시에 불도를 이루겠다는 서원으로 볼 수도 있지만 나와 남이 일시에 불도를 이루게 하여 달라는 기원으로도 읽히기 때문이다. 나와 남이 동시에 불도를 이룬다는 것이 나의 의지만으로 가능하지 않다고 한다면, 부처님의 위력을 입어 그렇게 되게 해달라는 기원일 수도 있다.

그런데 상위의 존재들에게 좌석을 바치는 게송의 말구인 '회작자타성불인'을 중위의 존재들에게 좌석을 바치는 헌좌게송의 말구와 비교해보면 의미 있는 정보를 얻게 된다.

廻作自他成佛因
速圓解脫菩提果

두 헌좌게송 말구를 위아래로 놓고 보면 놀랍게도 각 한자의 문법적 성격이 일치함을 발견할 수 있다. 문법적 속성을 비교하면, '서술어+목적어'의 전체 구조에 다시 세분하면 '부사+동사'의 서술어와 목적어인데, 이때 자타의 성불인과 해탈의 보리과는 그 문법적 성격이 같다. 그런데 그 목적어의 말언을 합하면 '인과因果'가 된다. 원인과 결과라고 쉽게 이해하고 가볍게 넘길 일이 아닌 것 같다. 여기서 우리는 나와 남의 성불 인연을 지어주는 존재는 상위의 존재들이고, 나와 남이 이루는 성불의 다른 표현인 해탈보리 과보를 원만히 해주는 존재는 중위의 존재라고 읽을 수 있다.

한국불교 의식에서 '자타일시성불도'는 자주 쓰이는 발원이다. '원공법계제중생 자타일시성불도'라고 하여 예불의 결구로도 쓰이는데, 예불의 결구에서는 '동입미타대원해同入彌陀大願海'로 발원하기도 한다. 나와 남이 일시에 불도를 이루기를 발원한다는 것이 아니라, 법계의 중생들이 같이 아미타불의 큰 원력의 바다인 극락세계에 들어가기를 발원하는 것이다.

이로 볼 때, 상위와 중위의 성현들에게 자리를 바치며 하는 발원은 곧 우리들의 불도 이루기를 발원하는 것이라고 할 수 있다. 그러므로 '자타일시성불도'는 평서문이라고 할 수 없고, '우리들이 일시에 불도를 이루겠다'는 발원과 동시에 '우리들이 일시에 불도를 이룰 수 있게 하여주십시오' 하는 기원이 담겼다고 할 수 있다.

그것도 구체적으로 상위의 불보살님들은 불도를 이룰 인연을 지어주고, 신중님들은 속히 우리들이 해탈보리과를 원만하게 이루도록 도와달라는 의미라고 읽을 수 있다. 이 견해에서 보면 "번뇌 망상 소멸하고 속히 해탈보리과를 원만히 하소서"에서 번뇌 망상은 신중의 것이 아니라 바로 우리들의 번뇌 망상이고, 우리들이 해탈하여 보리과를 원만히 하게 해달라는 원이라고 할 수 있다. 그래야만 상위와 중위의 성현을 청해 자리를 바치는 의미가 구체화될 수 있다고 하겠다.

법회를 증명하거나 공양을 올리기 위해 초청을 하였으니 자리를 권하며 자리에 앉으실 것을 청하는 것은 지극히 당연한 수순이다. 자리에 대해 삼세 모든 부처님이 앉으신 자리와 같이 오묘하게 장엄하였다고 했다. 그런데 실제 별도로 좌석을 마련하는 경우는 잘 보기 힘들다. 좌석과 같은 어떤 장치는 고사하고 위패나 번을 마련하지도 않고 헌좌한다고 하는 것을 어떻게 이해해야 할까.

〈향수해례〉의 경우 위목을 적은 한지를 걸어놓고 예경한다고 하지만 일반적이지 않고 소수의 사찰 이외에서는 보기 어렵다. 유가의 제상을 보면 탁자에 제수를 진설하고 높은 의자를 마련하고 거기에 위패를 놓는 경우를 볼 수 있다. 불교에서도 하단의 존재들을 위해 위패를 써서 붙인다. 하지만 상위나 중위의 존재들을 초청하고 헌좌를 하면서 좌석을 마련하지 않는 것은 의문과 행위의 불일치라고 할 수밖에 없을 것 같다.

삼보를 청하였으면 삼보위패를 마련하거나 번을 마련해야 한다. 그래야 자리를 바치겠다는 언표와 행위가 호응하게 된다. 초청하신 분이 자리에 앉으시면 다탕茶湯(뜨거운 차)을 올린다. 그리고 큰절로 삼배한다. 초청하신 분이 앉으셨으니 인사를 하는 것이 맞다. 현재 가영에서 '고아일심귀명정례故我一心歸命頂禮'라는 '고아게'로 인사를 하였다고 보고, 헌좌 이후의 예경은 별도로 시설하지 않는다.

대만 수륙재에서는 상위 네 석의 본존과 함께 청하는 10위의 위패를 봉안하는 장면을 볼 수 있다.

이미 삼존상이 있기에 별도의 좌석이 필요하지 않다면 이미 삼존의 부처님이 계시니 별도로 청해 앉으라고 하는 것이 예의가 아니라고 할 수 있다. 불당(법당)의 삼존불 앞에서 삼보통청을 할 때 삼존상을 삼존불이라고 인식한다면 삼존불의 명호를 창하며 인사드리거나(예경) 공양을 올리기만 하면 된다. 그러므로 통청이니 도청이니 하는 것 자체가 옳은 행동이라고 할 수는 없을 것 같다.

삼보를 청해서 공양을 올린다고 하는 것은, 지금 이곳에 계시지 않고

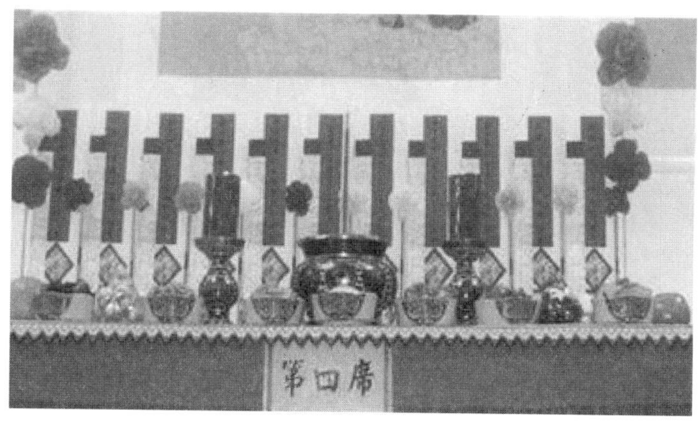

대만 수륙재 상위 제4석의 위패 광경(ⓒ윤소희)

당신이 주재하는 세계에 계신다는 전제 아래, 별도로 청해 모시는 것이라고 할 수 있다. 모시고 있는 특정 부처님(삼보) 앞에서 별도의 자리도 마련하지 않고, 늘 삼보를 불러 모시고 자리에 앉으시게 하고 공양을 받으시도록 하는 것은, 모시고 있는 특정 삼보님이 계시다는 인식이나 믿음이 적거나 없기 때문이라고 할 수도 있다. 삼보님을 모시고 있다면 굳이 삼보님을 청하지 않고 『진언권공』의 공양 법식과 같이 공양을 올리면 될 터이다. 그럼에도 불구하고 〈삼보통청〉의 의식으로 삼보를 청하고 자리를 권하고 있다. 이 같은 모습은 삼단시식으로 봉행되는 전형적인 수륙재회의 상위소청 진공進供(공양물을 올림)의 흔적이라고밖에 할 수 없을 것 같다. 수륙재회의 상위와 중위는 법신을 상징하여 관상으로 소청하고 공양하지만, 하단의 존재들은 육신에 대한 집착을 놓지 않은 존재라는 인식을 바탕으로 제수를 크게 차리고 있음을 유념할 필요가 있다.

3

변공과 헌공

공양을 변화시키는 변공

늘어나는 공양의식

성현께서 자리에 앉으셨으니 이제 공양을 올릴 차례다. 자리에 앉으셨으므로 본래부터 늘 자리에 앉아 계신 부처님께 올리는 공양의식(일종의 사시마지)과 방식은 크게 다르지 않다. 공양의식은 크게 두 단계로 이루어진다.

첫째는 내가 올린 공양물이 삼보께서 드실 수 있는 공양물로 변하게 하는 변공의식變供儀式이고, 둘째는 공양을 올리는 헌공의식獻供儀式이다. 변공의식은 현재 널리 쓰이는 사다라니로 네 진언을 염송하여 진언의 힘으로 가지하여 공양을 변화시키는 의식이고, 헌공의식은 가지한 공양물을 삼보께 올리는 것과 같은 의식과 마음으로 공양하는 의식 등이다.

공양의식의 기본 구조는 공양게송과 공양진언으로 이루어진다.

[공양게]
시방삼세 부처님과
청정 진리 펴내시는 미묘한 법보와
삼승사과로 해탈하신 승보 전에 공양하오니
자비로써 받으옵소서. [3설 3배]
供養十方調御士
演揚淸淨微妙法
三乘四果解脫僧
願垂慈悲哀納受
[보공양진언] 옴 아아나 삼바바 바아라 혹

게송과 진언의 현밀의식은 현교와 밀교의 방식으로 특정 목적을 실행하려는 의도에서 고안되고 창안되었다. 현밀의식의 방식은 밀교 우위적인 세계관이라고 할 수 있지만, 오늘날 한국불교 일반에서는 현밀의식으로 이해하고 있는 것 같지는 않다. 한국불교 일반에서 이 공양게를 '다게'라고 이해하기도 한다. 하지만 이때 차(다탕)를 올리기도 하여 '다게'라고 하는 것보다 이름 그대로 공양을 올리는 '공양게'로 이해하는 것이 적합하다. 공양 행위는 이렇게 단순한 기본구조로 진행되지만, 구체적인 행위가 합편되어 있다. 변공의식과 공양의식이 그것이라고 위에서 지적했다. 변공의식은 오늘날 상위의 존재들을 위한 변공이나 하위의 존재들을 위한 변공이 모두 사다라니로 통일되어 있다. 하지만 상위와 하위의 존재들을 위한 변공은 차이가 있다. 변식진언, 감로수진언, 수륜관진언, 유해진언의 사다라니가 상·중·하위를 구별하지 않고 변공으로 사용된 의례는 수륙재 『중례문』의 방식이다. 모신 상단의 삼보님께 공양을 올리는, 일종의 사시마지의 원형이라고 할 수 있는 『진언권공』에 실린 〈진언권공〉의 변공법식은 변식진언·출생공양진언·정식진언이다. 같은 수륙재 의문일지라도 변공의식을 위해 활용되는 진언은 동일하지 않다. 수륙재 『결수문』은 변공을 위해서 정법계진언, 변식진언, 출생공양진언이 활용되고 있고, 수륙재 『지반문志磐文』은 변식진언과 감로수진언만이 쓰이고 있다. 『지반문』의 공양물 변공 방식은 대만 등지에서 오늘날 활용되고 있는 방법이다. 이에 대해서는 다음 항목에서 자세히 다룬다.

진언으로 공양물을 변화시키고 난 다음 공양을 올리는 방식 또한 보공양진언으로 충분할 수 있지만 육법공양, 가지공양, 예참공양 등이 활용되고 있다. 공양의식은 공양물을 거명하여 올리는 의식과 공양 받을 분들을 거명하여 절하며 공양을 올리는 의식으로 나뉜다.

공양물을 변화시키는 변공의식과 공양 받을 분이나 공양물을 거명하며 일일이 절하며 공양 올리는 의식은 공양게송과 진언으로 완결할 수 있음에도 불구하고 점차 방식이 확장되었다. 그 까닭에 애초의 공양을 올리는 공양게송이 마치 공양의식의 사전 의사표시 수단으로 멈춰버린 느낌이다.

그러므로 공양게송과 공양진언으로 편제된 현밀의식의 공양게송과 진언 사이에 진언권공, 육법공양, 가지공양, 예참공양 등이 추가되어 꽤나 복잡한 공양의식의 형태로 발전하였다. 이렇듯 공양의식은 현밀의 공양 언표만으로 충분하였다고 보인다. 그렇지만 공양의식에 다양한 방식이 집합되어 있어 그 원형을 찾기가 어렵다. 설령 그 원형이 밝혀져도 한국불교 일반에서 그것을 수용하고 또 실제 활용하는 데는 적지 않은 시간이 필요할 것 같다.

진언으로 하는 변공

공양을 왜 '변공變供'해야 하는가. 첫째는 공양을 받을 분은 무수히 많은데 비해 내가 올린 공양물은 유한하기 때문이고, 둘째는 공양에 가지하여 공양물이 질적으로 승화되어야 성현께 공양을 올릴 수 있기 때문이다. 공양물을 변화하게 하는 방식은 진언에 의한 방법으로 〈진언권공〉이 그것이고, 관상觀想에 의해 변공하는 방법으로 『화엄경』에 실린 변공 법식에 의거해 행해지는 〈화엄시식〉이 그것이다.

먼저 〈진언권공〉의 변식에 대해서 알아보자. 누차 언급하였지만 〈진언권공〉은 사시마지와 같이 부처님께 마지를 올리고 변공하여 공양을 올리는 형식이다. 그 차례는 다음과 같다.

> 정법계진언
> 옴 람
> 진공진언
> 옴 반쟈 스바하
> 변식진언
> 나막 살바 다타아다 바로기데 옴 삼바라 삼바라 훔
> 출생공양진언
> 옴
> 정식진언
> 옴 다갸 바아라 훔

그렇지만 오늘날 『통일법요집』 등에 실린 변공의식은 다음과 같다.

정법계진언
옴 람
[다게] 공양시방조어사
진언권공 = 사다라니
[표백]
향기로운 음식들을 차려놓음은 재자들의 간절한 정성입니다.
공양이 두루 원만하게 이루어지려면 가지변화에 의지해야 하오니
삼보님, 특별히 가지를 내리소서.
나모시방불 나모시방법 나모시방승.
香羞羅列 齋者虔誠
欲求供養之周圓 須仗加持之變化
仰惟三寶 特賜加持
南無十方佛 南無十方法 南無十方僧

무량위덕자재광명승묘력 변식진언
나막 살바다타 아다 바로기제 옴 삼바라 삼바라 훔 [3편]
시감로수진언
나무 소로바야 다타아다야 다냐타 옴 소로소로
바라소로 바라소로 스바하 [3편]
일자수륜관진언
옴 밤 밤 밤밤
유해진언
나모 사만다 못다남 옴 밤 [3편]

『진언권공』의 〈진언권공〉 의식을 변공의식으로 도입하고 있지만 『진언권공』에 나타나지 않는 사다라니를 수용하고 있고, 출생공양진언과 정식진언은 보이지 않는다. 그렇다면 공양을 변화시키는 진언들은 어떤 경전

에 근거하고 있는가.

변식진언은 『불설구발염구아귀다라니경佛說救拔焰口餓鬼陀羅尼經』에 근거한다. 아난존자는 삼경에 소수법(사념처)을 닦고 있었는데, 아귀에게서 3일 뒤에 죽어 곧 아귀로 태어나게 된다는 말을 들었다. 아난존자는 어떻게 하면 그것을 벗어날 수 있는지 물었다. 그러자 아귀는 삼보와 바라문선인과 아귀에게 음식을 베풀면 아귀의 고통을 벗어나게 된다고 알려준다. 아난존자는 부처님께 어떻게 하면 삼보와 바라문선인, 아귀들에게 음식을 베풀 수 있는지를 여쭙는다. 석가모니 붓다는 전세 관세음보살의 처소와 세간자재위덕여래의 처소에서 받은 '무량위덕자재광명수승묘력다라니'를 염송하면 한량없는 공양을 만들어 아귀들에게 음식을 베풀어 굶주림을 벗어나게 할 수 있다고 일러준다. 이로 인해 아귀들이 고통을 벗어날 수 있게 하는 가르침이 발달하여 아난존자는 기교대사起教大士 또는 계교대사啓教大士라고 불린다. 관세음보살이 석가모니 붓다의 전세에 부처님께 전한 이 진언으로 공양을 변식하여 일체 존재에게 시식을 베풀 수 있게 되었다. 일체 중생에게 음식을 베푸는 시식의식으로 한국불교에서는 〈관음시식〉 〈전시식奠施食〉 등이 행해지고 있다.

또 『불설구면연아귀다라니신주경佛說救面然餓鬼陀羅尼神呪經』에서는 이렇게 설명한다. 음식을 깨끗한 그릇에 담고 '일체덕광무량위력' 7편으로 음식에 가지를 하여 문 안에서 밖을 향해 팔을 펴 깨끗한 땅으로 일곱 번 사방으로 튕겨 베푼다. 그렇게 하면 아귀들이 두루 배불리 먹고 하늘에 나게 된다. 바라문과 선인에게 베풀고자 할 때도 7편, 일체 삼보께는 21편을 공양하도록 하고 있다. 아귀, 바라문선인과 삼보 등 대상에 따라 진언 염송의 편수는 차이가 있다.

이렇게 변식진언을 염송하여 공양을 변화하여 일체의 존재들에게 공양을 베풀 수 있게 된다. 그렇다면 사다라니의 나머지 진언을 염송하는 데 대해 좀 더 자세히 알아보자.

무량위덕자재광명승묘지력가지음식다라니 7편으로 가지하여 일체 아귀가 칠칠 곡[49斛]의 음식을 먹고 생천生天하거나 정토에 태어나게 된다. 이후에 '감로법미진언: 시감로진언' 7편을 염송하여 음식과 물을 한량없는 우유와 감로로 변하게 하고, 일체 아귀의 목구멍이 열려 널리 많이 평등하게 음식을 먹게 한다. 이어서 '비로자나 일자 심수륜관진언'인 범어 '밤 वं' 자를 관상하는데, 오른손 심중의 밤 자가 마치 우유빛과 같은데 8공덕해로 변해서 일체의 감로제호가 유출된다고 관상한다. 밤 자 7편을 염송하면 밤 자에서 우유 등이 한량없이 나와 일체 아귀들이 다 배불러지고 조금도 모자람이 없게 된다. 이어 '보시일체아귀인진언'이라고 하는 오늘날의 유해진언 '나모 삼만다 못다남 밤' 7편을 염송하여 가지한 청수 감로수를 사람이 다니지 않는 깨끗한 땅이나 물가 나무 아래 쏟는다. 그리고 5여래 명호를 칭송한다. 오늘날의 수륜관진언과 유해진언의 공능이 잘 소개되어 있다.

현재 상위 삼보께 공양을 올리는 의식의 변공진언으로 변식진언 등이 활용되고 있지만, 공양을 변화시키는 진언의 설명이 대체로 아귀에게 음식을 베푸는 데 쓰이고 있다는 것을 알려준다. 이곳에는 사다라니(변식진언·감로수진언·수륜관진언·유해진언) 가운데 변식진언과 출생공양진언과 정식진언이 존재한다. 이 〈진언권공〉은 삼보를 소청하고 공양하는 그런 의식이라고 하기보다 모신 삼보께 공양을 올릴 때의 의식이라고 할 수 있다. 그러므로 공양을 올리는 진공진언과 공양을 마치면 퇴공을 하는 진언이 시설되어 있다. 그렇다면 어째서 모신 부처님께 공양하는 〈진언권공〉 의식과 사다라니가 혼합되었을까.

거기에는 1700년 한국불교의 역사만큼이나 복합적인 여러 요인이 있을 것이다. 간단하게 정리하면, 불교의식은 국가의식적인 성격이 짙은데, 조선 중기에 들어서면 불교의례는 16세기 초반 국가 시책으로 인해 국가의례에서 소외되어 민간의례적인 성격으로 설행되었다. 그래서 의문 자체의 엄격성보다 설행 상황에 따른 편의성이 중시되게 되었다. 이렇게 의례가 축약되거나 합편되어 의미의 변화가 일어나게 되었을 것으로 보인다. 아니면 수륙재 『중례문』의 방식이 일반화되었다고 할 수도 있다.

16세기 이후 불교의례는 상·중·하위라는 엄격함은 유지되었지만 그 위에서 설행되는 진언의 이해나 활용, 편수 등의 차이가 무화되기 시작했다. 상위와 중위의 단에서 활용되는 진언의 차이가 무화되기 시작한 것이 그 하나이고, 비교적 후대의 일이기는 하지만 각 단에 따른 진언의 염송 편수의 차이가 무화되기 시작한 것이 또 하나이다.

첫째 사례로는 19세기 초반에 편수된 『작법귀감』의 진언변공眞言變供에 관한 이해가 그것이다. 이 책에서는 '기성가지祈聖加持'라고 하여 오늘날 사다라니로 가지하여 가지공양과 육법공양, 삼보께 삼배로 가지공양을 하고 보공양진언을 하고 능엄주의 풍송諷誦(외움) 이후 원성취주 보궐진언을 하고 축원을 하는 의식을 '광즉廣則'이라 하여 자세히 변공하는 의식이라고 하였다. 〈진언권공〉의 진공진언·변식진언·출생공양진언·정식진언으로 변공하는 것을 '약즉略則' 즉 '간략히 하는 변공'이라고 이해하고 있다.

그런데 이로부터 백여 년 뒤에 편찬된 『석문의범』(1935)에는 정법계진언과 다게(공양게) 이후 '진언권공'이라고 하여, 표백表白(아룀)과 사다라니,

운심공양게와 진언 그리고 보공양진언 이후에 출생공양진언과 정식진언을 아무 언급 없이 시설하고 있다. 『작법귀감』처럼 광략廣略의 변공의식이라는 언급이 없다 보니, 『진언권공』의 변식진언·출생공양진언·정식진언과의 관계에 대해 한국불교 일반의 의례 설행자들이 어떻게 이해하고 있는지조차 잘 설명되고 있지 못하다.

또 『석문의범』에 주석을 더 보탠 『신편증주석문의범』(1982)에서는 사다라니와 운심공양게송과 진언, 보공양진언 이후에 출생공양진언과 정식진언을 시설하지 않고, 사다라니 이후에 출생공양진언과 정식진언을 시설한 이후 운심공양진언을 시설하고 있다. 이렇게 되어 『신편증주석문의범』은 변공진언으로 여섯 진언이 제시되고 있으나, 이본보다 조금 일찍 편수된 『불교의범』(1977)에는 출생공양진언과 정식진언이 보이지 않는다. 『신편증주석문의범』은 『석문의범』에 주석을 달고 새로 편수하였다고 한다. 이곳의 변공진언 차례는 오히려 『대각교의식大覺教儀式』(1927)과 비슷하다. 결국 공양을 변화시키는 변공의식은 일체 존재를 초청하여 공양하고 음식을 베푸는 의식인 수륙재 『중례문』의 사다라니와 불당에 모신 삼보께 변공하여 공양을 올리는 〈진언권공〉의 그것이 융합되는 과정 속에서 오늘날의 양태로 정착되었다고 할 수 있다.

둘째, 진언 염송의 편수는 대체로 두 유형이 있다. 진언 염송으로 진언에 담긴 힘에 의지하여 변공을 할 때 상·중·하위의 어떤 존재에게 올리느냐에 따라 21편·14편·7편의 염송이 요청되었고, 공양을 올리는 행위진언의 염송은 세 편이 요청되었다. 19세기 『작법귀감』만 해도 이 같은 염송 편수의 차이는 지켜졌을 것으로 보인다. 하지만 20세기 간행본에는 상위의 존재를 위한 변공에 7편의 염송을 지시하고 있고, 20세기 중반 이후 간본에는 변공이나 공양 같은 행위 진언을 막론하고 모든 진언은 세 편 염송으로 통일되었다.

변공하여 공양 올릴 대상에 따라 진언 염송의 편수가 21편·14편·7편 염송의 차이로 시설한 것은 최초의 진언변공 진언이 실린 『불설구발염구아귀다라니경』 계통 경전에 의거하며, 그 원칙은 잘 전승되었다고 보인다. 20세기 이후부터 그 전통이 소실되기 시작하여 20세기 후반에 이르면 진언 염송의 편수가 거의 무화되고 말았다.

이제 진언으로 변공하기 이전의 소문疏文이라고 할 수 있는 일종의 표백에 대해 살펴보자.

> 향기로운 음식들을 차려놓음은
> 재자들의 간절한 정성입니다.
> 공양이 두루 원만하게 이뤄지려면
> 가지변화에 의지해야 하오니
> 삼보님, 특별히 가지를 내리소서.
> 나모시방불 나모시방법 나모시방승.
> 香羞羅列 齋者虔誠
> 欲求供養之周圓 須仗加持之變化
> 仰惟三寶 特賜加持
> 南無十方佛 南無十方法 南無十方僧

위 소문을 편의상 표백이라고 하였다. 앞에서 설명한 공양에 진언으로 가지를 해야 할 이유를 이렇게 먼저 삼보께 아뢰고 가지를 청하고 있다. 향수(전, 제수, 진수, 재물)를 단 위에 나열해놓고 그 재물齋物에 가지를 하게 됨을 밝히는 것이다. 지금은 언제나 '재자건성齋者 虔誠'이라고 하지만 옛 의문에는 재를 올리는 주체를 화주, 권화승, 시주 등 구체적으로 표현하고 있다.

이를 보면 향수를 나열하는 주체는 재자에 한정되지 않았음을 알 수 있다. 공양을 원만히 올리려면 가지에 의지해야 변화할 수 있으므로, 삼보의 가지를 특별히 바라고 있다. 공양을 일체에 두루 원만히 베풀려면 삼보께 특별히 가지를 청해야 한다는 것을 알 수 있다.

오늘날 행하는 많은 의문에는 표백 이후의 '거불(나모시방불, 나모시방법, 나모시방승)'을 표백에 이어 붙여 편집하는 경우가 있는데, 이 거불은 표백이 아니고 변식진언 등의 염송을 위한 거불이다. 표백에 이어 염송하므로 하나의 의미단락으로 이해하기 쉬우나 개념은 같다고 할 수 없다. 그러므로 표백과 거불은 그 경계를 표기상 구별할 필요가 있다. 거불을 하고 사다라니 진언을 염송하는 것이다.

표백으로 삼보께 진언가지를 청한 다음 사다라니의 염송으로 변공이 완성된다. 그러므로 성인께 가지를 구하는 '기성가지祈聖加持'라고 한다. 이렇게 가지가 끝나면 이제 가지된 공양물을 바치게 된다(헌공).

마음으로 올리는 운심공양

변식진언 등 진언으로 공양을 변화시켰으니 이제 공양을 상위의 삼보께 바치는 순서다. 그런데 오늘날 〈삼보통청〉의 사다라니 변공 마지막 진언인 유해진언 다음에 운심공양진언이 등장하는 데 비해, 〈진언권공〉에는 보공양진언 이후 육법공양을 끝낸 다음 운심공양진언이 시설되었다. 이 진언에 대해 『작법귀감』에서는 공양의식이 첫 게송인 공양게송을 하고 곧바로 운심게와 진언을 염송할 수도 있다. 이것은 별도의 진언변공은 아니지만 가지를 구하는 것이라고 하고 있다. 〈삼보통청〉의 운심게와 진언을 보도록 한다.

향기로운 공양이 법계에 가득하여
다함없는 삼보께 널리 공양하사오니,
자비로써 공양 받으시어 선근이 늘어
불법이 이 세상에 머물게 하여 부처님 은혜를 갚사와지이다.
願此香供遍法界 普供無盡三寶海
慈悲受供增善根 令法住世報佛恩
나막 살바 다타아데뱍 미새바모계뱍 살바다캄 오능아데 바라혜맘옴 아아나감 스바하

게송으로 볼 때 일차적인 의미는 공양이 세계에 가득해져 삼보께 공양하겠다는 의지와, 자비로 공양을 받으시어 (나와 우리의) 선근이 늘게 해달

라는 청원, 그렇게 하여 불법이 오래도록 머물게 하여 불보살님의 은혜를 갚을 수 있기를 발원하고 있다. 운심게송과 진언을 표면상으로만 봐서는 본래의 의미를 잘 이해하기 어렵다.

운심공양은 문자 그대로 마음으로 공양하는 것이다. 공양물을 나열하여 헌공하는 사공양事供養이 아니라 심공양心供養·이공양理供養이다. 마음에서 공양을 올리고자 하는 생각을 일으켰으나 실제 과실을 올릴 수 없을 때 지극한 마음을 일으켜 공양을 하는 것이다. 『소실지경蘇悉地經』에는 일체 처에 두루 쓰이는 4종 공양으로 첫째는 합장, 둘째는 알가[淸水], 셋째는 진언 및 수인이고, 넷째는 다만 마음을 움직여 하는 공양을 언급하며, 오랜 시간 동안 공양하는 데는 운심공양만한 것이 없다고 하고 있다. 그러므로 꽃이나 향, 과자 등이 적을 때 허공같이 경건하고 지극한 마음으로 합장하여 받들고, 마음으로 관상하여, 관상에서 화과花果 등이 본존에 공양되어 심히 큰 공덕을 획득하게 된다는 것이다.

운심게송에 대해 상단에만 해야 한다는 견해가 있기도 하지만, 그보다 게송의 내용이나 경전이나 의궤 등에서 볼 때 별도로 공양물을 마련하지 못하고 공양하고자 할 때 사용한 의식이라고 할 수 있다. 각단의 운심게송이 있고, 예수재에는 마구단馬廐壇에도 운심게송이 있으며, 현장에서는 예참공양을 하지 않을 때에는 바로 운심공양진언을 시작하여 보공양진언 등 4진언과 탄백으로 마치기도 한다.

공양을 올리고 변공하여 헌공하는 자체가 운심공양을 포함하고 있다고 할 수 있으므로, 이 게송과 진언은 광략廣略의 한 형태라고 할 수 있다. 다시 말해 광례廣例에는 진공進供하고 사다라니로 변식하여 육법공양을 올리는 것이고, 공양물을 진설하지 못하였거나 간단하게 변공하고 헌공을 하고자 할 때는 약례略例로 운심게송과 진언으로 변공과 헌공을 동시에 추구한다. 광략으로 이해한다면 진언권공이나 사다라니로 변공할 때는 이 게송과 진언은 중복할 필요가 없다고 하겠다. 신중이나 산신 등을 청해 헌공할 때 주로 사용하였다고 보인다.

이 운심게송은 육법공양 이후 꽃을 집고 이 한 몸에서 많은 몸을 나타내고 낱낱 몸에서 다시 일천 몸이 나와 그 각각의 몸에 꽃을 쥐고 시방의 불타와 달마와 승가에게 공양을 올리겠다는 다음의 〈각집게〉 혹은 〈향화게/운심게〉의 축약형이고, 이를 더욱 축약할 때는 그냥 〈다게〉만으로도 가능하다고 한다.

〈각집게〉
이 한 몸에서 많은 몸이 되어
각각 몸에서 백 천의 손이 나와
각각 향화등다과를 집고
시방의 제 붓다께 공양합니다.
각각 향화등다과를 집고
시방의 제 달마께 공양합니다.
각각 향화등다과를 집고
시방의 제 승가께 공양합니다.
願此一身化多身 一一身出百千手
各執香花燈茶果 供養十方諸佛陁
各執香花燈茶果 供養十方諸達摩
各執香花燈茶果 供養十方諸僧伽

〈향화게/운심게〉
향과 꽃의 향기가 법계에 두루 하여

미묘한 광명의 구름대 되어
여러 하늘의 음악과 하늘 보배향과
여러 하늘의 반찬과 하늘 보배의복 등
불가사의한 미묘한 법의 티끌이 되어
하나하나의 티끌에서 일체의 부처님이 나오고
하나하나의 티끌에서 일체의 진리가 나와
장애 없이 휘감아 돌아 서로 장엄하며
일체의 부처님 나라
시방법계 삼보 전에 두루 이르러
그곳에 있는 모든 나의 몸이 공양을 닦아,
그 하나하나 모두가 법계에 두루 하여
저 모든 것들에 잡됨이 없고 걸림이 없이
미래가 다할 때까지 불사를 짓고,
일체 중생에게 널리 끼쳐져
모두 보리심을 내어 함께
무생법인에 들어 불지를 증득하기를 원합니다.(요잡을 하고)
공양을 마치고 삼보께 귀명의 예를 올립니다.
願此香花遍法界 以爲微妙光明臺
諸天音樂天寶香 諸天餚膳天寶衣
不可思議妙法塵 一一塵出一切佛
一一塵出一切法 旋轉無礙互莊嚴
遍至一切佛土中 十方法界三寶前
皆有我身修供養 一一皆悉遍法界
彼彼無雜無障碍 盡未來際作佛事
普熏一切諸衆生 蒙熏皆發菩提心
同入無生證佛智 [繞匝]
供養已歸命禮三寶

운심게송은 재장에서 춤으로 표현되는데, 이를 '운심게작법'이라고 한다. 무형문화재였던 일응의 운심게작법을 분석하고 있는 다음 논문의 설명을 들어보자.

> '운심게작법'은 보통 1인, 2인, 4인의 작법승이 행하는데, 춤의 구성은 선작법과 후작법으로 나누어 춘다. 선작법은 사방, 즉 동남서북과 이 네 가지 기본 방위에 각각의 중간 방위를 더하여 여덟 개의 방위로 확대해서 간방間方요신으로 진행된다. 연꽃을 치면서 도는 사방, 간방요신 동작과 상하동작, 즉 낙관을 쓴 머리가 바닥에 바짝 엎드려 조아릴 때는 땅을 지향하고 몸을 일으켜 세우면 낙관이 하늘을 지향하는 춤이다. 이처럼 사방과 간방은 팔의 동선을 팔방으로, 몸은 상·하를 지향함으로써 모두 시방十方을 아우르는 춤이 선작법이다. 선작법이 춤의 생명력을 표현하고 수행의 의미를 포함하고 있다면 후작법은 선작법을 정리 또는 마무리하는 단계다. 선작법을 마치고 '나막 살바 다타아다' 진언을 세 번 송한다. 이때 작법승은 가만히 있다가 범패승이 "유원제불 애강도량 수차공양"을 하면 그 소리에 맞춰 후작법 춤을 추게 된다.
>
> — 고경희 「일응 스님 운심게작법 춤의 미학」

운심게송은 마음으로 공양을 올리는 것이지만, 이를 무언의 춤으로 재현한다고 할 수 있다. 범패, 작법, 춤 스님들에 의해 실현되는 운심게작법에는 '유원제불 애강도량 수차공양' 하는 원망願望 구절이 삽입되어 있어, 운심으로 공양하는 의미를 더욱 드러낸다. 여기서 '애강도량哀降道場'은 지금 운심공양하는 이들을 불쌍히 여겨 도량에 내려오셔서 이 공양을 받으시라는 원망인데, 공양을 올릴 삼보를 소청해 이미 자리를 바쳐 앉아 계시는데 다시 도량에 내려오시라고 하는 것은 전후의 맥락과 모순된다.

그럼에도 불구하고 이렇게 표현하는 것은 운심공양 자체가 완전성을 띠고 있으므로 그러하다고 하겠다. 운심공양으로 시방의 삼보 앞에 일일이 내 몸을 나타내어 꽃을 쥐고 공양한다는 것이다. 그렇지만 삼보를 이곳에 초청하여 헌좌하고 예경한 다음에 행하는 운심공양이라고 한다면, 마지막 원망 구절에서 '애강도량'이라고 하지 말고 『산보범음집』에서처럼 '애감단성哀鑑丹誠'이라고 표백하는 것이 훨씬 적합하다고 하겠다.

『석문의범』에는 운심공양 이후 보공양진언이 이어지고, 『대각교의식』의 〈성공절차〉에는 구정례의 '예경'이 곧바로 이어진다. 또 20세기 후반의 『불교의범』에는 유해진언과 운심공양진언 이후 별도의 제목 없이 칠정례 공양이 시설되어 있는데, 오늘날까지 그대로 이어지고 있다.

『진언권공』이나 『제반문』(1694)에는 육법공양 이후 운심게송과 진언이 제시되고 있고, 20세기 의례문헌과 달리 19세기 『작법귀감』에는 사다라니 이후의 '운심게주(운심게송과 진언)'는 중복이라고 하여 가지공양의 육법공양을 하고 삼보에 대한 가지공양구를 공양하고 보공양진언으로 공양하는 의식이 제시되었다. 결국 운심게송과 진언은 변공과 헌공이 결합된 의식으로, 초청하여 자리를 바치고 예경한 다음 공양을 올리기 위해 운심게송(향화게)과 진언으로만 간략히 공양 올리는 의식이라고 하겠다.

육법과 오신의 가지공양

육법공양은 향香·등燈·꽃花·과일菓·차茶·음식味 공양을 지칭하며, 가지공양이란 여섯 가지 공양물에 진언으로 가지하여 공경히 공양을 올리는 것이다. 이때 쓰이는 진언이 변식진언, 출생공양진언, 정식공양진언과 보공양진언이다. 가지를 끝내고 공양을 하려고 할 때는, 공양을 올리는 이 향이 해탈지견향이 되기를 발원하고, 이 등불은 반야지혜의 광명이 되기를 발원하고, 이 청수는 감로제호가 되기를 발원하고, 이 음식은 법회 선열의 음식이 되기를 발원하며, 아울러 번화幡華(깃발)를 서로 벌려놓거나 다과를 서로 진열하고 세상의 진리를 장엄하고 묘법의 공양이 되기를 발원한다. 자비가 쌓이고 정혜가 끼쳐진 향수를 특별히 절하며 올린다.

『작법귀감』에는 육법공양의 제목 아래 상황을 봐가며 오공양·사공양을 올릴 수 있다고 협주하고 있지만, 오공양·사공양을 단순히 진공한 공양물의 차이라고 단정하기는 어렵다. 상단에는 육법공양이 주로 올려지지만 신중단에는 오신공양이 베풀어지는데, 꽃을 올리지 않으므로 오공양이라고 한다는 견해가 지배적이다.

위에서 가지를 마치고 공양을 올리려면 이 향수를 특별히 공양합니다.
[향공양]향을 살라 공양하니 자비를 버리지 마시고 이 공양을 받으소서. [1배]
[등공양]등을 켜 공양하니 자비를 버리지 마시고 이 공양을 받으소서. [1배]
[꽃공양]신선 꽃을 공양하니 자비를 버리지 마시고 이 공양을 받으소서. [1배]
[차공양]신선 차를 공양하니 자비를 버리지 마시고 이 공양을 받으소서. [1배]
[과공양]신선 과일 공양하니 자비를 버리지 마시고 이 공양을 받으소서. [1배]
[미공양]향미를 공양하니 자비를 버리지 마시고 이 공양을 받으소서. [1배]
上來加持已訖 供養將進 以此香羞 特伸供養
[香供養]燃香供養 不捨慈悲 受此供養
[燈供養]燃燈供養 不捨慈悲 受此供養
[花供養]仙花供養 不捨慈悲 受此供養
[茶供養]仙茶供養 不捨慈悲 受此供養
[菓供養]仙果供養 不捨慈悲 受此供養

[米供養]香米供養 不捨慈悲 受此供養

육법공양의 향공양, 등공양 등의 제목을 『작법귀감』 이전에는 제목으로 처리했지만, 이후부터 제목으로 하지 않고 본문처럼 편집했다. 하지만 『석문의범』이나 19세기 후반 의례문헌에는 '향공양 연향공양 등공양 연등공양' 하며 '불사자비 수차공양不捨慈悲 受此供養'이라는 후반 구절을 생략하고, '유원 신장 애민중생 불사자비 수차공양'이라며 원망 구절을 추가하여 사용하고 있다. 하지만 향공양이나 등공양 같은 앞의 구절은 향공양을 할 때 '연향공양 불사자비 수차공양'이라고 해야 한다.

육법공양은 단순히 여섯 가지 공양물을 올리는 데에 그치지 않는다. 〈영산작법〉의 육법공양 의미는 다음 구문에서 잘 드러난다.

절하며 해탈향을 바칩니다.
절하며 반야등을 바칩니다.
절하며 만행화를 바칩니다.
절하며 보리과를 바칩니다.
절하며 감로차를 바칩니다.
절하며 선열미를 바칩니다.
拜獻解脫香
拜獻般若燈
拜獻萬行花
拜獻菩提果
拜獻甘露茶
拜獻禪悅米

향과 등과 꽃을 바치고 과일과 차와 음식을 올리며, 해탈의 향, 반야의 등, 만행의 꽃, 보리의 과일, 감로의 차, 선열의 미米라고 그 의미를 살려 공양하며 또 찬탄한다. 〈영산작법〉에서는 선열미米가 선열미味로 와전되어 노래되고 있다. 향을 올리며 해탈의 향을 찬탄하는 내용은 다음과 같다.

> 계정혜 진향의 기운은 하늘을 찌르고
> 시주의 정성으로 금향로에서 사르니
> 즉각 향의 기운은 시방에 가득하고
> 옛날 야수다라 어려움과 재앙 없애네.
> 戒定眞香 氛氣衝天上 施主虔誠 爇在金爐傍
> 頃刻氤氳 卽遍滿十方 昔日耶輸 免難除災障

향은 해탈향, 등은 반야등, 꽃은 만행화, 과일은 보리과, 차는 감로차, 음식은 선열미로 상징되며, 이는 육바라밀을 상징한다. 봉원사 영산재 어장 송암은 이 육법의 게송을 '별가영別歌詠'이라고 칭했다고 한다.

『작법귀감』에는 가지를 끝낸 이후 여섯 공양물을 올리는 육법공양을 행하고 삼보에 대한 가지공양 이후 보공양진언을 행하고 있다. 『진언권공』에는 변식진언, 출생공양진언, 정식진언의 진언가지 이후 보공양진언 이후에 육법공양을 올리고 운심공양을 행하고 있다. 하지만 오늘날에는 공양물을 올리는 진공의식으로 육법공양을 행하고 있다.

육법공양 이후 『작법귀감』이나 〈영산작법〉에는 '이 가지의 오묘한 공양구로 삼보께 공양합니다'라고 하며 공양을 받을 삼보께 절하며 공양한다.

이 가지한 오묘한 공양구로 시방의 제 불타께 공양합니다.
이 가지한 오묘한 공양구로 시방의 제 달마께 공양합니다.
이 가지한 오묘한 공양구로 시방의 제 승가께 공양합니다.
자비로 공양을 받으시고[반배] 불사를 베풀어 중생을 제도하소서.
以此加持妙供具 供養十方諸佛陀 [拜]
以此加持妙供具 供養十方諸達摩 [拜]
以此加持妙供具 供養十方諸僧伽 [拜]
唯願慈悲受此供[半拜] 施作佛事度衆生 [起立]

삼보에 대한 가지공양 의문은 현재 신중에 행하는 오신공양五伸供養 이후 유원唯願 구절이 어떻게 형성되었는지를 보여주는 한 예라고 할 수 있다. 예경과 공양을 끝내고 유원의 첫 구를 하며 반배하고, 마지막 구를 염송하고 일어선다. 육법공양이 공양물에 대한 헌공이라고 한다면, 이 삼정례의 가지공양은 공양을 받은 분에게 공양하는 것이라고 할 수 있다.

공양물을 하나하나 공양하고, 또 공양 받을 삼보를 거명하며 절하고 공양하는 이 헌공의식은 오랜 세월 적지 않게 변모했다. 오늘날 육법공양은 공양물을 불전에 올리는 진공의식으로 주로 행해진다. 또 공양 받을 삼보께 절하며 공양하는 의식은 칠정례의 예참공양으로 행해지고 있다. 공양물을 상단에 진설하는 공양과 공양 받을 분에게 올리는 공양은 공양에 초청한 분들과 관련이 있다. 〈삼보통청〉은 삼보를 한꺼번에 청하는 도청都請 형식으로 초청하였으므로, 가지된 오묘한 공양구供養具를 삼보께 삼배하며 공양하는 것이 초청과 공양의 호응이 이뤄진다고 할 수 있다.

다음은 오신공양에 대해 알아보도록 하자. 상단에 육법공양이 행해지고 중단이나 시왕단 등 신중단에 오신공양이 펼쳐지고 있으나, 옛 의문인

『청문請文』(1662) 등에는 상단의 진언권공 이후 운심게송 앞에서 오공양을 펼치라는 지문이 있다. '공양'은 공양을 올릴 공양물과 공양 받을 분에게 절하는 형식이다. 그런데 상단의 육법공양에 비해 중위의 천·선·신의 위격에는 이를 '신오공양伸五供養'이라고 하였다.

오공양은 육법공양 가운데 꽃공양이 빠져 있다. 그러므로 이에 대해 상위의 삼보께 육법공양을 올렸으니, 예의상 오공양을 하는 것이 아닐까, 하는 의견을 내는 경우를 더러 볼 수 있는다. 그렇다면 하위의 존재들에게는 사공양을 올려야 하는 것이 아닐까. 하지만 〈상용영반常用靈飯〉에도 향, 등, 차, 과일, 음식의 다섯 가지 공양물이 베풀어지고 있으므로 잘 납득이 되지 않는다.

또 밀교에서는 본존께 도향塗香, 화만華鬘, 소향燒香, 음식飮食, 등명燈明의 오공양을 올리므로 상위와 중위의 차별이 쉽게 수긍되지 않는다. 또 한국불교의 의례 현실과 연결해보면 더욱 적합해 보이지 않는다.

그렇다면 신중 등 중위의 격을 지닌 분께 오공양을 올리는 연유가 무엇일까. 왜 꽃공양이 빠질까. 운심게송에서 꽃을 들고 관상으로 공양하고 있다. 꽃공양을 하는 꽃에서 여타의 공양물이 태어나 공양하므로, 꽃에서 출생한 나머지 다섯 공양물을 공양한다고 하지 않았을까 추측해본다. 그렇다면 상단에도 관상을 하며 공양하는데 왜 육법공양, 혹은 육진공양이라고 하느냐고 반론할 수 있다. 육법공양 혹은 육진공양이라고 하는 것은 공양을 받을 분들의 좌석 앞에 공양물을 놓고 삼밀가지로 공양하는 것을 '사事공양'이라고 하고, 공양물을 일일이 준비하지 못하고 몸을 단정히 바로 앉아 보리심을 관하며 수인을 맺고 진언으로 공양하는 것을 '이理공양'이라고 한다는 오공양五供養의 의미에서 착안된 것 같다. 다시 말해 상단과 달리 공양물을 완전하게 갖추지 못하였지만, 수인을 맺고 진언을 염송하며 밀교의 5공양처럼 공양하므로 오공양이라는 명칭이 사용되었을 것으로 보인다.

오늘날 한국불교 초하루 보름의 공양법회에서는 상단의 마지를 퇴공하여 신중단에 진공하고 공양을 한다. 초하루 신중기도에서조차 별도로 마지를 올리지 않고 퇴공하여 공양하는 현실인데, 상단에 육법공양을 하고 중단에 오신공양을 하는 것은 상·중단의 위격과는 관련이 있어 보이지 않는다. 『산보범음집』(보현사, 1713)에는 '소육법공양小六法供養'이라고 칭하고 있다.

변공을 한 공양물을 헌공하는 의식은 크게 두 가지로 나뉜다. 첫째는 육법공양과 오신공양의 공물을 공양하는 의식이고, 둘째는 공양을 받을 분들에게 절하며 공양하는 의식이다. 이 두 의식에다 변공의식까지 통합된 의식이 운심공양게송과 진언이라고 할 수 있다. 변공과 헌공의 절목에서 운심공양진언, 육법공양와 오공양의 가지공양을 시설하고 별도 다음 항목의 예참공양을 시설한 것은, 오늘날 한국불교 일반에서 공양 받을 분들에게 일일이 절하며 공양하는 헌공의식이 행해지고 있기 때문이다.

합송으로 올리는 예참공양

20세기 후반 이후 변공의 사다라니와 운심공양진언을 한 다음, 육법공양과 가지공양으로 삼보께 삼정례 공양을 하는 곳에서 칠정례의 예참공양을 올리고 있다. 삼보통청은 물론이고 독성청, 지장청, 관음청, 약사청, 산신청 등 어떤 분을 청해 공양을 올릴 때에도 변공이 끝나면 삼정례 공양이 이어진다. 오늘날 한국불교 의식의 전범으로 수용되고 있는 『석문의범』에는 운심공양진언 다음에 보공양진언, 출생공양진언, 정식진언, 보회향진언, 원성취진언, 보궐진언을 한 다음에 예참을 하고 정근을 한 후 축원을 하라고 지문하고 있다.

변공하고 운심공양진언 이후에 삼정례의 공양 받을 분들께 절하며 공양하는 의식이 어느 순간부터 예참공양을 하는 것으로 바뀌게 되었을까. 이 같은 형식의 헌공의식은 20세기 초에 간행된 『대각교의식』부터 보이기 시작한다. 공양 받을 분께 삼정례로 공양해야 하는 이 의식을 칠정례로 행하는 데 대해서는 1부 예경의 조석 문안과 대중 예불에서 다루었으므로 자세히 언급하지 않는다. 다만 사다라니 변공 이후에 육법공양, 삼정례, 가지공양이 어떤 연유로 칠정례 공양으로 대체되었는지에 대해 논의해보기로 한다.

먼저 '예경'이라는 구정례의 공양이 제시된 『대각교의식』에 주목해야 한다. 20세기 초에 발간된 『석문의범』이나 이전의 『불자필람』(1931)에는 원성취진언과 보궐진언 다음에 '소예참'이 제시되어 있다. 두 문헌에는 운심공양진언 다음에 예참이 따로 없고, 바로 보공양진언이 이어진다.

그런데 필자가 소장한 복사본 『불자필람』에는 당시 원 소장자가 운심공양진언 아래에 '예참禮懺 운운云云'이라고 명기한 사기私記를 볼 수 있다. 이 소장자가 언제 사기를 남겼는지는 정확히 알 수 없지만 적어도 두 문헌의 간행시기상 1930년대 초반에 이 책을 소장하고 있었음을 추정할 수 있다. 또 그 무렵에 이미 예참공양이 운심공양진언 뒤에서 행해지고 있었다고 추측된다.

백용성은 성공의식聖供儀式의 절차로 운심공양진언 다음에 구정례의 '예경' 응공을 편수했다고 보인다. 만약 그렇지 않고 백용성이 삼정례 위치에서 구정례의 공양을 행하는 의식을 독창적으로 편수하였다면, 이와 같은 의례 편수는 백용성의 업적이라고 할 수 있다. 그렇지만 의례자료의 한계상 단정 지을 수는 없다고 하겠다.

물론 칠정례의 공양의문은 구정례의 그것도 아니고, 1940년대에 등장한 칠정례 의문과 같지도 않다. 구정례와 칠정례에서 정례하는 대상은 약간의 차이가 있다. 『대각교의식』의 구정례 응공의 대상은 석가모니불, 일체불보, 무진법보, 문수보현성존, 관음세지성존, 지장금강성존, 무진성사, 석존제자, 고금석각이다.

대전 불교 홍법원에서 발행한 『수행법요』(1949)의 공양의식은 한국불교 공양의식의 변천을 살펴보는 데 의미 있는 정보를 제공한다.

[명촉 소향 헌다]
지심귀명례 현주도솔 당래하생 미륵존여래 여시방법계 무진불법승삼보 [3칭 3배]
至心歸命禮 現住兜率 當來下生 彌勒尊如來 與十方法界 無盡佛法僧三寶
보례진언
옴 바아라 믹 [7편]
정법계진언
옴 람 [21편]
변식진언
나막 살바 다타아다 바로기제 [21편]
출생공양진언
옴

지심정례공양 현주도솔 당래하생 미륵존여래 여시방법계 무진불법승삼보
[3칭 3보(3배)]
유원무진삼보 수아공양 명훈가피력 원공법계제중생 동입미타대원해
至心頂禮供養 現住兜率 當來下生 彌勒尊如來 與十方法界 無盡佛法僧三寶
唯願無盡三寶 受我供養 冥熏加被力 願共法界諸衆生 同入彌陀大願海

이렇게 예경이나 헌공을 3칭 3배로 하고 있는데, 관상과 행법을 자세히 설명한다. 『수행법요』에는 공양의식에 이어 별도의 예배의식을 제시하고 있는데, 그 차례와 칠정례의 예배에 의미가 있다. 먼저 '아금청정수' 하는 다게와 보례게송과 진언을 한 다음 '지심귀명례 사바교주 본사 석가모니불, 자씨미륵존불, 일체제불, 일체존법, 문수·보현·관음·지장 보살, 용화보처보살, 일체현성승'의 칠정례를 하고 있다. 미륵여래를 신앙하는 사찰에서 편수된 칠정례이므로 현행 칠정례와 다소 차이가 있지만 후대 단위 사찰에서 편수되는 예경의식의 구조를 살피는 데 의미 있는 정보라고 하겠다.

그렇다면 어떤 연유로 삼정례의 가지공양에 예참공양을 하게 되었을까. 예참에서 어느 정도 언급했지만 대소 예참공양이 일반 불공에 활용되면서부터라고 할 수 있다. 예참은 자신들이 신앙하는 삼보를 청해 자리를 권하고 예경하고 참회하는 의식이다. 그렇지만 한국불교의 예참은 초청하여 공양하고 축원하는 의식으로 변모했다. 우리의 인식기관인 육근으로 지은 업장을 참회하는 의식이 공양하는 의식으로 한정되면서 그 독자성이 현저히 줄어들었다. 공양의식과 참회하는 예참의식이 공양이라는 공통성으로 말미암아 결합되었다고 볼 수 있다. 대소 예참은 의문의 서술

어가 '지심귀명례'가 아니고 '지심정례공양'이다. 공양의식 이후에 참회가 없지만 '예참'이라고 한다.

『석문의범』이나 『불자필람』의 〈삼보통청〉에는 예참 혹은 소예참을 보궐진언 다음에 행하라고 하고 있다. 그럼에도 삼정례의 공양에 칠정례의 예참이 채택되었다. 『통일법요집』에는 '예참'이라고 소제목을 달고 있지만, 『대각교의식』에는 '예경'이라고 칭하고 있다. 참회하는 별도의 구문이 없으니 예경 혹은 예공禮供이라고 하는 것이 적절할 것이다. 그렇지만 '예참'이라고 하는 연유는 아마도 칭명하고 공양하는 자체가 참회라고 이해하기 때문일 수도 있겠다.

예참공양을 '예공'이라고 할 수 있으며, 예공은 삼위로 구분해 초청한 성현들에게 공양하는 것이므로, 가지의 삼공양으로 환원하는 것에 대해 의례 현장 스님들은 적지 않은 거부감을 가지고 있다. '삼보통청'이라는 명칭으로 처음 나타나는 『작법귀감』부터 『통일법요집』의 여타 소청 공양에도 3위 소청에 3위 공양으로 대對를 이루고 있다. '지장청'에는 지장보살을 소청하고 삼정례의 공양은 지장원찬 23존 제위여래불·지장보살·도명존자와 무독귀왕의 삼위에 공양하여 소청에 일치하지 않는 모습을 보이고 있다. 하지만 대개 소청과 헌공은 3위청 3위 정례 공양으로 헌공된다.

그럼에도 그 까닭을 문의하면 의외로 단순한 답을 얻게 된다. 예참이 헌공의 절정이라는 것이다. 그 까닭은 다름이 아니라 헌공에 동참한 일반 불자들이 칠정례 공양에 이르면 모두 함께 지극한 마음으로 제창하며 동참하게 된다는 것이다. 칠정례 공양이 일반화되었고 한국불교 불자라면 소속 종단을 막론하고 그 구문을 암송하고 창법에 동참할 수 있기 때문이다. 예참 이전까지는 무료하게 앉아 있던 불자들이 이곳에 이르러 헌공에 함께할 수 있게 되었으니 목청을 가다듬고 동참할 수 있게 되었다. 헌공의식이 헌공재자가 아닌 법사스님들에 의해 설행되는 문제를 검토할 필요가 있다.

공양을 변화시키는 변공과 공양을 바치는 헌공은 진언과 관상으로 이루어진다. 그러므로 헌공하는 이들은 공양물을 법구에 담아 불단에 올려놓는 것으로 끝나고 의식은 의식대로 설행된다. 동참 불자들이 헌공에 기쁘게 참여하는 의식이 예참공양이라는 인식을 확장해보면, 근본적으로 불자들에 의해서 헌공이 이루어지는 것이 더욱 바람직하다고 하겠다. 물론 변공의식은 관력이 있는 법사스님들에 의해 설행되지 않으면 헛수고로 끝난다는 사실 또한 명심해야 한다. 헌공의식에 헌공하는 불자들이 의문을 듣고 이해할 수 있고 적극 참여할 수 있도록 의문의 번역과 역할의 확대도 필요하다.

예참공양을 끝내고 처음에 언급했던 보공양진언 염송으로 헌공을 마친다. 공양물을 변화시키는 변공과 변공(식)이 끝난 공양을 성현께 권해 올리는 헌공을 정리하면, 법계를 정화하고 공양을 변화시키고 그런 다음 공양을 바치는데, 바치는 헌공의식은 운심공양진언과 육법공양 그리고 삼정례의 가지공양으로 행해지고, 공양게송과 보공양진언으로 종료된다. 하지만 삼정례의 가지공양의식은 오늘날 칠정례의 예참공양의식으로 대체되어 행해지고, 보공양진언 염송으로 공양의 헌공이 완성된다. 이후 공양을 성현께 올리는 일체의 공덕을 보회향진언으로 회향한다.

4

발원과 보궐

오늘날 일반적으로 설행되는 한국불교의 헌공의식을 보면 보공양진언 이후 보회향진언으로 공양의 공덕을 회향하고, 원성취진언과 보궐진언 염송으로 진행된다. 이 같은 의식 순서는 바람직할까. 의미상 문제는 없을까.

『청문』이나 수륙재 의문 『지반문』 등에는 대체로 보공양진언 이후 대승경전을 풍송하고 보회향진언을 염송하라고 하고 있고, 신중청神衆請에는 보공양진언 이후 금강심진언, 예적원만다라니, 항마진언, 제석대왕제구예진언, 십대명왕본존진언, 소청팔부진언, 반야심경 소재길상다라니, 화엄경약찬게 등을 염송하고, 원성취진언, 보궐진언, 보회향진언을 염송하고 탄백으로 헌공을 마친다.

이와 같은 헌공의식의 차제(차례)에서는 대략 다음과 같은 논제가 다뤄져야 할 것 같다.

첫째, 수륙재 의문의 하나인 『지반문』에서는 보공양진언 이후에 '송대승경誦大乘經'이라고 하여 경전을 염송하는데, 그 의미와 위치는 적절한가.

둘째, 발원을 하고 그 성취를 구하는 원성취진언의 발원 내용은 무엇인가.

셋째, 일반적으로 '보궐補闕'이라고 하면 빠진 것을 채운다는 의미인데, 그렇다면 보궐진언은 무엇이 빠졌기에 보궐하겠다고 하는 것인가.

이 세 가지 논제를 발원과 보궐의 두 절로 나누어 해명해보고자 한다.

발원의 성취

발원發願은 일반적으로 소원을 비는 것이라고 설명하지만 불교에서는 원을 내는 것에 따라 약간의 차이를 가진다. 원을 발한다고 할 때의 발원發願과 원을 빌 때의 기원祈願, 또는 원을 빌어줄 때의 축원祝願이 그것이다. 첫째, 발원은 깨달음을 얻겠다는 원을 세우는 것으로, 대표적인 예인 사홍서원처럼 보편적인 원을 드러내는 것이다. 둘째, 기원도 원을 비는 것이지만 개인적인 소망을 비는 것이다. 셋째, 축원은 법주法主가 재자와 동참제자 법계 중생들의 건강과 수명장수 같은 일반적인 소원을 빌어주는 것을 말한다.

헌공의례의 차례상 원성취진언 앞에는 어떤 발원도 어떤 기원도 어떤 축원도 들어 있지 않다. 그럼에도 불구하고 한국불교 일반에서는 이때의 원을 '대원大願'이라고 이해하기도 하고, 때로는 재자들의 축원이라고 이해하기도 한다. 그러므로 이 원이 우선적으로 성취되어야 하기 때문에 그리해야 한다고 논설하는 예도 있다. 하지만 구체적인 원을 발원하지 않고 진언을 먼저 염송하는 예를 한국불교 의식에서는 볼 수 없다. 정구업진언·정삼업진언·안위제신진언같이 의례 초반에 진언의 제목 이외의 어떤 설명도 없이 진언을 염송하기도 하지만, 대체로 당해 진언의 공능을 알려주는 게송들이 존재한다.

오늘날 한국불교 의식처럼 상위의 삼보께 공양을 마치고 원성취진언이나 보궐진언을 염송하는 예는 경궤나 의문에서 찾기 어렵다. 보공양진언과 보회향진언으로 헌공을 마치고 다른 단에 헌공을 할 뿐이다. 그렇다면 원성취진언이 어떤 의식에서 언제부터 등장하고 활용되었을까. 원성취진언이 등장하는 의문으로는 수륙재 『결수문』과 『진언권공』의 「삼단시식」이 있다.

『결수문』과 「삼단시식」은 수륙재를 설행하는 의문이다. 수륙재는 무주고혼을 초청해 음식을 베풀고 법문을 들려주어 그들이 더 이상 육도에서 윤회하지 않고 극락왕생하여, 수행정진해서 성불을 하게 하는 의식이다. '수륙재水陸齋'라는 명칭의 문자에 의존하여 물과 뭍에 떠도는 고혼을 천도하는 의식이라는 생각을 하겠지만, 수륙재는 물과 뭍에 한정되는 것이 아니라 일체 중생들이 의지하는 곳이 수륙공계水陸空界라는 의미기도 하고, 성인과 범부가 함께 벌이는 법회의 자리라는 의미를 담고 있기도 하다. 그 목적의 핵심은 제사를 베풀어줄 후손이 없어[無主, 無祀] 아귀고통에 빠진 이들을 국가나 사회(사찰)에서 구제하는 데 있다.

오늘날 한국불교에서 설행되는 수륙재의 절차는 대략 다음과 같다. 무주고혼을 청하기 이전에 먼저 상위의 삼보를 청해 공양을 올리고, 다음은 중위의 성현을 청해 공양을 올리고, 마지막으로 하위의 무주고혼을 청해 음식을 베풀고 법문을 들려주어 깨달음에 이르게 한다.

이렇게 삼단으로 설행되므로 '삼단시식三壇施食'이라고 한다. 오늘날 한국불교 일반의 상단 헌공(불공)과 중단 퇴공, 하단 시식 또한 이와 같은 설행 절차가 간소화된 것이다.

그러므로 한국불교의 공양의식은 수륙재 의식의 축소형이라고 하는 것이다. 왜 그런가 하면, 모든 의식의 중심은 공양을 올릴 대상을 초청하는 데 있기 때문이다. 상단이나 중단이나 하단에 모신 분들이라면 거명하며 공양하면 될 터이지만, 공양이나 시식을 할 때마다 일일이 초청해서 자리를 바치고 앉으시라고 한 다음 공양하고 있는 것을 볼 때 그렇다는 것이다.

초청을 위한 갖가지 장치가 앞에서 살핀 유치와 청사, 헌좌 등이고, 공양을 위한 의식이 변공과 헌공이다. 그렇다면 무주고혼을 위한 수륙재에 왜 상단과 중단의 성현들에게 공양하는가 하는 의문이 들 수 있다. 상단과 중단과 일체 존재들에게 공양을 베풀면 그 공덕으로 무주고혼이 왕생극락할 수 있기 때문이다. 그래서 공양 이후에는 공양의 공덕을 회향하는 것이다. 상단과 중단의 성현들은 이렇게 초청하고 헌좌하여 공양을 올리면 되지만, 하단의 무주고혼들은 그렇지 못하다. 이들은 업장이 많아 초청한다고 해도 바로 올 수도 없고, 왔다고 하더라도 숙세의 업장을 녹여야 하고 또 바른 스승에게 귀의하며 바르게 살겠다는 서원을 해야 한다. 서원을 해야 비로소 소원을 성취할 수 있다. 무주고혼 혹은 중생들에게 발원을 하게 하는 것이 수륙재에서는 「발사홍서發四弘誓」 편인데 내용은 이렇다.

> 중생이 가없지만 건지기를 서원합니다.
> 번뇌가 다함없지만 끊기를 서원합니다.

법문이 한량없지만 배우기를 서원합니다.
불도가 위없지만 이루기를 서원합니다.
衆生無邊誓願度 煩惱無盡誓願斷
法門無量誓願學 佛道無上誓願成
원성취진언
옴 아모가 살바다라 사다야 시베 훔 [3편]

초청한 무주고혼과 존재들에게 먼저 "여러 불자시여, 이미 그대들을 위해 업장을 참회하여 마쳤습니다. 이제 다시 그대들을 위해 사홍서원을 발하겠습니다. 시방의 보살님들도 이로 인하여 마음을 밝혔고 삼세의 여래들께서도 이로 인하여 붓다를 이룹니다. 이 까닭에 이제 발심할 것을 권하오니 간절히 살펴 믿으십시오. 각각 제 말을 듣고는 말을 따라 화음으로 염하십시오"라고 한 다음 사홍서원을 발원하게 하고 그 원을 성취하기를 발원하는 것이다.

같은 수륙재 의문이라도 『중례문』이나 『지반문』은 사홍서원을 발원하고 발보리심진언으로 사홍서원을 더욱 가속화한다. 이렇게 원을 성취하기를 기원할 때는 반드시 원을 발원하고 그것을 성취하기 위한 진언으로 가피를 구하는 것이다. 수륙재와 달리 〈삼보통청〉의 권공 때 원도 발원하지 않고 원성취진언을 하게 된 연유는 완결형의 수륙재 의례가 점차 축소되어 현장에서 설행하는 과정에서 진언만을 염송하게 된 데 따른 결과라고 보인다. 이와 같이 원은 발원하지 않고 원을 성취하겠다는 것으로 신중단 예경 발원이 있다.

일체의 천룡팔부 신중이시여,
저희를 떠나지 마시고 옹호하여
어려운 일 부딪혀도 어려움이 없어지며
이 같은 큰 원을 성취하게 하소서.
願諸天龍八部衆 爲我擁護不離身
於諸難處無諸難 如是大願能成就

이와 같은 큰 원을 성취하게 하여 달라고 기원하는데, '이와 같은 큰 원[如是大願]'이 무엇인지 구체적으로 드러나지 않는다. 물론 '저희를 떠나지 마시고 옹호하여 어려운 일 부딪혀도 어려움이 없어지'게 하는 것도 무엇보다 큰 원이라고 할 수 있지만 이렇게 설명하면 논리의 비약이라 생각된다.

이 발원문에서 '여시대원如是大願'은 나옹선사의 발원이고 행선축원行禪祝願의 발원이라고 할 수 있다. 나옹선사 발원문의 유원 구절만으로 신중예경의 축원으로 사용하다 보니 일어난 현상이라고 하겠다.

이렇듯 오늘날 헌공의식에는 원성취진언만 남아 그 본뜻이 잘 드러나지 않는다. 그러다 보니 『통일법요집』에서는 보공양진언, 보회향진언, 원성취진언, 보궐진언에 '사대진언-목탁'이라는 제목을 부여하였다. '사대진언'이니 '오대진언'이니 할 때의 위격은 동일하고 유사한 진언을 모았을 때 통칭하는 예는 있지만, 네 진언이 연속하여 출현한다고 해서 사대진언이라고 제명題名하는 것은 재고해볼 여지가 있다.

아울러 사홍서원의 발원을 '대원'이라고 하고, 왕생극락과 성불이라고 단순화해서 이해하는 예도 적지 않다. 오늘날 일반적인 불교 법회의식에서 후반부에 사홍서원을 하는 것 또한 이와 유사한 의미를 담고 있다. 하지만 법회에서의 사홍서원은 '자삼귀의'의 역할이라고 앞서 언급했다.

불교의례의 기본적인 형식이 비교적 원형대로 유지, 발전하였다면 이와 같은 논의는 부질없을 것이다. 하지만 오늘날 한국불교에서 설행되는 의례는 그 원형들과 적지 않게 달라 이렇듯 부득불 유위有爲의 글말에 의지해 살펴볼 수밖에 없다.

법공의 보궐

보궐진언 또한 원성취진언처럼 어떤 특별한 의미를 이해할 수 있는 그 무엇이 없이 진언만 제시되어 있고, 진언만 염송한다. 앞의 논제에서 다루었지만 무엇을 보궐하는가에 대해 살펴보아야 한다. 그간의 인식을 보면 이 보궐에 대해 헌공할 공양을 깜빡하고 잊어 그것을 보궐해야 한다는 인식이 존재한다. 만약 공양 올릴 공양물이 빠졌다면 그것을 보궐해야겠지만 이미 보공양진언의 염송으로 공양이 완성되었다고 할 수 있다. 그러므로 보궐진언으로 공양을 보궐해야 할 당위가 존재하기 어렵다. 그렇다면 빠진 것을 보궐하기 위해 염송하는 보궐진언 의식은 어느 곳에서 언제 어떻게 활용되었으며, 그 의미는 무엇일까.

보궐진언은 〈영산작법〉의 설법 이후 의식에 등장한다. 〈영산작법〉은 석가모니 부처님을 청해 법화경을 설하는 영산회상을 구현하는 의식이다. 18세기 초 간행된 『천지명양수륙재의 범음산보집』에 의하면 〈영산작법〉이 설해지는 과정은 이렇다.

법회를 열고자 향과 등불과 꽃으로 삼보께 공양하고 삼보께 귀의한다.

이렇게 삼보께 귀의하며 예경함으로써 법회를 여는 이들이 삼악도의 고통에서 벗어난다. 이후 진실하고 청정한 몸과 마음으로 모은 합장合掌의 연꽃에서 나오는 향기로 삼보들이 법회에 강림할 것을 전한다. 그리고 삼보를 청할 도량을 청정하게 하기 위하여 관세음보살을 청하여 청수가 감로수로 변하게 하여 그것을 도량에 뿌려 도량을 깨끗이 한 다음, 당일 설법을 할 주체가 되는 부처님을 거명하는 거불을 하여 일체 삼보께 공양하며 경전을 펴서 설하는 법석을 펼친다.

법석은 경전을 설하거나 독송하는 의식이다. 법석의 진행의례는 경전을 염송하는 정대게頂戴偈와 개경게와 개법장진언을 한 다음, 거양擧揚으로 설주(說主: 法主)를 모신다. 설주는 법상에 앉아 거양을 해석한다. 대중은 청법게를 하고, 법주는 설법게를 하고 설법을 한다. 뒤에 어산스님은 묘법연화경을 창송唱誦한다. 대중은 북을 치며 함께 경을 독송하고 이후 "보궐진언 옴 호로호로 사야 목계 스바하"를 한다.

〈영산작법〉에서 활용되는 정대게송은 경전을 정대하는 공덕이 지대함을 노래하는 것으로 그 내용은 이렇다.

> 경전의 제목을 창송하지 않았지만 검수지옥이 무너지고,
> 경전의 한 게송도 선양하지 않았지만 도산지옥이 꺾이고,
> 마음만 먹어도 천생의 업장이 소멸되는데,
> 하물며 경전을 집고 정대하는 사람이랴.
> 題目未唱傾劍樹
> 非揚一句折刀山
> 運心消盡千生業
> 何況拈來頂戴人

여기서의 '정대'라는 말은 '경전을 머리에 인다는 것'을 의미하기보다 '경전을 높이 받든다' 곧 '염송하며 마음에 지닌다'는 의미다. 그러므로 경전을 염송하는 법석의 차례로는 큰 의미가 있다.

〈영산작법〉은 경전을 염송하는 법석이고, 법화경을 염송한다. 법화경을 염송해야 하는데 일곱 권으로 편성된 법화경을 법회 한 번에서 모두 염송하기 어렵다. 그러므로 7일 수륙재를 행할 때, 매일 오전 〈영산작법〉을 하며 일곱 권 중 법화경 한 권씩밖에 염송하지 못하므로 보궐을 하는 것이다. 전 권을 독송해야 하지만 전 권을 한 번에 독송하지 않으므로 그것을 보궐하기 위해 염송하는 보궐진언의 보궐 목적이 분명하다.

이 같은 사례는 다른 곳에서도 목격된다. 대만 원도선원에서 독송용으로 편찬한 여덟 권 합본 『80권대방광불화엄경』은 각 권의 마지막에 다음과 같은 진언이 편수되었다.

화엄경심다라니, 속질원만보현행원다라니, 칠불멸죄진언, 멸정업진언, 멸업장진언, 약사관정신주, 발일체업장근본득생정토다라니, 보궐진언, 보궐원만진언, 보회향진언, 화엄경찬, 화엄자모찬, 나무화엄해회불보살 [3칭 3배]' 등이다.

이 가운데 보궐원만진언이 한국불교의 보궐진언과 같다. 오늘날 한국불교의식에서는 보궐진언만 염송하고, 이후 염송의 공덕을 회향하는 보회향진언을 염송한다.

『법화경』 7권이나 『화엄경』 80권을 한 번에 다 독송하지 못했을 때 독송하지 못한 나머지 부분을 보궐하고자 보궐진언을 염송한다고 할 수 있지만, 오늘날은 이 또한 어떻게 변화·발전되었는가.

경전 염송이 보공양진언 이후에 시설되거나 보회향진언 이후에 시설되거나, 원성취진언 염송 이후에 경전이나 다라니를 염송할 때의 차이는 존재한다. 먼저 보공양진언과 보회향진언 이후에 행해지는 풍경은 법공양이라고 할 수 있다. 하지만 육법공양의 헌공 이후 법공양이나 법공양진언을 염송하는 의례는 국내 의례문헌에서 찾기 힘들다. 그런데 『법계성범수륙승회수재의궤法界聖凡水陸勝會修齋儀軌』에는 법공양진언이 갖추어져 있다. 왜 법공양을 해야 하는가. 밝게 제도중생의 생각을 내고 대비의 지혜를 내려면 법시를 행해야 하고, 마음의 기약을 채우려면 여래의 깊고 오묘한 경전을 취하여 중생이 그 뜻을 분별하기 위해, 처음 배우는 이들에게 가볍지 않게 다만 대승의 믿음으로 일시에 받게 하고 반드시 이 날에 닦을 수 있게 해야 한다. 육바라밀을 성취하고 사의四依를 수순하여 능히 마음을 써서 그 사람들에게 나갈 수 있게 하고, 이것이 부처님께 법공양하는 것이라고 하고 있다. 사의는 법에 의지하고 요의경전에 의지하고 뜻에 의지하고 지혜에 의지하여 수행하는 것이다.

보공양진언이나 보회향진언 이전의 공양이 사事공양이라면, 이후의 경전 염송은 법양공으로 이理공양이라고 할 수 있다. 다시 또 원성취진언 이후 보궐진언 앞에서 수능엄신주, 관자재보살여의륜주, 관세음보살모다라니, 소재길상다라니의 사대진언을 염송하는 사례도 보인다. 이는 보궐진언의 공능이 경전이나 다라니 염송을 할 때 빠진 것을 보궐한다는 의미를 잘 살리고 있다고 하겠다.

보궐진언이 경전 염송의 부족 부분을 채우는 것이고, 원성취진언이 발원 성취하기를 구하는 진언이라는 것이 어떻게 헌공의식 차례에 오늘날 같이 편제되었는지는 쉽게 단정하기 어렵다. 다만 원성취진언은 무주고혼이나 제자들이 사홍서원을 발원하며 그것을 성취하고자 바라는 것이고, 보궐진언은 풍경(독경, 송주)을 보궐하는 진언이라고 이해할 수 있다. 그렇다면 두 진언이 언제 활용되었을까. 보궐진언은 공양 이후에 경전을 염송하는 법공양 다음에 하고, 원성취진언은 하단의 존재들이 시식을 한 다음에 업장을 참회하고 사홍서원을 발원한 다음에 행하고 있다. 이것은 용례로 보면 원성취진언은 하단의 존재를 위해 시설되었고, 보궐진언은 경전염송의 법공양을 보궐하기 위해 시설된 것임을 알 수 있다.

그렇다면 상단의 공양과 하단의 발원으로 이어지던 의식이 어떻게 오늘날 헌공의식에 나란히 편수되었을까. 첫째, 법석을 열기 위해 상단에는 이사의 공양을 올리므로 법공양의 보궐진언은 헌공의식에 존재할 수 있는 당위를 자연스럽게 갖게 된다.

둘째, 불교의식에서의 상위 헌공은 헌공 그 자체보다 헌공의 공덕으로 하위의 존재들을 구제하는 데 목적이 있다. 하단의 존재들을 위해 공덕을 회향한다. 헌공공덕을 회향하고 그들이 발원하게 한다. 발원은 무엇인가. 보리심을 내는 것이다. 보리심은 스스로 깨닫고 다른 이들을 깨닫게 하는 마음이다. 내가 깨닫고 다른 이를 깨닫게 하는 발보리심은 대승불교의 근본이다. 그러므로 헌공의 본래 목적을 실현하는 기제로서 발보리심의 발원을 진언으로 완성하기 위해 원성취진언이 헌공의식에 자리하게 되었다. 그러므로 불자의 총원인 사홍서원, 발보리심을 하는 원성취진언은 헌공의식의 의미를 더욱 빛내고 있다고 하겠다.

5

삼삼의 축원

헌공이 끝나고 법주스님이 재자들의 소원을 비는 표백인 축원을 할 때 제일 먼저 아뢰는 것이 회향이고, 회향하는 곳은 삼처三處다. 또 헌공재자, 동업대중, 법계함령 등 세 곳의 존재를 위해 축원한다. 축원하는 원문의 유형은 대체로 삼종으로 나눌 수 있다. 그러므로 이 절목에서 축원 삼종과 삼단 축원을 삼삼의 축원이라고 명명하고 그 의미와 특징에 대해 살펴보기로 하자.

삼종의 축원

축원은 표백이다. 아뢰는 것이다. 전통적으로 보통축원普通祝願, 귀의축원歸依祝願, 재자(회향)축원의 삼종이 전해지고 있다. 다음의 인용문들은 『작법귀감』에 실린 축원문이다.

보통축원

보통축원은 한국불교의 공양의례에 제시된 행선축원과 그 형태가 유사하다. 글자 그대로 보통의 축원인데, 의문은 능엄신주를 지송하는 풍경을 하고, 그 풍경한 공덕으로 공원재자들의 소원을 아뢰는 표백을 축원이라고 할 수 있다.

위에서 함께한 비구들은 능엄 비밀주를 (외운 공덕을)
불법을 보호하는 천신, 용의 무리, 토지, 가람의 성중들께 회향하오니
삼재팔난 괴로움에서 다 벗어나고, 사은 삼유 빠짐없이 은혜 입고
주상전하 만수를 누리시고, 나라는 편안하고 전쟁은 소멸되며
비바람 순조로워 백성들 안락하고, 온 대중들 닦는 도업 날로 나아지며
십지를 단번 뛰어넘어 어려운 일 없사옵고, 산문은 엄숙하고 고요해
근심걱정 끊어지며
믿음으로 귀의하며 시주한 이 복과 지혜 늘어나고,
네 가지로 시주한 이 수명이 길어지며
시방세계 시주들의 액운은 소멸되어 없어지고,
먼저 가신 부모님들 정토세계 나게 되며
모든 영혼 다함께 피안에 이르기 바라나이다.
上來現前比丘衆 諷誦楞嚴秘密呪
回向護法天龍衆 土地伽藍諸聖衆
三災八難俱離苦 四恩三有盡霑恩
主上殿下壽萬歲 國界安寧兵革消
雨順風調民安樂 一衆熏修希勝進
十地頓超無難事 山門肅靜絶悲憂
檀信歸依增福慧 四事施主壽命長

十方施主厄消除 先亡父母生淨刹
願共含靈登彼岸

귀의축원

『작법귀감』에는 '귀의축원'이나 다음의 '재자축원, 회향축원'이라는 표현이 나오지 않지만 『필사본범음집』(1923)의 명명법을 따랐다. 귀의축원은 삼보에 귀의하며 찬탄하고 길상을 내려주실 것을 원하는 삼귀의 예배 축원이다. 현행 축원에서는 모습을 찾아보기 힘든데, 시식의례에서 봉송 직전에 다시 한 번 삼귀의하는 모습과 일맥상통한다.

자비하신 수월의 존안 지니시고
신통하신 천 개 눈과 천 개 손 가졌으며
고난에서 구제하시고 인간을 건져주시는 분께
귀의하며 절하오니 큰 길상을 내려주소서. [절 1배]
미묘한 음성 감로 같은 법을 설하시고
서른두 가지 몸으로 호응해주시며
나루 잃은 이에게 법의 비로 적셔주시는 분께
귀의하며 절하오니 큰 길상을 내려주소서. [절 1배]
함 없는 청정한 지혜 지니시고, 삼매의 원만하게 통한 문이
매우 심오하여 불가사의한 분께 귀의하며 절하오니
큰 길상을 내려주소서. [절 1배]
稽首歸依禮 慈悲水月顔 神通千手眼 救苦濟人間
願降大吉祥[一拜]
稽首歸依禮 妙音甘露口 三十二應宣 迷津霑法雨

願降大吉祥[一拜]
稽首歸依禮 無爲淸淨慧 三昧圓通門 甚深不思議
願降大吉祥[一拜]

재자축원

『작법귀감』에 실린 재자축원齋者祝願은 〈삼보통청〉 이후 관음청 공양을 마치고 관세음보살께 아뢰는 축원으로 재를 올린 특정 보체를 위한 축원인데 회향축원으로도 알려져 있다.

위에서 닦은 ~ '법륜이 굴려지고'까지 하고,

오늘 재를 올리는 사람 (아무개) 보체는 좋은 세 가지 업은 원만해지고 삼륜三輪의 인因이 성취되어지이다.

또 참선을 하는 이는 의단이 홀로 드러나고, 염불하는 이는 삼매가 앞에 나타나며, 경을 보는 이는 혜안慧眼이 통하며, 자량資糧은 분수 따라 성취되고, 병고에서 곧 낫지 않는 일 없이, 구하는 게 있거나 원하는 게 있으면 낱낱이 원만하게 성취하게 되기를 바라옵니다.

네 가지(옷, 음식, 거처, 약)로 시주한 이는 복과 수명 늘어나고 업이 같은 대중들은 지혜의 눈이 밝아지며, 법계의 모든 중생들은 피안彼岸에 오르고 하늘의 신과 땅의 귀신은 이 도량을 보호하소서.

세상마다 늘 보살도 닦기를 발원합니다.

上來所修 (至)法輪轉 今日齋者 (某) 保體 圓滿三業善 成就三輪因
抑願叅禪則 疑團獨露 念佛則三昧現前 看經則慧眼通透
資糧則隨分成就 病苦則無不卽差 所求所願 一一圓成之大願
四事施主增福壽 同業大衆慧眼明

法界含靈登彼岸 天神地祇護道場
世世常行菩薩道

이 재자축원, 회향축원은 관음청 헌공 이후 귀의축원의 연속이라고 볼 수 있다. 굳이 귀의축원을 별도로 분과한 것은 현행 축원의 한 원형이라고 볼 수 있기 때문이다. 오늘날 불가의 축원에 등장하는 '○○ 보체保體'라고 하는 존칭은 옥체玉體, 보체寶體라고 표기하는 것이 훨씬 그 의미가 크다고 보인다. 의문 중에서 '보체寶體'로 표기한 것을 단 한 번 본 적이 있는데, 옥체나 보체가 지금은 단순히 어른을 높이는 어휘이지만 근대 이전에는 삼전(주상, 왕비, 세자)에게 주로 쓰이면서 '보배로운 몸'에서 '보전해야 하는 몸'이라는 의미의 '보체保體'로 전화되지 않았을까 한다.

그렇다면 삼종의 축원과 오늘날의 축원 등에 나타나는 삼삼의 축원 구조와 사례를 구체적으로 살펴보자.

삼처와 삼축

삼처三處는 헌공한 공덕을 회향하는 세 곳이다. 회향은 회전취향廻轉趣向이란 의미다. 자기가 닦은 선근 공덕을 다른 중생이나 또는 자기의 불과佛果에 돌려 향하게 한다는 것이다. 『대승의장大乘義章』에 세 가지 회향을 언급하고 있다. 첫째, 중생회향衆生廻向은 자신이 지은 선근 공덕을 다른 중생에게 회향하여 공덕 이익을 주려는 것이다. 불보살의 회향과 세속에서 영가를 천도하기 위하여 독경하는 것 등이 그것이다. 둘째, 보리회향菩提廻向

은 자신이 지은 온갖 선근을 회향하여 보리의 과덕果德을 얻으려 취구趣求하는 것이다. 셋째, 실제회향實際迴向은 자신이 닦은 선근 공덕으로 무위적정한 열반을 추구하는 것이다. 또 『대승의장』에는 소개되지 않았지만, 일반적으로 왕상회향往相迴向과 환상회향還相迴向도 있다. 왕상회향은 자기가 지은 과거와 금생의 선근 공덕을 중생에게 베풀어서 함께 정토에 왕생하기를 원하는 것이다. 환상회향은 정토에 왕생한 뒤에 다시 대비심을 일으켜 이 세계에 돌아와서 중생을 교화하여 함께 불도에 들게 하는 것을 말한다. 축원에서는 이 같은 회향을 법주스님이 재자를 대신하여 표백한다.

헌공한 공덕을 세 곳에 회향하고, 또 세 곳의 자리[三位]에 있는 존재들을 위해 축원한다. 세 곳은 회향축원에서 볼 수 있듯이 첫째 사사시주四事施主이고, 둘째는 동업대중同業大衆이고, 셋째는 법계함령法界含靈이다. 네 가지(옷, 음식, 거처, 약)를 시주한 이는 복과 수명 늘어나고, 같은 업을 닦는 대중들은 지혜의 눈이 밝아지며, 법계의 모든 중생들은 피안에 오르기를 축원하며 천신天神과 지기地祇 들이 도량을 옹호해주기를 표백하는 것이다.

다음은 또 하나 세 곳의 축원으로, 동업대중에 대한 축원이 있다. 참선·염불·간경의 삼문三門을 함께 수업하는 동업대중에 대한 축원인데, 수업하는 대중을 위한 표백이 있다.

> 叅禪則 疑團獨露 念佛則三昧現前 看經則慧眼通透
> 資糧則隨分成就 病苦則無不卽差 所求所願 一一圓成之大願

재차 이 구절을 제시하는 것은 이 구절이 적지 않게 변화되어 수용되고 있다고 보기 때문이다. '참선즉 의단독로 염불즉 삼매현전 간경즉 혜안통

투叅禪則 疑團獨露 念佛則 三昧現前 看經則 慧眼通透'라고 된 구절이 『석문의범』 등에서 참선자, 염불자, 간경자로 명기되면서 삼업수행을 하는 동업대중이라는 개념이 확대되기 시작하였다.

'참선자, 염불자, 간경자'라고 하니 '농업자, 상업자, 공업자, 사업자, 운전자, 학업자' 등 단지 어떤 행위를 하는 이들로 일반화하여 그 의미가 변별되지 못하고 본래 의미가 일반화되었다. 여기서 참선자, 염불자, 간경자는 삼문을 닦는 출가대중을 지칭한다. 혹자는 이 같은 주장에 대해 재가자도 참선할 수 있고 염불할 수도 있는데 출가자만 한정하는 것이 문제이지, 의미를 일반화하는 것이 무엇이 문제냐고 힐난하기도 한다. 필자가 주장하는 것은 아무나 삼업수행을 할 수 없다는 것이 아니다. 축원문에 지시하는 삼업대중은 일반 재자가 아니라 산문에서 삼업을 수행하는 출가대중을 지시하고 있다는 것이다. 누구나 그것을 수행할 수 있다는 데 이의를 제기하는 것이 아니다. 축원할 때 사사시주나 재자, 동업대중, 법계함령 등으로 구분하여 축원하였다는 것이다.

또 '자량즉資糧則'이나 '병고즉病苦則'은 '참선자, 염불자, 간경자의 삼업을 수행하는 대중이 자량을 수분대로 성취하라'는 뜻이다. 이 같은 언설은 오늘날로 말하면 사원 내에서 불사 등에 참여할 때 각 직분에 따라 자신의 몫이 원만히 돌아갈 수 있도록 하는 축원이다. 차등보시의 다른 표현으로 읽힌다. 또 삼업수행을 하는 대중이 병이 들었을 때는 즉시 낫기를 축원하는 것이다. 이렇게 회향축원은 시주자, 동업대중, 법계함령의 삼처에 대한 축원이 명료하게 구분되었지만 오늘날 점차 그 개념이 불분명해지고 있다.

의례에서 대중 혹은 사부대중은 대승불교에서 의미하는 비구, 비구니,

우바새, 우바이로 단순화할 수 없다. 의례에서 '대중'은 의례 설행에 참여하는 동참대중으로 대부분 출가자다. 오늘날 의례는 의례를 전문적으로 설행하는 소수 스님들에 의해 진행되곤 하지만, 왕조시대 국가나 왕실의 의례를 대행할 때는 수십 명 내지 수백 명의 출가대중이 동참하였다. 〈영산작법〉을 할 때는 소임이 108명이었다. 다수의 대중이 참여하여 각각의 소임을 맡게 된다. 의례 현장에서는 오늘날에도 '평등공양 차등보시'라고 하는데, 의례가 끝나면 직분대로 차등의 보시가 지불된다. 이렇게 자신의 직분대로 양식을 잘 확보하기를 축원한 것이다. 오늘날은 이 같은 동참대중의 축원을 재자의 축원으로 이해하고 있다. 하지만 이는 동참대중의 축원의 흔적이라고 하겠다.

사찰 경제가 어려웠던 과거에는 매일 3홉씩 각자 공양미를 내어 공양했다고 한다. 노장들께서는 심지어 손님이 찾아오면 손님 몫까지 내거나, 공양을 좀 더 하거나 덜하고 싶을 때는 공양미를 5홉, 2홉씩 내기도 하였다고 한다. 이런 관습이 1960년대까지만 해도 있었다는 증언도 노장스님께 들은 적이 있다.

하지만 오늘날 〈삼보통청〉 등에는 축원하는 세 곳은 적지 않고 있다. 『통일법요집』의 삼보축원을 살피고 논의해 나가자.

> 우러러 시방삼세 제망중중 다함없는 삼보님께 아뢰오니, 자비를 버리지 마시고 지혜 광명을 드리워주옵소서.
>
> 지금까지 닦은 바다 같은 공덕을 세 곳으로 회향하오니 모두 원만하여지이다. 대한민국의 국운이 융창하고, 민족이 단합하며, 국위가 선양되고, 남북이 통일되며, 세계가 평화롭고, 만민이 모두 즐거우며, 부처님 광명이 날로 빛나며, 법륜이 항상 구르게 하옵소서.

사바세계 남섬부주 대한민국 ○○처 청정 수월도량에서 금일 지극한 정성으로 공양하며 발원하는 재자 대한민국 ○○처 거주 ○○와 오늘 모인 대중인 청신사 청신녀 동남동녀 백의단월 각각 등이 이 인연공덕으로 제불보살님의 오묘한 가피력을 받아서, 일체의 재앙과 마음의 장애가 영원히 사라지고, 가정이 모두 화목하여 편안한 삶을 살고, 재수는 대통하여 사업이 번창하고, 자손은 창성하고 병 없이 오래 살며, 온갖 일이 형통하여 어려운 일 사라지고, 마음속에 구하던 것 뜻과 같이 원만하게 성취하며, 매일매일 여러 가지 상서로운 경사 있고, 어느 때나 일체재앙 없어지고, 수명은 태산같이 길어지고, 복덕은 바다처럼 넓어지며, 동참 재자 모두 부처님 집안에서 신심이 견고하여 영원히 물러나지 아니하고 아뇩다라삼먁삼보리심을 발하고, 동참 재자들의 먼저 돌아가신 각 부모님들을 비롯한 모든 영가들이 이 인연공덕으로 극락세계 왕생하여 상품상생하게 하옵소서.

仰告 十方三世 帝網重重 無盡三寶慈尊 不捨慈悲 許垂朗鑑

上來所修功德海 回向三處悉圓滿 大韓民國 國運隆昌 民族團合 國威宣揚 南北統一 世界平和 萬民含樂 佛日增輝 法輪常轉

娑婆世界 此四天下 南贍部洲 海東 大韓民國 (某處 某山 某寺) 淸淨水月道場 願我今此 至極精誠 獻供發願齋者 大韓民國 某處居住 某人保體 時會大衆 靑信士 靑信女 童男 童女 白衣檀越 各各等 保體 以此因緣功德 仰蒙諸佛菩薩 加被之妙力 一切災禍 一切魔障 永爲消滅 家內安過太平 財數大通 事業繁昌 子孫昌盛 無病長壽 萬事亨通之大願 各其心中所求 如意圓滿 日日有千祥之慶 時時無百害之災 壽山高屹 福海汪洋之大願 同參齋子 各各等 保體 佛法門中 信心堅固 永不退轉發阿耨多羅三藐三菩提之大願 同參齋子 各各等 伏爲 各 上逝先亡父母各列位列名靈駕 以此因緣功德 往生極樂世界 上品上生之大願

위 축원문은 편의상 제시한 의문이다. 앞에서 살펴본 동업대중의 축원문은 중단축원으로 옮겨갔음을 볼 수 있다. 『신편증주석문의범』에는 동업대중의 축원이 보이지 않는다. 위 예시문장이 축원문이 되는 것은 원망동사願望動詞 '원아願我'가 존재하기 때문이라고 할 수 있다. 일반적인 축원문의 구조를 살펴보면 대체로 다음과 같다.

첫째, 영가축원인 경우 회향을 끝내고 공양을 올리는 재자의 당해 영가, 영가의 상세 부모 등 영가와 법계의 일체 고혼으로 확대된다. 이때 당해 영가가 명계에서 헤매지 않고 곧바로 왕생극락하기를 두 번 축원하고, 영가의 선대 조상 및 각각의 인연과 사찰의 창건과 도량 내외에 인연 있는 영가와 법계의 일체 각각 영가가 극락세계에 가서 나기를 축원하고, 다시 재자와 동업대중의 길상 발원과 연후원然後願의 삼단으로 축원한다.

둘째, 생자축원生者祝願인 경우는 헌공재자가 제불보살의 가호의 오묘한 힘으로 수명이 늘고 복덕이 늘기를 축원하고, 헌공재자들이 건강하고 소원이 성취되기를 축원하며, 헌공재자 각각이 살아가면서 일어나는 재앙이 소멸되고 마음속의 소원이 이뤄지기를 축원한다.

이렇듯이 헌공하신 부처님께 소원을 아뢰는 것으로 축원의 구조는 생축生祝과 망축亡祝으로 나뉘기도 하지만, 망자를 위한 축원이든 산 자를 위한 축원이든 전반적으로 삼단, 삼위, 삼고축의 구조로 진행된다.

축원은 간절함이라고 할 수 있다. 하지만 공양을 올린 공덕으로 소원을 성취하고자 하면 기복으로 치우칠 수 있다. 헌공의 의미에 대해, 도를 구하고자 하면 헌공해야 한다고 금나라 도진 스님은 「공불이생의供佛利生儀」에서 갈파한다. 그러므로 공양을 올리는 목적이 자신의 소원성취에 머물면 바람직한 공양이라고 할 수 없다. 어떤 축원이든 마지막은 연후원이어야 하는 데 유의해야 한다.

그런 뒤에, 갠지스 강 모래수와 같이 많은 법계의 한량없는 불자들이
꽃으로 장엄한 화장세계에 노닐며
깨달음의 도량에 들어가
항상 화엄세계의 불보살님들을 만나뵙고
모든 부처님의 크신 광명을 입어,
무량한 죄업 소멸되고
한량없는 큰 지혜를 얻어,
위없는 바른 깨달음을 단박에 이루어,
널리 법계의 모든 중생을 제도하여,
부처님의 크신 은혜 갚기 원하오며,
세상에 날 때마다 보살도를 행하여
마침내 일체지를 원만히 이뤄지게 하옵소서.
然後願 恒沙法界 無量佛子等
同遊華藏莊嚴海 同入菩提大道場
常逢華嚴佛菩薩 恒蒙諸佛大光明
消滅無量衆罪障 獲得無量大智慧
頓成無上最正覺 廣度法界諸衆生
以報諸佛莫大恩 世世常行菩薩道
究竟圓成薩婆若

이렇게 헌공 재자의 소원성취와 망자의 왕생극락을 축원하고, 그런 연후에 일체 중생을 위해 축원함으로써 상구보리 하화중생을 완성하게 된다. 헌공의식은 설행의 완급에 따라 다르지만 대체로 한두 시간이 걸린다. 그러다 보니 법주스님이 의례 전반을 관장하지 않고 바라지 스님들이 진행하기도 한다. 하지만 가능하면 축원만은 법주스님(주지스님)이 직접 하는 경우가 많다. 그리 하는 일차적인 연유는, 공양을 올리는 재자들의 정

성에 대한 법주스님의 보답이라고 할 수 있다. 비단 축원뿐만 아니라 여타 의례도 관행을 할 수 있는 법력이 높은 큰스님이 법답게 봉행해야 가피를 크게 입을 수 있다는 인식이 있기 때문이다.

헌공을 올리기 위해 삼보를 청하는 유치에서는 '앙유仰惟'로 시작하고, 축원할 때는 '앙고仰告'로 시작한다. 가만히 생각해보면 우리의 소원을 들어주실 분은 불보살님이므로 불보살님께 공양을 올리고 소원을 고하는 것이다. 결국 헌공의 결론은 축원이라고 하겠다.

6

현실의 피안

봉송의 무화

헌공을 위해 공양 올릴 대상을 초청하였다. 앉을 자리를 권하고 공양을 올리고 법공양도 하였다. 이후 발원을 하고 경전을 염송하고 못 다한 것을 채우려 보궐진언도 염송하였다. 끝으로 공양 올린 공덕을 세 곳에 회향하고 세 곳을 위해 축원하였다. 상단에 공양하고 축원하였다면 다음은 중단에 공양하고 하단에 시식을 한다. 이렇게 상중하 3단에 공양하고 축원하고 나면 초청한 분들을 본래 계시던 곳으로 보내드린다. 왜인가. 공양을 올리기 위해 초청하였기 때문이다. 불당에 모신 성현께 공양을 한 것이 아니라, 다른 부처님 나라[佛界]에 계신 성현을 초청하였기 때문이다. 하지만 오늘날 헌공의식에는 성현을 돌려보내드리는 봉송의식이 확연히 드러나지 않는다.

굳이 찾자면 축원 이후 봉송의식으로 보이는 의문 구절은 '마하반야바라밀' 정도에 불과하다. 이 마하반야바라밀이 어떻게 봉송이 될 수 있는가. 이에 대한 해명은 먼저 처음의 소청의식召請儀式에 대對하는 봉송奉送, 拜送의식 가운데 수륙재회의 상단 봉송의식을 살펴보고 다시 논의해보기로 한다.

> 제가 지금 주문을 외고 고운 꽃을 들어
> 가지하여 청정함이 이루어져서
> 꽃 한 송이로써 우리 여래께 공양하니
> 꽃을 받아 청정한 곳으로 돌아가소서.
> 큰 자비와 복덕, 지혜로 인연 없는 중생을 건지시는 분이시여.
> 꽃을 뿌리니 시방세계로 흩어져 가십시오.
> 꽃을 뿌려 오시던 길로 돌아가시기 바라며
> 저는 여래의 삼밀문으로써
> 이미 묘한 이익 주는 일을 마쳤습니다.
> 제가 다른 날 도량을 세우게 되면
> 머지않아 본래 모습으로 다시 오소서.
> 我今持呪此色花 加持願成清淨故
> 一花供養我如來 受花却歸清淨土
> 大悲福智無緣主 散花普散十方去
> 散花普願歸來路 我以如來三密門
> 已作上妙利益竟
> 我於他日建道場 不遠本誓還來赴

이렇게 배송하며 법당을 향하여 '꽃을 흩어 뿌립니다[散花落]'를 3창하고 바라를 울린 뒤에 인성引聲으로 요잡의식을 하며, 소대燒臺 앞에 이르면 음악을 멈춘다. 화개花蓋와 삼보불신의 위패와 삼신三身의 번旛을 불사르며, 전송할 때 인도引導는 절하고 전송하는 게송을 창한다.

> 시방 모든 부처님 세계를 장엄하여 다 원만해졌사오니
> 반드시 정토에 돌아가시고 사바세계 중생들을 가엾게 여기소서.
> 十方諸佛刹 莊嚴悉圓滿 願須歸淨土 哀念忍界人

다음에 받들어 전송하는 봉송진언을 하고, 법주는 널리 회향을 펴는 편[普伸回向篇]을 한 끝에 보회향진언을 한다. 다음에는 단을 파하는 게송[破散偈]과 3자귀의自歸依를 하고, 다음에는 3회향례回向禮를 한다.

공양을 올리기 위해 성현을 초청하였다면, 성현은 본래 이곳에 계시지 않는다는 것이 전제된다. 하니 공양도 올렸고 축원도 아뢰어 소원을 성취하였으면 성현들을 본래 계시던 곳으로 보내드려야 한다. 그것이 봉송이고 배송이다. 위 글말에서 볼 수 있듯이 청정한 세계로 돌아가시도록 보내야 한다. 청정한 땅은 어디인가. 성현이 계시는 곳이다. 유치에서 진정계로 대비의 구름을 일으켰다고 한 바로 그 진정계가 청정토인 것이다. 그곳으로 가셨다가 다음 날 다시 도량을 건립하면 오시라는 것이다.

보내드려야 다음 날 다시 불러 모실 수 있다. 보내드리지도 않고 다음 날 또 오시라고 부르는 것은 예의가 아니다. 의례는 예의를 갖춘 몸짓이다. 그런데 한국불교의 헌공의식은 소청만 하지 봉송을 하지 않고 있다. 이를 어찌 해석해야 할까. 다음의 두 가지 예로 설명할 수 있을 것 같다.

첫째는 축원 끝의 '마하반야바라밀'로 봉송을 파罷하고 봉송을 완성할 수 있다는 것이다. '바라밀다'는 도피안到彼岸으로 번역되듯, 일체지를 얻으면 오고감이 없는 경지에 이르러 저절로 피안에 이르니, 이미 소청도

봉송도 무화되고 만다는 뜻이다. 오늘날 전통의례에서 반야심경을 염송하거나 반야주 '아제아제 바라아제 바라승아제 모디 스바하'가 봉송의 행위진언으로 널리 활용되고 있다. 『수륙의궤회본水陸儀軌會本』에는 사자 봉송 때에 봉송진언과 함께 이 반야주가 제시된다. 그러므로 '마하반야바라밀'은 의례의 전반부에서 염송하는 십념에 대하여, 후반부에서 '시방삼세일체불 제존보살마하살 마하반야바라밀'이라고 하여 의례를 종결하고 있다. '시방삼세일체불 제존보살마하살 마하반야바라밀'을 염송하고 '나무석가모니불 나무석가모니불 나무시아본사석가모니불'을 염송하고 절하며 의례를 마치는 것이다. 사바교주 석가모니불을 염송하며 예경함으로써 다시 본래의 세계로 돌아오고 있음을 의미한다.

두번째 예는 상단의 헌공을 마쳤을 뿐 의례는 중단 권공으로 이어지고 다시 하단의 시식으로 이어지기 때문에 소청의 끝이 아니라고 이해한다고 할 수 있다. 그러므로 상단 권공, 중단 권공, 하단 시식의 삼단 공양의식은 기본적으로 수륙재 의식이고, 현행 한국불교 헌공의식은 수륙재의 잔존의식이라고 할 수 있다.

상단의 성현을 소청하고 공양하고 축원한 다음 봉송을 하지 않고, 사실상 헌공을 종료한다. 이후의 중단 퇴공이나 하단 시식이 지나치게 간명하게 진행되어 마지막 봉송의식이 더욱 희미해지게 되었다. 그는 오늘날 한국불교 의례의 하단 시식이 분화되어 발달하면서 상단이나 중단의 헌공과 관련성이 적어졌기 때문이라고 할 수 있다. 그러므로 상단 헌공 때 중단 퇴공이나 하단 시식을, 중단은 반야심경 염송으로, 하단은 법성게 염송으로 축약하여 설행하게 됨으로써 그렇게 되었다고 볼 수 있다. 법성게 끝자락의 '구래부동명위불舊來不動名爲佛'은 다시 봉송의 의미를 되살린다.

본래 그 자리를 추구하는 것은 우연이라고 하기에 오묘함이 넘친다.

현실의 정토

결국 한국불교 헌공의식에서 봉송이 무화되었다. 중단 퇴공과 하단 시식으로 연결되는 의식이었다고 해도 소청과 봉송의 정합은 이뤄져야 한다. 하단 시식에 이르러 하단의 봉송게송과 의식으로 말미암아 헌공의 봉송은 이원적으로나마 일원화되었다.

하지만 한국불교 의례를 집성한 『석문의범』의 차례는 의례 절차와 체제를 잘 드러내 보이고 있다. '소청 → 시식(공양) → 봉송'의 체제가 완연히 갖추어져 있다. 이 책 하권 목차를 보면 '육 각청편, 칠 시식편, 팔 배송편'이다. 제불통청諸佛通請을 위시해 미타청, 미륵청, 관음청, 지장청, 라한청을 위시하여 태세청까지의 스무 가지 청사가 제시되어 있다.

이는 소청이고 대령과 시식과 영반은 시식이며 이하 배송편이 봉송이다. 곧 소청하여 시식하고 배송하여 의식을 마치는 것이다. 이 편집구조는 소청 이후 시식하고 배송한다는 것을 의미한다. 그런데 〈제불통청〉을 하고 〈진언권공〉을 제시하여 별도 시식의식이 필요치 않다 보니, 이후의 시식과 배송의식이 생략되었을 개연성이 있을 것으로 보인다. 『석문의범』에 편제된 이후 점안편은 수륙재 때 설행되는 예수재 의식과도 깊은 연관이 있고, 사전의 준비의식인 이운편도 다 의미 있는 의식의 구조와 체제를 보여준다.

불보살을 매일같이 초청하여 헌공하고 축원하며 중단의 퇴공이나 하단의 시식을 간략히 하면서도, 늘 함께 불보살을 청하여 공양하고 축원하는 것은 청정한 세계를 피안이 아닌 차안에서 이루고 싶은 욕구의 하나라고 하지 않을 수 없다. 수미일관되었던 상·중·하 삼단의식이 재수財數축원의 생축(상단 헌공과 신중권공)과 망자를 위한 망축(하단 시식)으로 분화되고 독립되어 일체성이 줄어들었다. 하지만 이것은 현실에서 정토를 이루고자 하는 세계관이 작동한 데 따른다고 하겠다. 그래서 상단과 중단의 봉송이 무화되었고, 그 결과 의례 자체의 정합성이 부족하게 되었다. 이 같은 의례는 한국불교인들의 현실적 세계관과 중도적 세계관이 투영된 결과라고 할 수 있다. 결국 귀명삼례의 거불로 시작해 차안의 본사 석가모니불의 귀명예경으로 마감하여 현실에서 정토를 이룩하는 양태로 나타나게 되었다. 이렇게 공양의식이 끝나면 상단에 올린 마지를 중단으로 물리게 된다. 이때 퇴공진언 '옴 살바 반자 스바하'를 3편 염송하며 3배를 하고, 중단에 이르면 진공진언 '옴 반자 스바하' 3편 읽고 3배하며 마지를 올려 공양하게 된다.

중단퇴공 의식에서만 퇴공을 한 공양을 진공하게 되면서 퇴공진언과 진공진언의 사용에 대한 인식에 약간의 혼란이 있다고 보인다. 진공진언은 〈진언권공〉으로 공양을 올릴 때 정법계진언을 21편 염송하여 법계를 밝히고, 이후 공양을 올리며 진공진언 3편을 하고 변식진언과 출생공양진언, 정식진언, 보공양진언으로 공양할 때 처음 쓰인다. 그러니 공양을 올리는 첫 진언이고, 이를 내리는 퇴공을 할 때 퇴공진언을 하여 이를 다시 올리는 과정에서 퇴공진언 없이 퇴공하여 진공하면서, 진공진언을 '옴 살바 반자 스바하'로 이해하고 활용하는 방식이 널리 퍼지게 되었다고 보인다.

몸짓은 다시 사고의 변화를 가져온다. 불교의 몸짓은 현실을 떠나 존재하진 않지만, 긴 세월을 지나오면서 적지 않은 변화가 일어났음을 증명하고 있다. 변화는 단순히 변화로 그치는 것이 아니라 거기에 적합한 인식과 사고를 낳아 새로운 몸짓을 낳게 된다.

시식은 다른 이들에게 먹고 마실 것을 베푼다는 뜻으로,
보시식布施食의 약어다. 시식에는 허다한 공덕이 있다고 한다.
부처님께서 수가장자首迦長者를 위해 설하신 경전에서
음식을 받들어 베풀면 열 가지 공덕이 있다고 하셨다.
그중 몇 가지를 보면 다음과 같다.
첫째 수명을 얻게 되고, 넷째 걸림 없는 변재를 얻으며,
일곱째 사람들의 존경을 받게 되고, 열째 속히 열반을 얻게 된다.
특정대상에게 올리는 공양의식에 비해 시식은
불특정 다수에게 베풀어진다.
중국이나 한국에서 시식은 수륙재로 발전하였고,
제사 대용으로 정착하였다.

4부

베풂의 몸짓, 시식

1 창혼과 청혼

2 정화와 안좌

3 변식과 시식

4 장엄염불

5 봉송과 봉안

6 스스로 귀의

○

오늘날 설해지는 불교의 시식의식은 굶주린 귀신인 아귀를 건지는 설화가 담긴 경전 『불설구발염구아귀다라니경』 등에 근원한다. 이 경전의 다음 구문을 보자.

> 아난이 홀로 조용한 곳에서 소수법을 염하고 있었다. 깊은 밤 삼경三更이 지날 무렵 매우 마르고 누추한 모습의 염구焰口라는 아귀가 나타나 "3일 뒤 너는 명이 다하고 아귀계에 태어날 것이다"고 말했다. 이 말을 듣고 두려워진 아난이 "만일 내가 죽어 아귀로 태어나는 것을 면하려면 어떻게 해야 하는가?" 하고 물었고, 아귀에게서 "백천 나유타 항하사 수 아귀에게 음식을 대접하고, 아귀들을 위해 삼보께 공양을 올리면 면할 수 있다"라는 대답을 듣게 된다.

간추린 경전의 내용에서 알 수 있듯이 아난존자는 깊은 밤에 소수법, 그러니까 사염처 가운데 수염처受念處 수행을 닦고 있었다. 그때 아난존자 앞에 누추한 모습에 입에서는 불을 뿜는 염구 아귀가 나타난다. 아귀는 아난존자에게 3일 뒤 죽게 될 것이며, 죽어서 아귀도에 태어나게 된다는 말과 아귀와 삼보에 공양하면 아귀보를 면할 수 있다는 말을 들려준다. 아난존자는 석가모니 부처님을 만나 아귀도에 떨어지는 것을 면할 수 있는 방법을 여쭙는다. 이에 부처님께서는 전세에 관세음보살로부터 받은 대위덕(변식)다라니를 일러주어, 아난존자가 삼보와 아귀에게 공양을 베풀 수 있도록 하였다.

여기에서 아귀에게 공양을 베푸는 시식의 가르침이 펼쳐지게 되었다. 그러므로 아난존자를 기교대사起教大士라고도 한다. 아난존자로 말미암아 시식의식의 법식이 널리 퍼지게 되었고, 중국 양나라 무제가 일체 중생들에게 무차법식을 베풀어 이후 일체 외로운 아귀들에게 음식을 베푸는 의식인 수륙재가 발전하였다.

『불설구발염구아귀다라니경』에 설해져 있듯이 아귀의 고통을 면하려면 삼보와 천신, 선인, 신중 들에게 공양해야 하고, 아귀에게 음식을 베풀어야 한다. 시식의식은 크게 두 종류로 발전하였다. 하나는 '유가염구시식의瑜伽燄口施食儀'이고, 하나는 '수륙재의'다. 중국불교에서는 두 의식을 '몽산시식의'와 같이 간소하게 일상으로 설행하거나 수륙재의처럼 4성 6범의 일체 성현과 범부중생을 초청하여 법식을 연례적으로 광대하게 설행하기도 한다.

한국불교의 시식의식도 일반적인 시식의식과 수륙재로 분화·발전하였다. 일반 시식의식은 다시 시식과 영반으로 분화하였는데, 시식의식은 〈전시식〉〈관음시식〉〈구병시식〉〈화엄시식〉으로, 제사 성격을 띤 영반은 종사영반과 상용영반으로 분화하여 설행되고 있다.

수륙재는 중국의 두 수륙재 유형인 남·북 수륙재를 모두 받아들여 한국적으로 재편집하여 사용하고 있는데, 『결수문』 『중례문』 『지반문』 『자기문』 등이 그것이다. 시식의식의 핵심은 아귀들에게 음식을 베푸는 것이다. 그러므로 전반적인 구조는 공양의식의 그것과 크게 다르지 않다. 하지만 시식을 위해 청해지는 존재가 있는 곳이 진여계가 아닌 지옥세계 등이므로 지옥문을 열어야 하고, 돌려보낼 때는 지옥으로 돌려보내는 것이 아니라 영원히 안락한 극락세계로 돌려보내야 하므로 상단 공양의식과 다르다. 하나 전반적으로 그 구조는 크게 다르지 않으므로 4부에서는 일반적인 시식의식과 수륙재의 그것 등을 중심으로 살펴보겠다.

1

창혼과 청혼

혼을 부르는 것을 창혼唱魂, 혼을 청하는 것을 청혼請魂이라고 할 수 있는데 이렇게 부르고 청하는 의식을 소청의식召請儀式이라고 한다. 오늘날 대만불교에서 행해지는 〈몽산시식의〉에는 한국불교 시식의문에서 확인되는 소청이 보이지 않는다. 보소청진언 앞의 의식은 파지옥게송과 진언뿐이다. 파지옥게송은 한국불교 아침종송에는 『대방광불화엄경』 제1 게송으로 소개되어 있는 '약인욕요지 삼세일체불 응관법계성 일체유심조若人欲了知 三世一切佛 應觀法界性 一切唯心造'와 저녁종송의 파지옥진언 '옴 가라데야 스바하'가 그것이다.

지옥에 있는 존재들에게 시식을 베풀려면 먼저 지옥문을 열거나 지옥문을 부수어야 한다. 지옥에 갇힌 중생들은 스스로 지옥에 갇혔든 타의에 의해 갇혔든 간에, 스스로 지옥문을 열지 못하므로 지옥문을 부수어야 한다. 그때 동원되는 장치가 바로 지옥을 파괴하는 게송과 진언이다. 게송과 진언으로 의식을 진행하는 방식은 앞에서 누차 언급되었듯이 현밀의식이다. 게송은 현교의 방식이고 진언은 밀교의 방식인데 이 두 의식으로 지옥을 파괴한다.

〈몽산시식의〉에는 파지옥게송과 진언 이후에 보소청진언이 시설되고 이어 해원결진언 등이 시설된다. 이는 소청한 존재들에게 부처님의 가피를 입게 하거나 그들의 업장을 정화하는 의식이다. 그러므로 이 절에서 다루는 소청의식이라고 하기는 어렵다. 중국불교의 간략한 시식의식이라고 할 수 있는 이 〈몽산시식의〉에 대비되는 한국불교의 시식의식에는 〈관음시식〉과 〈화엄시식〉이 있다. 〈화엄시식〉은 화엄경의 공양법으로 공양하는 의식으로, 〈화엄산림〉의 끝 회향의식으로 끝에 행하는 시식이라고 할 수 있으므로 〈몽산시식의〉에 대비되는 한국불교의 일상 시식의식은 〈관음시식〉이라고 할 수 있다.

〈관음시식〉을 〈몽산시식의〉와 비교하면, 파지옥게송과 진언('파지옥게주'라고 약칭되고 있음) 전후에 두 가지 큰 특징이 나타난다. 하나는 창혼이고 또 하나는 청혼이다. 창혼과 청혼이라는 두 단계로 시식의 대상을 부르고 청한다.

하지만 시식의식과 달리 조상님들이나 영적 존재에게 밥을 올리는 영반靈飯의 경우에는 파지옥게주가 등장하지 않는다. 파지옥게주가 등장하느냐, 등장하지 않느냐 하는 기준은 시식이나 영반의 대상이 어디에 존재하는가 하는 위치와 관련이 있다. 아무튼 〈관음시식〉에는 〈몽산시식의〉의 파지옥게주가 등장하고 그 전후로 창혼과 청혼의 의식이 존재한다. 두 의식을 살펴보자.

창혼은 '혼령을 부른다'는 뜻인데, 거불을 행한 다음 행한다. 혼령, 곧 영적 존재에 대해 일반적으로 세속에서는 신위神位라고 하는 데 비해 불교에서는 영위靈位보다 영가靈駕, 선가仙駕, 각령覺靈 등으로 부르며, 영가라는 표현을 압도적으로 많이 활용한다. 그렇다면 각 표현에서 '위位'와 '가駕'의 차이를 확인하면 그 의미가 구별되지 않을까 한다. '위'는 문자 그대로 자리이고, '가'는 가마 곧 수레다. 위가 존재를 모시는 자리, 곧 위치를 의미한다면 가는 존재가 타고 가는 상태, 곧 이동을 의미한다고 할 수 있다. 불교에서 '위'보다 '가'를 선호하는 것은 영적 존재가 한 곳에 머물러 있는 것이 아니라 떠나가야 하는 것이라고 이해하고 있다고 볼 수 있다. 무상하여 전변하는 존재이므로 그 자리를 고정하는 것이 아니라 떠나는 수단으로 가마에 탄 존재를 상정하고 있다.

재미있는 것은 사찰 영단의 영을 모신 자리를 위패라고 하지 가패라고 하지 않는다. 또 중앙에 주로 모신 전체 위패는 '일체선망만령위一切先亡萬靈位'라고 하나 함께 머물고 있는 위패는 '영가'라고 하고 있다는 것이다. '위'패라고 하였으니 '영위'라고 하면 되는데, 한국불교에서는 '영가'라고 한다. 중국불교에서는 영위靈位, 왕생연위往生蓮位라고 하고 있다. 영적 존재의 자리를 중심으로 표현하면 영위 또는 신위여야 하고, 영적 존재들이 이승(차안)에서 저승(피안, 극락)으로 가는 가마에 존재하고 있다는 인식에서는 영가라고 칭할 수 있다. 영적 존재들을 극락으로 보내드려야 한다는 인식이 강한 한국불교에서는 '영위'보다 '영가'라는 명칭이 호칭과 지칭으로 널리 쓰이게 되었다고 보인다.

영위를 부를 때 요령을 세 번 울린 뒤 합장하고 영가를 부르는데, 창혼성唱魂聲으로 하되 추천(천도)일 경우 천혼재자薦魂齋者, 영반일 경우 '설향단전 봉청재자設香壇前 奉請齋者'로 구분한다. 그 내용은 대략 다음과 같다.

> 거 사바세계 차사천하 남섬부주 해동 대한민국 ○ 처 ○ 산 ○ 사 수월도량 금차지극지성 제당모재지신(일) 천혼재자 ○ 인복위 소천망 ○○ 영가

이렇게 해당 영가를 두 번 더 부르고, 이어 영가가 주체가 된 윗대 부모와 스승, 일가친척 및 도량 안팎과 동네의 유주무주 일체 영가를 부른다. 본래 삼고축을 하지만 요즘은 의식하는 시간이 길다 하여 세 번 창하고 위 권속들을 창혼한다. 이 창혼에서는 '엄부' '자모'라고 하지 않고 '부'와 '모'라 창한다.

이렇게 불러 영가가 도착하였으므로 도착한 영가를 위해 법문을 들려준다. 착어著語는 '공안公案의 글귀 아래 붙이는 짤막한 평'이라고 일반적으로 설명하지만 시식의식의 착어는 도착한 영적 존재들에게 법의 실상을 들려주는 한마디 짧은 법문이라고 할 수 있다.

> 신령한 영가의 근원은 맑고 고요해 옛날도 지금도 없으며,
> 신묘한 영가의 본체는 뚜렷이 밝아 나고 죽음 어디에 있겠습니까.
> 이 도리는 석가세존 마가다국에서 묵묵히 동함 없이 앉아 머무시는 참 도리이며, 달마대사 소림에서 면벽하신 소식입니다.
> 이 때문에 석가세존 니련하 강가에서 관 밖으로 양쪽 발을 내보이셨고, 달마대사 총령고개 넘으시며 짚신 한 짝 들고 가셨습니다.
> 불자들이여, 청정하고 고요하며 또렷이 밝은 말을 떠난 이 소식을 아시겠

습니까.

靈源湛寂 無古無今 妙體圓明 何生何死

便是 釋迦世尊 摩竭掩關之時節 達摩大師 少林面壁之家風

所以 泥蓮河側 槨示雙趺 葱嶺途中 手携隻履

諸佛子 還會得湛寂圓明底 一句麼

[양구良久] 묵묵히 영가(위패)를 뚫어지게 응시한다.

굽어보나 우러르나 숨은 뜻은 끝이 없는데

보거나 듣거나 그 진리는 분명하구나.

이 도리를 깨닫는다면 단박에 법신을 증득하여

길이길이 굶주림을 벗을 것입니다.

만일에 그렇지 못하다면

부처님의 위신력을 받아들이고

불법 가지의 힘에 의지하여서

이 향단에 이르러 저의 오묘한 공양을 받고

무생법인을 깨달으소서.

俯仰隱玄玄 視聽明歷歷

若也會得 頓證法身 永滅飢虛

其或未然

承佛神力 仗法加持 赴此香壇 受我妙供 證悟無生

이렇게 영혼을 부른다(창혼). 이 창혼에 대한 『작법귀감』의 설명은 의미 있다. 양구하며 상근기를 기다리고, 요령을 세 번 울려 중근기를 기다리며, 착어를 하여 하근기를 기다린다는 것이다. 양구를 할 때는 선사가 법상에 올라 대추씨를 입속에 넣은 형상으로 상대, 곧 영가(위패)를 응시한다.

이렇게 영혼을 불러[唱] 법문을 들려준다. 문제는 이후에 다시 영가를 부르는[請] 것이다. 앞서 설명한 〈몽산시식의〉에는 부르거나 청하는 의식이 보소청진언밖에 없다. 보소청진언 앞에는 파지옥게주만 있다. 그런데 한국불교의 대표적인 시식의식인 〈관음시식〉에는 파지옥게주 앞에 창혼을 하여 영혼을 부르고 또 부른 영혼에게 착어라는 법문을 들려준다. 착어 후반부에 이에 대한 답이 곧바로 등장한다. 영혼을 불러 깨우침의 말씀을 들려주고 있지만 혹시라도 영가가 아직 이곳에 오지 못했을 수도, 아니면 한마디 법문에도 깨닫지 못했을 수도 있다는 염려가 그것이다. 그러므로 기혹미연其或未然이라고 하였다. 만일 염려대로 그렇지 못하다면 부처님의 가지의 힘에 의지하여 이 법단에 오셔서 나의 오묘한 법의 공양을 받고 깨달음을 얻으시라고 말씀드리고 있다.

결국 창혼은, 영혼을 부르면 언제든지 이곳에 와서 우리가 올리는 법의 공양을 받고 곧바로 깨달음을 얻을 수 있다고 인식하고 있는 것임을 알 수 있다. 하지만 그것은 그리 쉽게 되는 것이 아니라고 생각하고 있음도 분명해 보인다. 그래서 영혼을 두 번 불러 법문을 들려주는 창혼 방식에 다시 한 번 영혼을 불러 초청하여 법문을 들려주는 방식이 더해졌다.

영위를 청하는 청혼

영혼을 청하는 의식은 창혼과 달리 그 구조가 꽤 복잡하다. 왜 복잡할까. 곧바로 오지 못하는 영혼은 무슨 곡절이 있기 때문이라고 하겠다. 곡절은 영혼이 자유롭지 못한 상태에 놓여 있는 것이라고 단적으로 말할 수 있다. 자유롭지 못한 상태도 두 측면이 있다. 첫째 타율적으로 속박되어 자유롭지 못하거나, 둘째 스스로 원망 속에 있어 자유롭지 못한 경우다. 이 때는 초청하기 전에 먼저 그들을 구속하는 억압에서 벗어나게 해야 한다. 이를 위해 그들을 가두고 있는, 억압하고 있는 지옥을 파괴해야 한다. 지옥을 파괴하는 데는 지옥을 파괴하는 게송과 진언이 활용된다.

지옥을 파하는 과정이 게송과 진언으로 비교적 단조로운 〈몽산시식의〉와 달리 〈관음시식〉은 그 구조가 복잡하다. 먼저 요령을 울려 다시 한 번 영혼을 부른다. 요령을 울리며 명도 귀계의 중생들이 삼보 가지의 힘을 받아들여 이곳에 올 것을 알리는 진령게송을 염송한다. 이어 지옥을 파괴하기 위해 천수찬게千手讚偈와 천수주를 염송하게 되는데, 천수찬게는 착어라고도 하지만, 지옥을 파괴하는 진언인 신묘장구대다라니의 공능을 찬탄하는 것이기도 하다. 칠언절구 한시 형태의 천수찬게를 감상해보자.

자비광명 비치면 연화가 피고
혜안으로 살피면 지옥이 비네.
대비의 다라니 의지한다면
중생이 성불함은 찰나간이리.

천수찬게를 염송하고 고혼을 위해 천수주를 염송할 터이니 잘 들으라고 하고 난 다음 신묘장구대다라니를 염송한다. 다시 지옥을 파하는 게송과 진언을 염송한다. 이렇게 함으로써 영혼을 가두고 있는 지옥은 순식간에 사라지고 영가를 부르면 곧바로 법의 자리에 이를 수 있게 된다.

한국불교의 〈관음시식〉은 〈몽산시식의〉와 달리 보소청진언 앞에 해원결진언을 시설하고 있는데, 이 같은 편제는 영가가 외적 억압과 내적 억압에 처해 있는 것으로 이해한 데서 오는 편제라고 하겠다. 부연하면 이곳에 불러 모시는 대상이 원결에 매여 있다면 이곳에 올 수 없고, 오고 싶은 마음이 일어나지 않는다는 것이다. 그러기 때문에 이곳에 청할 대상으로 하여금 맺힌 원한에서 풀려나 이곳에 올 수 있도록 하기 위해 해원결진언을 염송한다는 것이다. 이에 비해 〈몽산시식의〉는 해원결진언을 보소청진언 이후에 시설한다. 이는 그 공능과 의식적 순서에 대해 일차적으로 외적인 지옥 등에 갇히는 억압을 해소하고 난 다음 이곳 시식도량에 와서 내적 억압에서도 완전히 벗어나라는 의미라고 이해할 수 있다.

이후 영가를 청하는 의식은 적지 않은 변화를 보인다. 〈몽산시식의〉에는 나모대방광불화엄경, 나모상주시방불, 나모상주시방법, 나모상주시방승, 나모대비관세음보살, 나모명양구고지장왕보살, 나모계교아난다존자 등을 칭명하여 가피를 구하고, 곧바로 삼귀의와 참회발원 등을 한다. 이후 영가의 정해진 업인 정업定業과 그 업의 장애인 업장業障을 소멸하고 아귀의 양상인 좁은 목구멍을 넓히고 정단淨壇에 이르게 한 다음 변식을 하고 공양을 하는 구조로 전개된다.

이 책 4부의 두세 번째 절목에서 논의가 이어지고 있지만, 조계종 『통일법요집』 「관음시식」에는 〈몽산시식의〉 같은 가피를 구하는 의식을 한 다음 영가를 청하고 있다. 이때도 전통적 증명청은 하지 않는다. 삼청은 해당 영가를 세 번 청하는 것으로, 청하는 말씀 곧 청사 사이에 각기 다른 법문 구절을 삽입하고 있는 것이 특징이다. 영가 삼청의 청사 가운데 설해지는 법문 구절은 대략 이렇다.

실상은 이름을 떠나 있고, 법신은 자취가 없어서
인연을 따라 나타났다 사라짐이 거울 속에 비치는 모습과 같고
업을 따라 떠오르고 내려감은 두레박이 오르고 내림과 같아
오묘한 변화 헤아릴 수 없어 부르면 오는 것이 어찌 어렵겠습니까.

삶의 인연이 다해 대명이 갑자기 옮겨가서
황천의 손님이 되고 추천의 혼령이 되었으니
모습과 면목이 비슷할 따름입니다.

이 세상에 오실 때는 어느 곳에서 오셨으며
이 세상을 하직하셨으니 가신 곳은 어디입니까.

태어남은 한 조각의 구름이 일어남이요,
죽음은 한조각의 구름이 사라짐이라.

뜬구름 그 자체가 실없고 덧없나니
나고 죽는 인생사가 뜬구름과 같구나.
영가의 본래면목 불성은 모든 것이 흩어져도
오로지 홀로 남아 생과 사에 걸림 없는 한 물건입니다.

'일심으로 받들어 청하온대 ~ 오늘 ○○ 영가여, 부처님의 위광으로 향단에 와서 공양을 받으십시오.'

이렇게 청한다는 말과 청하는 대상인 영가 사이에 위 법문을 넣어 청한다. 상단의 성현을 청할 때는 그분들의 공능을 찬탄하는 데 비해 하단의 존재들을 청할 때는 착어 같은 법문을 넣어 청하는 것이 한국불교 의례의 한 특징이라고도 하겠다. 이렇게 삼청으로 청하여 영혼들을 노래로 맞이

하고 자리에 편안히 앉도록 함으로써 청하는 의식이 끝나게 된다.

오늘날 『통일법요집』 등 일부 〈관음시식〉 의문에는 증명청이 생략되어 있는데, 이를 잠깐 보도록 하자. 증명청은 오는 이들을 증명하기 위해 성현을 청하는 것이다.

> 손에는 천 층의 보산개를 들고, 몸에는 백 가지 복의 보배로 된 화만을 걸치신 채, 망령을 벽련대로 이끌고, 맑은 영혼을 극락세계로 인도하는 대성 인로왕보살마하살님을 일심으로 받들어 청하오니, 자비로써 도량에 강림하여 공덕을 증명하기를 바랍니다.

증명을 해달라고 청하는 성현은 인로왕보살이다. 16세기경 몽산 덕이蒙山德異가 수찬한 『증수선교시식의문增修禪教施食儀文』에도 이와 같은 의문이 존재하는데, 『진언권공』의 「삼단시식문」에는 하단에서 하리데모訶利帝母와 초면귀왕焦面鬼王을 청하고 있고, 『증수선교시식의문』에는 인로왕보살을 청혼 이후 표백에서 증명청으로 모시는 모습을 볼 수 있다. 표백문을 보면, '면연대사의 서원은 깊으시다. 바늘처럼 작은 목구멍으로 화현하였다'라고 하고 있다. 다시 말하면 시식의식이 출현하게 한, 목구멍이 바늘구멍처럼 작고 추루한 염구 아귀는 관세음보살의 화신이라는 것이다. 증명청의 선행의식이라고 할 수 있다. 하리데모는 귀자모로 알려져 있고, 초면귀왕은 관세음보살의 화신이다. 증명보살을 청해 자리에 앉게 한 뒤 차를 올리는 것은 의례의 기본이다.

〈관음시식〉은 이렇게 창혼과 청혼의 두 단계로 소청하고 있지만 수륙재 하단의식을 간략히 한 의식인 〈전시식〉에서는 '부처님 몸은 법계에 충만하고 일체 중생 전에 나타나며 인연 따라 빠짐없이 감응하여 항상 보리와 자리에 앉으시네'(불신게)라는 게송을 안좌게송의 의미로 활용하고 있다. 이와 달리 『증수선교시식의문』(〈관음시식〉에 있어서는 창혼)의 청혼에는 법신게, 법사게, 산좌송 등으로 칭해지는 '법신은 백억세계에 충만하고 금색을 놓아 인천세계를 비추네. 물생에 응하여 모습을 나타내는 것이 못 깊은 곳까지 이르듯이 몸은 보련대에 원만히 바르게 앉는다'고 쓰여 있어 대비된다. 다시 말하면 창혼의 안좌게송 같은 게송은 법신게, 청혼과 안좌 이후에는 불신게가 활용되고 있다.

창혼과 청혼의 구조로 이원화된 〈관음시식〉의 이 소청의식은 달리 말하면 '대령'이라고 할 수 있다. 〈관음시식〉으로 초재를 봉행할 때는 문제가 없지만 이후의 재나 막재(49일재) 때 대령을 하는 것은 중복될 수 있다. 그러므로 창혼만 하고 시식을 봉행해야 한다.

영가를 대면하는 대령은 영산법회를 열 때 해탈문 밖에 나가서 영가를 맞이하여 목욕을 시키고 법회에 참석하도록 하는 것이다. 결국 시식의식의 창혼과 청혼은 영산재의 대령처럼 소청의식이 간략해진 것이라고 할 수 있다.

2

정화와 안좌

업장을 씻음

업장은 지은 행위로 인해 장애를 받는 것이고, 그것을 씻는 것은 곧 깨끗이 하는 정화淨化다. 대중은 법회에 참석하기 위해 스스로 재계를 한다. 하지만 시식 대상은 스스로 정화할 수 있는 힘이 없다. 그렇기 때문에 그들을 청하게 되면 그들을 씻겨야 한다.

일반적으로 〈관음시식〉을 상단시식이라고 이해하고 설명하는데, 별도의 정화의식이 보이지 않는다. 완결성을 지닌 〈관음시식〉 내부 의식구조로 볼 때 단지 다음 절목의 '무외시無畏施'를 정화로도 볼 수 있지만, 〈관음시식〉이 완결된 의식이라기보다 시식 이전에 대령과 관욕을 거친 다음 〈영산작법〉으로 설해지는 '영산법석'의 법문을 듣고 난 이후 베풀어지는 시식이라는 것을 간과해서는 안 될 것 같다.

또 하나 〈관음시식〉을 상단시식이라고 하며 전승하는 전통적인 인식을

진관사 수륙재 전시식 중 '헌식' 장면

눈여겨보아야 한다. '상단시식'이라는 표현에서 이 상단은 불법승 삼보를 모시는 상단이 아니라 제사상을 받는 상단에 모셔지는 존재라는 의미다. 다시 말해 선왕선후 또는 특정 조상을 제사하는 시식, 일종의 영반이라고 할 수 있다. 하지만 영반을 시식처럼 진행하고 있다. 대령해서 관욕하였으므로 시식의식에서 별도의 정화 장치를 마련할 필요가 없기 때문이다. 그에 비해 하단시식이라고 할 수 있는 〈전시식〉이나 〈구병시식〉이나 수륙재 등에는 정화의식이 등장할 수밖에 없다.

〈전시식〉 등의 정화

〈전시식〉은 하단시식이라고 하는데, 시식단 중앙에 체전을 걸어놓고 설행하는데, 재회에 참석하지 못한 일체의 무주영가들을 위해 시설한다. 수계의 귀의삼보 이후에 시설된 의식을 보면, 〈전시식〉에는 지장보살멸업장진언, 관세음보살멸정업진언이 『운수단가사雲水壇歌詞』와 『증수선교시식의문』이나 『선문일송禪門日誦』의 「몽산시식」에는 지장보살멸업장진언, 관세음보살멸정업진언, 개인후진언, 삼매야계진언이 이어진다. 3편의 진언 염송을 통해 진언의 힘에 의지하여 고혼의 업장을 정화하는 것이다.

〈전시식〉에는 관세음보살 멸정업진언 이후에 보소청진언을 염송하고 삼매야계진언이 제시된다. 목구멍을 여는 '옴 보보디리 가다리 다타아다야'의 개인후진언과 '나모 보보디리 가리다리 다타아다야'의 보소청진언의 차이점은 첫째 구 한자와 셋째 구 '가다리'와 '가리다리' 정도에 불과하다. 『석문의범』은 아마도 『운수단가사』의 개인후진언 표기에서와 같이 오기誤記된 셋째 구가 수용되는 과정에서 이 진언을 보소청진언으로 이해하여 이름을 오기誤記한 것이 아닐까 추측한다.

〈전시식〉 등의 의궤에는 이후에 선밀가지의 변식이 이어지는데 〈관음시식〉이나 수륙재와 달리 수위안좌하는 의식이 보이지 않는다. 또 〈관음시식〉에서는 안좌 이후에 차를 올리고 있지만 〈전시식〉에는 보이지 않는다.

〈전시식〉에는 안좌 없이 시식이 베풀어지는 격이라고 할 수 있다. 이 점이 〈관음시식〉과 크게 다르다. 여러 가지 원인이 있겠지만, 소청에서 살폈듯이 〈관음시식〉이 특정 영가를 모시기 때문에 위패를 모시고 행할 수 있는 데 반해 〈전시식〉은 대상이 일체 귀중이라 그 같은 장치가 생략되지 않았을까 한다.

『결수문』의 정화

수륙재 의문인 『결수문』에서는 하위의 고혼을 소청하는 마지막 진언인 보소청진언을 염송하고 나면 도착한 고혼과 유정에 대한 목욕이 이어진다. 목욕의식은 관욕의 그것과 크게 다르지 않다. 욕탕으로 인도하여 머리에 물을 부어 목욕을 시킨다. 고혼은 업의 때[塵垢]를 그대로 가지고 있는 이들이다. 그래서 머리부터 온몸을 씻어야 비로소 부처님을 뵐 수 있다. 『결수문』에는 상·중위의 관욕은 보이지 않지만, 하위의 관욕이 시설되었다. 목욕게송은 목욕의 의미를 잘 밝히고 있다.

> 제가 이제 향탕수로
> 고혼과 유정 들을 목욕하려 하니,
> 몸과 마음 깨끗이 씻어 청정하게 하여
> 본래 공을 증득해 상락 향에 드십시오.

목욕진언을 비롯해 작양지진언, 수구진언, 세수면진언으로 목욕의식을 행하고, 화의재진언을 비롯해 수의진언, 착의진언, 정의진언으로 옷을 입힌다. 그리고 성인께 인사를 올리고 수위안좌진언으로 자리에 앉게 한다. 안좌 이후 상위와 중위의 단에는 차를 올리는 '봉다탕奉茶湯'이라는 협주가 보이지만 하위의 단에서는 안좌 이후에 '봉다탕'이라는 협주가 보이지 않는다.

『한글법요집』 ①의 「관음시식」 편에는 수계와 정화 의식이 제대로 드러나진 않지만 여타 시식의문을 중심으로 업장을 씻는 정화의식을 살펴보았다.

자리에 앉힘

정화를 마친 영혼을 자리에 앉힌다. 먼저 증명보살을 청하면 증명보살을 맞이하는 노래(가영)를 하고 자리를 바쳐 올려 앉으시도록 권하고 차를 올린다. 청혼에서는 증명보살을 청하는 말씀인 청사를 살폈으니, 이제 가영을 잠시 보겠다.

지혜복덕 수행공덕 팔부신장 기뻐하고
염불하고 독경하니 모든 업장 소멸되며
오늘 다시 성현들이 와서 맞아 이끄니
뜰 앞에서 큰 걸음으로 금빛다리 오르네.
修仁蘊德龍神喜 念佛看經業障消
如是聖賢來接引 庭前高步上金橋

이렇게 찬탄하고 '고아일심귀명정례', 즉 '내가 일심으로 목숨 바쳐 머리를 땅에 대고 절한다'고 하며 반배를 한다. 이때 정례라고 하였으므로 정례를 해야 한다. 그렇지 못하고 반배만 할 수밖에 없다면 의문을 귀명정례頂禮가 아닌 귀명경례敬禮라고 수정해야 할 것 같다.

언어와 행위는 반드시 일치해야 하기 때문이다. 이렇게 증명보살을 모셔놓고서 영혼들을 청하고 또 영혼들을 자리에 앉힌다. 영혼들을 청할 때마다 '향연청香烟請'을 대중이 제창하게 되는데, 영혼들을 청하는 것을 '향연청'이라고 부르기 시작한 게 언제부터인지 불분명하다. 수륙재 의문인 『결수문』,(약칭 『촬요』)에도 '향화청'이라는 지문이 등장한다. 이것으로 볼 때 '향연청'은, 상위든 하위든 일심봉청하며 청원할 때 향로를 들고, 일심봉청의 대상을 일일이 거명할 때 향로를 놓고 하는 행위를 대사화하지 않았을까 한다. 또 향연기와 술로 혼백을 청하는 유가 제사의 영향이 아닌가 하는 추측을 할 뿐이다. 받들어 청할 때 꽃을 뿌리고 향로를 들고 향을 올리는 의식행위의 언어적 표현이라는 것이다.

증명보살을 찬탄하였으니 다음은 영혼을 청하며 노래로 맞이하는 의식을 살펴보겠다.

영가님들 명이 다해 떠나셨으니
번개 같은 세월도 한마당의 꿈
삼혼은 아득하니 간 곳 어디며
칠백은 망망하니 고향 가셨소.

삼혼은 아득하니 간 곳 어디며
칠백은 망망하니 고향 가셨소.
금일 요령을 흔들며 불러 청하니
명계(저승) 양계(이승) 존재시여,
큰 도량에 도달하소서.

위 가영은 조계종에서 편찬한 『통일법요집』에 있는 것이고, 아래 가영은 『불자필람』과 『석문의범』에 있는 것이다. 의미상 뒤의 것이 시식에 더 적합해 보인다. 삼혼과 칠백은 사람의 정신에 의지한 작용을 혼, 형체에 의지한 영靈은 넋[魄]이라 지칭하기도 한다. 『지장보살발심인연시왕경地藏菩薩發心因緣十王經』에는 삼혼이 태광업혼신식胎光業魂神識, 유정전혼신식幽情轉魂神識, 상령현혼신식相靈現魂神識이고, 칠백은 작음백신식雀陰魄神識, 천적백신식天賊魄神識, 비독백신식非毒魄神識, 시구백신식尸垢魄神識, 취폐백신식

臭肺魄神識, 제예백신식除穢魄神識, 복시백신식伏尸魄神識이라고 한다. 일체 중생이 명을 마치면 염라왕의 사자들이 와서 사람의 삼혼을 결박하여 데려간다는 설에 의지한다.

삼혼과 칠백에 대해 도교의 대광臺光, 상령爽靈, 유정幽精의 삼정설三精說에서 의거한다거나, 『대승기신론大乘起信論』의 업이 전전하며 나타나는 삼세三細에, 칠백은 전前 칠식에 배대하였을 것이라는 추측도 있다.

삼혼은 식물처럼 자라나기의 생혼, 동물처럼 아픔을 아는 각혼, 사람처럼 신령스런 영혼을 말하기도 하며, 칠백의 작음백신식은 음행을 좋아하는 백, 천적백신식은 노름을 좋아하는 백, 비독백신식은 앙화를 좋아하는 백, 시구백신식은 먹기를 좋아하는 백, 취폐백신식은 잡스러운 일만을 좋아하는 백, 제예백신식은 탐내기를 좋아하는 백, 복시백신식은 옷 입는 것을 좋아하는 백으로 알려졌다.

위 가영은 특정 영가를 청하는 의문이라고 할 수 있고, 아래 가영은 명계와 양계의 모든 존재를 한꺼번에 명계양계의 대법회에 초청하는 의문이다. 상단시식이라는 성격에 초점을 두면 위 의문이 적합하다고 할 수도 있겠다. 이렇게 찬탄하며 맞이하는데, 증명보살님을 위해서는 상단의 헌좌게송과 진언이 활용되고, 하단의 존재들을 위해서는 다음 게송과 진언이 쓰인다.

제가 이제 교법 따라 화연을 마련하고
갖가지 진수를 자리마다 벌려놓았으니
높고 낮은 위치에 대로 자리에 앉아
마음을 다해 설명하는 불법을 잘 들으소서.
옴 마니 군다니 훔 훔 스바하

의문이나 의식에서 헌좌, 안좌라고 하여 자리를 바친다느니, 자리에 편안히 앉힌다느니 하지만 이 자리를 마련하여 위패를 모시는 행위를 하는 경우를 보기는 힘들다. 위패의 좌석을 만들어 올리지 않고 특히 상단이나 증명보살의 자리(좌석)를 만들지 않고, 과거에는 상단을 향해 절을 하며 증명청을 하였다고 하지만 번으로 모시거나 헌좌를 하지 않으면서도 의례적으로 헌좌를 하는 것은 재고해보아야 한다.

안좌라고 하지만 영좌를 만들고 그곳에 위패를 모시고 해야 언어와 행위가 일치한다고 할 수 있다.

자리에 앉았으니, 청해 모시고 정화를 한다. 성인께서 자리에 앉으셨으니 법회 준비가 끝났다고 할 수 있다. 이제 법연이 이루어져야 한다. 법연, 법의 잔치는 무엇일까. 진리가 베풀어지는 것이다. 법석과 법연이라는 의식이 장치되어야 한다.

〈관음시식〉은 간단한 상단시식, 또는 제사라고 설명할 경우 이를 바르게 이해하기 위해서 대령과 관욕이 사전에 설행되는 것을 상정한다. 그렇지 않으면 〈관음시식〉이 비록 그 자체로는 어느 정도 완결성이 있으나 종교적 논리성은 부족하다고 할 수 있다.

앞에서 보았듯이 소청할 때 향단에 이르러 자리에 앉아 법공양을 받으시라고 하고 있다. 그렇다면 영혼들이 본래 이 도량에 있었다고 보기는 어렵다. 자신들이 머물거나 떠돌고 있는 다른 곳에서 이곳으로 와야 한다. 이곳으로 오게 되면, 온 이들을 정화하고 이곳이 어디인지 무엇을 하는 곳인지 등을 설명하여야 한다. 그런데 〈관음시식〉에는 그런 행동이 전혀 보이지 않는다. 관욕을 하고 삼보를 일러주고 삼보에 귀의하고 상단의 부처님께 인사를 드리는, 그런 의례를 한 다음 자리에 앉혀야 한다.

〈전시식〉에서는 소청한 다음 가피를 구하고 삼보에 귀의를 하고 업장을 정화한다. 『통일법요집』에 실린 〈관음시식〉에서는 봉송이 끝난 다음 의식을 집행한 양계陽界(사람 사는 세상)의 중생들이 '자삼귀의'하는 곳에서 시식을 받는 이들에게 삼보께 귀의하게 하는 삼귀의를 하고 있다. '귀의불 귀의불양족존 귀의불경'은 영혼들을 수계하는 의식으로 상품상생과 봉송 진언으로 영혼을 다 보낸 뒤 하고 있다.

이 같은 모습들로 인해 종교적 논리성이 부족하다고 하는 것이다. 자리를 권하였으니 좌정하고 나면 차를 한잔 올린다. 차를 올리는 의식은 공양의식이라고 할 수 있다. 하지만 공양 또는 시식을 곧바로 올릴 때는 굳이 차를 올리지 않아도 될 것 같은데, 자리에 앉히고 나서 차를 올린다. 다음 게송은 대령관욕의 마지막 부분으로, 관욕 이후 여타 의식이 진행되므로 공양 또는 시식이 곧바로 이어지지 않아 행해졌던 것이라고 할 수 있다. 재 전에 행하는 대령의 다게를 보자.

> 온갖 풀 중 최고의 신선한 차 맛
> 조주 스님 몇 천 사람 권하셨듯이
> 돌솥에다 맑은 물로 다려드리니
> 망령이여 윤회를 그치소서.
> 제령이여 윤회를 그치소서.
> 고혼이여 윤회를 그치소서.

차를 올리는 순서에 대해 망령, 제령, 고혼으로 시설해야 하며 망령은 당해 영가, 제령은 선대 친척 영가, 고혼은 무주고혼으로 이해하기도 한다. 하지만 『범음산보집』에 제시된 모습은 조금 다르다. 수륙재를 종합한 이 의문에 의하면, 중간 규모인 삼보삼배를 하는 『중례문』은 결구를 '망령'이라 하고 가장 작은 규모인 삼보일배의 절을 하며, 수인을 담고 있는 『결수문』에는 '선령仙靈'이 결구로 제시되고 있다. 이것은 무엇을 뜻하는가. 선령은 선왕선후나 은사스님 등 특별한 존재들을 제사 지낼 때 행하였다고 할 수 있고, 망령은 보통의 일체 망령으로 이해할 수 있다. 다시 말하면 『결수문』을 택한 수륙재는 특별한 존재들을 위한 단독의 추천 제사였고, 『중례문』을 통한 추천 제사는 합동용으로 활용되었다고 할 수도 있다.

거듭 논하건대 차를 올리는 다게는 관욕의 마지막 의식이다. 관욕을 하고 다음은 영산법회와 같은 법문이 이어진다. 그러므로 공양 시간과는 거리가 있게 된다. 그래서 간단히 과일, 떡, 진수, 국수 등이 차려지고, 대령관욕이 끝나면 내린다. 차를 한잔 드시고 법문을 듣고 상단 공양과 중단의 〈식당작법〉 등이 끝나고 나서 시식을 할 때까지 공간이 있으므로 행하였다고 할 수 있다.

이렇듯 〈관음시식〉은 대령관욕 설법 이후의 의식으로 존치되어 있으면서 그 나름 완결성을 갖추었으나 전반적인 구조상으로는 종교적 논리성이 부족하다.

〈관음시식〉에서는 자리에 앉히고 차를 드리고 나서 곧바로 시식이 행해진다. 〈전시식〉 같은 데서는 별도로 자리에 앉히는 의식 없이 불신게송이나 법신게송을 통해 안좌의 의미를 실현하고 있다는 것을 유의해야 한다.

3

변식과 시식

사다라니 변식

변식이 출현하게 된 배경은 한량없는 아귀와 삼보께 공양을 올리려고 하는 것이다. 한정된 존재에게 한정된 양을 베풀게 되면 변식의 문제는 달라진다. 오늘날 한국불교에서는 마지불기摩旨佛器에 공양물을 가득 채워 공양을 한다. 하단에 제사를 지낼 때도 제삿상 가득히 올린다. 그리고 소박한 공양을 올리게 되었음을 사죄한다. 정성이 부족하다고 하면서 정성으로 마련하였으니 받으시라고 올린다. 상단만 그렇게 한다고 할 수는 없다. 영반에서도 재자의 한 조각 공양물이라고 겸손해한다. 하지만 시식은 불특정 다수의 존재들에게 음식[齋]을 베풀어야 한다. 하지만 내가 준비할 수 있는 것은 유한하다.

시식의 가르침이 온전히 펼쳐지게 된 것은 앞에서 살폈듯이 아난존자가 수행과정에서 아귀를 만나면서부터다. 한량없는 아귀에게 공양을 베풀고 또 아귀를 위해 삼보와 천선에 공양을 베풀어야만 아난존자의 수명이 연장된다. 이 같은 아난존자의 고민을 해결해준 이가 바로 부처님이다. 부처님은 과거 전세에 관세음보살에게서 들은 변식진언을 아난존자에게 일러주며 변식진언(처음 명칭은 대위덕진언)을 염송하여 음식이 법계에 가득하게 하여 일체 아귀와 삼보께 베풀 수 있도록 한다. 아난존자는 아귀들을 배고픔과 두려움이라는 고통에서 벗어나게 하였고, 그 공덕으로 자신은 단명이라는 고통에서 벗어난다.

변식진언 등 사다라니는, 전통적으로 하단의 존재들을 위해서 베풀어지는 진언이지만 오늘날 한국불교에서는 상단, 중단, 하단의 구별이 무화되었다. 전통적으로 상·중·하단의 차이를 구분하면, 상단은 진언을 삼칠 편 다시 말해 21편 염송하고, 중단은 이칠 편 14편, 하단은 일칠 편 7편의 염송으로 변식하였지만 오늘날은 모든 진언을 3편 염송하여 마친다. 변식은 관력觀力(관상하는 힘)으로 행하는 것이므로 3편으로 해서는 곤란하다. 일반적으로 밀교의 진언가지를 할 때는 21편, 공양을 올리거나 내리는 행위진언은 3편으로 행해졌다. 하지만 오늘날 3편으로 통일되어가는 추세다.

변식진언, 시감로수진언, 수륜관진언, 유해진언의 사다라니에 대해서는 경전과 의궤에 잘 나타나 있다. 먼저 변식진언은 『불설구발염구아귀다라니경』에 근거하며, 아귀에게서 3일 뒤에 죽게 되고 곧 아귀로 태어나게 된다는 말을 들은 아난존자의 고뇌를 해소하는 가운데서 등장한다. 붓다는 전세 관세음보살의 처소와 세간자재위덕여래의 처소에서 받은 무량위덕자재광명수승묘력다라니를 염송하여 한량없는 공양을 만들어 아귀들에게 음식을 베풀어 굶주림을 벗어나게 한다. 『불설감로경다라니주佛說甘露經陀羅尼呪』에는 현행 시감로수진언이 실려 있다. 그리고 '물 한 움큼을 쥐고 그곳에 주呪하여 공중으로 흩는다. 그 물 한 방울이 10곡의 감로로 변해진다. 일체아귀가 그것을 마실지라도 조금도 모자라지 않고 다 배불리 먹을 수 있다'고 하고 있다. 『유가집요구아난다라니염구궤의경瑜伽集要救阿難陀羅尼焰口軌儀經』에 수륜관진언의 '밤' 자와 감로수진언에 등장하는 '바라'가 삽입되어 있다. '나모 삼만다 못다남 밤'(오늘날 유해진언)을 가지하여 감로가 바다같이 나와 일체유정에게 보급하여 충족시켜 무생인을 얻는 것을 관상하라고 하고 있다. 또 경궤에는 현재와 같은 '옴 아아나 삼바바 바아라 혹'의 보공양진언을 염송하라고 하고 있다.

『증수선교시식의문』(16세기 간행)과 『작법귀감』에는 각 사다라니 말미에 다음과 같이 작관과 행법이 자세히 소개되어 전승되고 있다.

> [변식진언: 7편을 독송한다.] 음식을 올리는 법사는 향을 사르고 꿇어앉아서 오른손 무명지를 쭉 펴서 옴(𑖌𑖼) 람(𑖨𑖽) 두 글자를 공양하는 음식 위에 쓰고, 람(𑖨𑖽)의 위신력으로 한 그릇이 한량없이 많은 그릇으로 변하고, 한 알이 한량없이 많은 알로 변하여 알알이 이와 같이 되게 하여 법계를 가득 채워줄 것이라고 마음속으로 생각한다.
>
> [감로수진언: 7편을 독송한다.] 향로 안에 향 연기가 자욱해지면 양 손으로 향 연기를 쪼인 다음에 왼손으로 물이 담긴 사발을 들고 오른손으로는 버드나무 가지를 잡고 향 연기를 쪼여서 물속에 담갔다가 꺼내고 이렇게 세 차례 한다.
>
> [일자수륜관진언: 7편을 독송한다.] 버드나무 가지로 옴(𑖌𑖼), 밤(𑖪𑖽) 두 글자를 물속에 쓰고, 인하여 그 물을 세 차례 휘휘 저어서 물수레바퀴를 만들고, 밤(𑖪𑖽)의 신통력이 향해香海 미묘한 물을 흘러나오게 하여 공중에 두루 뿌려진다고 관상한다.
>
> [유해진언: 7편을 독송한다.] 버드나무 가지로 향기롭게 만든 물을 공양

할 음식 위에 세 차례 뿌리고, 또 공중에도 세 차례 뿌린다. 그리고 백골이 된 고혼들이 배가 부르게 먹었을 것이라는 상상을 한다.

이상의 작관作觀하는 규범은 상·중·하 단 세 단에 다 통용하는 것이니, 이는 곧 증명법사가 하는 의식이다. 혹 특별히 작관법을 거행하는 일에 익숙하지 못하면 헌식법사獻食法師가 집전한다. 만약 관觀하는 힘이 없으면 비록 종일토록 주문을 독송한다 해도 힘만 허비할 뿐이다.

한국불교 의례에는 진언을 염송하는 구밀口密이 중심이고, 의상意想의 의밀意密은 간간이 나타나지만 신밀身密의 수인법이나 도상圖像은 『결수문』과 관욕灌浴 정도에 나올 뿐이다. 구밀 중심으로만 설명하면 잡밀이라고 할 수 있지만 신구의 삼밀에서 신밀과 의밀이 사라지고 구밀만 남아 있다. 송주와 범패소리 중심으로 의례가 전승되고 있다는 방증이다.

『결수문』에서는 「주식현공呪食現功」 편이 변식의식에 해당한다. 주식현공은 음식에 공덕이 드러나도록 비는 편으로 상위공양의 '가지변공加持變供' 같은 역할을 한다. 진언가지로 공양물을 변화하는 것은 같지만 이름을 달리하고 있다. 『결수문』에서는 사다라니에 대해 이렇게 설명한다.

대중이 염송하는 이 진언에 의지하여 정업은 이미 없어졌고 원망과 맺음은 이미 풀렸습니다. 이제 그대들을 위해 변식·시감로·수륜관·유해다라니로 가지합니다. 이 음식이 변화하여 참과 실이 곧 성취되고, 셀 수 없고 가없는 하늘 선인의 아름다운 맛이 되어, 그대들로 하여금 선열禪悅의 음식을 먹게 하여 몸은 윤택해지고 업화는 맑고 서늘하게 됩니다.

멸정업진언이나 해원결진언 염송의 정화를 통해 업장이 맑아진 고혼들에게 시식을 하기 위해 변식을 하게 된다고 알려주는 장면이다. 〈관음시식〉에서는 이렇게 오언절구 형식으로 정리되었다.

> 가지를 베푸오니 몸과 마음 윤택해지고
> 업의 불길 청량해져 해탈을 구하소서.

그리고 사다라니를 통해 음식이 선열의 음식으로 변화한다. 이제 이것을 먹게 되면 몸은 윤택해지고 업화는 맑고 서늘하게 된다.

삼단의 시식

변식이 끝났으니 이제 시식을 해야 한다. 하지만 곧바로 시식을 하진 못한다. 비록 업장을 정화하였다 해도 초청된 무주고혼들이 아직 자유롭지 못하다. 두려움에 떨고 있을 뿐만 아니라 재복이 없는 존재다. 이를 위해 불교 시식에서는 무외시, 재시財施, 법시法施의 삼단 보시가 동원된다.

첫째는 배고픈 아귀의 두려움을 없애고 좁은 목구멍을 넓히는 등 아귀로 하여금 편히 먹을 수 있도록 하는 시무외식施無畏食이다. 여기에 필요한 것이 바로 '칭양성호稱揚聖號'라는 의식이다. 성인의 이름을 들려주어 성인의 이름을 듣는 공덕으로 아귀를 자유롭게 해주는 것이다. 이를 무외시라고 한다. 〈관음시식〉에서는 다음과 같이 5여래 명호의 칭양이 활용된다.

> 나모다보여래, 여러 고혼들이 인색함과 탐욕을 깨 없애고 법의 재물이 구족되기를 바랍니다.

나모묘색신여래, 여러 고혼들이 누추하고 못생긴 몸을 떠나 상호가 원만해지기를 바랍니다.
나모광박신여래, 여러 고혼들이 육도의 범부 몸을 벗어버리고 허공 같은 본래 몸을 깨치기를 바랍니다.
나모이포외여래, 여러 고혼들이 두려움을 멀리 떠나 열반의 즐거움 얻기를 바랍니다.
나모감로왕여래, 나는 각각의 명패에 있는 영가들이 목구멍이 열려 감로수를 획득하기를 바랍니다.
南無多寶如來 願諸孤魂 破除慳貪 法財具足
南無妙色身如來 願諸孤魂 離醜陋形 相好圓滿
南無廣博身如來 願諸孤魂 捨六凡身 悟虛空身
南無離怖畏如來 願諸孤魂 離諸怖畏 得涅槃樂
南無甘露王如來 願我各各 列名靈駕 咽喉開通 獲甘露味

오늘날 일반 시식에서 5여래의 명호를 칭양하는 의식의 발원문은 위에서 볼 수 있듯이 발원의 형태다. 하지만 칭양성호 의식의 근원 경전이나 수륙재 의문에서 다보여래를 칭명할 때는 나모다보여래와 '나모 바아바데 바라보다 아라다나 다타아다야' 진언을 3편 염송하고, "여러 불자시여, 다보여래의 명호와 진언을 칭명하여 가지한 힘으로써 그대들은 법의 재물을 구족하게 되었으며, 뜻을 말한 대로 수용하여 다함이 없을 것입니다"라고 설명한다. 발원의 형식이 아니라 여래의 명호와 진언을 들은 불자들은 이러이러하게 될 것이라고 일러주는 형식이다. 다시 말해 발원하지 않더라도 명호와 진언을 듣기만 해도 해당 여래의 원력으로 그렇게 된다는 것이다. 마치 티베트불교의 『티베트 사자의 서』에서처럼 듣기만 하면 해탈하는 원리라고 하겠다.

이렇게 다섯 여래를 칭명하지만 『불설구발염구아귀다라니경』 계통 중 초기경전에는 다보여래, 묘색신여래, 광박신여래, 이포외여래의 4여래 명호의 칭명으로 이루어지고 있고, 이후에 감로왕여래가 추가되고, 다시 보승여래와 아미타여래가 추가 칭명되어 7여래 칭명으로 발달하였다. 초기 『불설구발염구다라니경』 계통의 경궤는 4여래, 5여래, 7여래 칭명이 등장하며, 오늘날 한국불교의 〈관음시식〉에서는 5여래가, 〈구병시식〉이나 수륙재 의문에서는 7여래가 칭명된다.

4여래 명호의 칭명은 염구 아귀를 1차적인 고통의 상태에서 해탈하게 하는 공능이 있다. 다시 말하면 다보여래는 배고픔을 해소하는 복을 얻게 하고, 묘색신여래는 추루한 몸을 아름다운 몸으로 전화하게 하고, 광박신여래는 아귀의 목구멍을 넓혀주고, 이포외여래는 아귀의 두려움을 해소시켜준다. 이렇게 1차적인 고통에서 벗어난 다음에는 좀더 높은 영적 상태로 전환하는 공능이 필요하다.

1차적 공능이 이루어진 염구 아귀는 이제 불사를 얻어야 한다. 그러므로 감로왕여래가 등장해야 한다. 이렇게 1차적 상태에서 2차적 상태로 세계가 변화했으니 보승여래가 등장한다. 그리고 불사의 보승寶勝이 곧 아미타여래의 세계로 왕생하는 데로 귀결되어야 한다.

결국 4여래 명호 칭명의 공능은 바로 염구 아귀가 현재 처한 고통의 상태에서 벗어나는 것을 의미한다. 배고픔과 열등감, 음식을 받을 수 있는 상태로 전화轉化되고, 두려움이 해소되고 난 이후에 좀더 나은 세계로 전환하도록 인도해야 한다. 이것이 곧 2차적 공능이라고 할 수 있다.

목구멍이 포도청이라고 하였듯이 목구멍이 넓어졌다. 이제 마음대로 배불리 먹을 수 있게 되었다. 그러므로 무외시 이후에는 재시를 베풀어야 한다. 재물, 곧 음식을 베풀기 전에 진언으로 위력을 더하여 지니게 한 음식이 널리 시방에 두루 퍼져 먹게 되면 굶주림과 갈증을 면하게 되고, 반드시 편안하고 안락한 안양국토에 나기를 기원하는 '시식게송'에 이어 시귀식진언, 보공양진언, 보회향진언 등의 염송으로 재시가 베풀어진다. 법주스님은 요령을 울리고 바라지 스님은 목탁으로 집전한다. 이때 숭늉을 올리는데, 식사가 끝나면 후식으로 숭늉을 마시는 것과 같은 차원이라고 하겠다.

재물을 시식하는 순서는 대체로 다음과 같다. 시식게송, 시귀식진언, 시무차법식진언 등이 활용된다. 이어 보공양진언으로 완성한다. 영반 제사를 모실 때는 진반을 통해 음식을 올리거나 상단 공양 때는 육법공양을 진행하는 데 비해, 시식에서는 귀신들에게 음식을 베풀어주고 오는 이를 막지 않고 차별 없이 공평하게 법의 음식을 베푼다. 〈관음시식〉은 기본적으로 시식이므로 무차법식이 베풀어지는 재회라고 할 수 있다.

대한불교조계종 『통일법요집』의 〈관음시식〉에는 무차법식진언을 하지 않고 있는데, 제사와 같은 개념으로 설행되는 예를 중심으로 상정한 데서 왔다고 보인다. 널리 공양을 올리는 보공양진언은 공양게송과 더불어 현밀의궤로 구성된다. 공양게송이 별도로 보이지 않지만 형식상으로 볼 때 '선밀가지 신전윤택 업화청량 각구해탈' 하는 가지게송이나 시식게송이 그 역할을 수행한다고 할 수 있다. 상단헌공의식을 기준으로 보면 공양게송과 공양진언 사이에 변식과 공양 받는 분께 공양을 올리는 의식이 시설되었을 뿐이라고 볼 수 있다. 공양을 올리고 나서 공양 올린 공덕을 일체에 회향하는데, 이때의 회향은 보리, 실제, 중생계로 회향한다. 올린 이들이 깨달음을 얻는 데에, 실제 현실의 공덕을 성취하는 데에, 중생들이 성불을 하는 데에 쓰이기를 발원함으로써 공양의 공덕을, 공양 올린 재자만이 차지하지 않는다. 공양 공덕을 회향하고 공양의 공덕을 다음과 같이 찬탄한다.

(고혼들이시여) 나의 이 법공양을 받았으니
어찌 아난이 베푼 밥과 다르겠습니까.
주린 배는 배부르게 되고
죄업의 불길은 한순간 꺼져 시원해지리다.
탐욕과 진심 우치를 문득 버리고
항상 불법승 삼보에 귀의하며
언제나 보리심을 잊지 않으면
머물게 되는 그곳이 바로 극락입니다.

위 공양 공덕의 찬탄은 법보시라고 할 수도 있지만, 재물보시 이후에 하는 찬탄게송이므로 재시의 찬탄으로 분과해야 할 것이다.

두려움을 없애고 배불리 밥을 먹었으니 이제 몸과 마음이 안온해진다. 금강산 구경도 식후경이라고 하였듯 아무리 좋은 것도 배고픔을 더는 것만 못 하므로 밥을 먹이고 난 다음 존재의 자성을 확연히 깨우치는 법의 시식이 행해지게 된다.

셋째는 진리를 들려주는 법시다. 법시로는 경전을 독송하거나 게송을 염송하게 되는데, 수륙재 때는 법화경의 게송이 활용된다. 수륙재회를 열 때 점심 먹기 전 오전의 재전齋前에 하는 〈영산법석〉은 법화경을 독송하는 법시인 데 비해, 점심 먹고 나서 하는 재후齋後의 법석인 수륙재에서의 법시는 다음의 아홉 게송이 활용된다.

모든 법은 본래부터 항상 스스로 적멸의 모습
불자가 도를 행하면 오는 세상 붓다를 이루리.

모든 부처님께서는 지혜 실천 갖추셨고,
진리에는 본성이 없음을 아시고
붓다의 씨앗도 연기임을 아시니,
이러하여 일승의 가르침 설하셨네.

법은 진여法位에 머물고 세간에도 항상 머물러 있네.
이 도량에서도 잘 아시지만 스승께서는 방편으로 설하시네.

하나의 큰 경전이 있으니, 그 양은 삼천세계와 같아
한 티끌 속에 있고, 일체의 티끌에도 또한 그 같네.

총명하고 지혜로운 한 분 계시니,
깨끗한 눈으로 다 밝게 보시며
번뇌 깨는 법 경전 속에 나오니,
널리 중생을 풍요롭고 이롭게 하네.

부처님 지혜도 이와 같아 중생의 마음에 두루 하여 있건만
망상에 묶여 있어 깨치지 못함도 이와 같네.

부처님들은 큰 자비로 망상을 없애도록 하시니
이와 같이 세상에 나오셔서 여러 보살을 풍요롭고 이롭게 하시네.

지식으로 알게 되는 것이 아니고 마음으로 경계로도 알리니
본래 깨끗한 그 본성을 여러 중생에게 열어 보이시네.

만약 일체지에 대해 회향하는 마음을 펴내어서
마음에 머묾이 없음을 보리니 큰 명성을 얻게 되리라.

이 게송 가운데 〈관음시식〉의 법시로는 첫째 게송만이 활용되고, 다음의 금강경과 열반경의 게송이 법시의 나머지 자리를 차지하고 있다.

무릇 형상 있는 모든 것은 허망하니,
모든 형상이 형상 아님을 보면 바로 여래를 보리라.
항상함이 없는 마음은 늘 생멸하니 (마음을) 냄도 (마음이 사라지는) 꺼짐도 끝내면 곧 열반이리라.

그런데 실제 대부분의 〈관음시식〉 의문을 보면 금강경의 '범소유상' 하는 게송 사이에 '여래 응공 정변지 명행족 선서 세간해 무상사 조어장부 천인사 불 세존' 하는 여래십호가 등장한다. 여래십호는 문자 그대로 여래의 열 가지 다른 이름이다. 여래십호가 여래를 찬탄하는 구문이므로 여래의 법문보다 선행하는 것이 일반적이다. 19세기 의례자료에만 해도 그렇게 나온다.

19세기 후반 이래 여래십호가 금강경 게송 다음에 자리 잡게 되었다. 원인은 여럿이겠는데, 아마도 게송을 번으로 걸 때 여래십호를 가운데 걸었고 그것을 문자화하는 과정에 좌측부터 명기하기 시작하면서 그렇게 되지 않았을까 한다.

여래십호에 대해서 여래십호에 제시된 여래의 이름이, 여래에서부터 세존까지 열하나이니, 불佛과 세존을 붙여야 한다든가, 무상사와 조어장부를 붙여야 한다는 등 여러 견해가 전해지고 있지만 여래의 십호라고 하였으니 여래를 셈해서는 안 된다.

'불'과 '세존'을 붙여야 한다는 불교의 입장이 '한글과컴퓨터'에 전달되었는지 흔글 프로그램에서는 '불'과 '세존'을 띄어쓰기 하면 붉은 줄로 잘

못되었다고 나온다. 불교 안팎에 대해 불교인들이 잘못 설명하면 불교 밖의 사람들은 그것을 그대로 받아쓰게 된다. 고마운 일이다. 그러지 않고 불교 밖에서 마음대로 쓴다면 형언할 수 없는 문제가 일어날 수 있다. 불교 밖의 사람들이 불교 안에서 인식하고 설명하는 대로 따라주는 것은 참 고마운 일이다. 문제는 불교 내부의 통일되지 못하고 정제되지 못한 인식으로 불교 외부에서 불교가 잘못 표현되는 일이 없도록 해야 하는데 힘써야 한다.

법시에 대해 좀더 생각해보자. 진리[法]를 일러주는 법시로 많이 활용되는 법구로는 '존재가 생성소멸하는 과정을 설명한' 십이인연과 그 진언이 있다. 법시란 무엇인가. 법의 실상을 일러주는 것이다. 깨달은 이가 깨닫지 못한 이들에게 들려주는 법문이다. 법의 실상을 일러주는 연유는 법의 실상을 잘못 알고 그에 집착하여 업을 짓고 육도에 빠져 끝없이 윤회하기 때문이다. 그렇다면 법(존재)의 실상은 무엇인가. 무엇을 깨달아야 하는가를 답하고 있다. 바로 법이다. 법法, 다르마Dharma다. 이렇게 표현되는 법은 무엇인가. 이에 대한 재회(시식도량)의 천명이 법시로 나타나는 것이다. 불교에서 깨달았다고 할 때 깨달은 내용이 무엇인지에 대한 답은 바로 법의 속성을 깨달았다는 것으로 설명된다.

불교에서 진리라고 대표적으로 언표하는 것은 삼법인이다. 제행무상諸行無常, 제법무아諸法無我, 일체개고一切皆苦가 그것이다. 삼법인의 선행 두 구의 주어부인 '행'과 '법'은 법의 다른 표현이라고도 읽을 수 있지만 존재와 그 행위로 읽을 수도 있다. '법'에 대한 범어의 의미는 여럿인데, 대표적인 것은 존재하는 것, 도덕, 진리 등이라고 할 수 있다. 다만 존재하는 것이라는 법과 존재하는 대상의 행위를 구별하여 보면 법의 실상은 더욱 선명하게 드러난다. 존재하는 그 행위는 무상하고, 존재하는 그것에는 '나'라고 할 만한 '자아'가 별도로 없다고 독해할 수 있다. 이렇게 법과 행에 대한 불교의 인식은 무아無我와 무상無常인데, 존재의 주체와 행위에 대해 '무아'와 '무상'을 설함으로써 존재의 주체와 존재의 행위에 대한 바른 인식을 하게 한다. 그렇지 않다면 무아를 아[自我]로 착각하고, 무상을 상주常住로 착각하여 집착하게 되어 고통을 일으키게 된다는 것이다. 이런 법의 진리를 시식재회에서 설하여 법의 원리를 깨닫게 하는 것이다. 그러므로 시식의식의 법시는 법과 행에 대한 진리를 설한다. 선행하고 있지만 '범소유상 개시허망 약견제상비상 즉견여래(무릇 형상 있는 모든 것은 허망하니, 모든 형상이 형상 아님을 보면 바로 여래를 보리라)'는 금강경 게송은 법과 행을 통합한 진리로 작동한다. 주체의 허망함과 바른 행위의 능동성은 법과 행의 철학을 드러낸다고 하겠다.

이렇게 진리를 바로 일러주었다. 이를 인식하는 순간 집착은 허물어진다. '자신'이라고 집착할 그 어떤 대상도 따로 없음을 안 존재가 행해야 할 것은, 물러남이 없는 편안하고 행복한 극락세계로 떠나는 것이다. 두려움을 떨쳐냈고, 배고픔을 달랬고, 이제 집착해야 할 그 어떤 것도 없음을 분명히 알아차린 이들이 가야 할 곳은 집착이 진 자리 곧 정토다. 서방정토로 표현되는 아미타불의 세계, 그곳은 아미타불의 무량한 광명으로 충만한 세계다. 욕망이 지고 태양이 진 그곳에 불교는 극락을 구축하였다. 서방에 극락을 구현한 것은 보편적인 양상이라는 견해에 동의하게 된다. 동방이 생동과 약동을 상징한다면, 귀환과 회귀의 정적인 세계를 상징하기에 서방이 안성맞춤이라고 할 수 있기 때문이다.

4

장엄염불

'장엄염불'은 아미타불을 칭명 · 염송하는 염불을 장엄한다는 뜻으로 정토업의 하나다. 정토업은 정토에 왕생할 업을 닦는 의식이다. 대표적인 정토업에는 장엄염불과 업장소멸을 발원하는 진언 염송이 있다. 장엄염불을 할 때 '나무아미타불'의 육자염불을 주로 한다. 인간이 한 호흡에 발성하고 또 기억하는 음절은 대략 7음절로 알려져 있는데, 나무아미타불의 여섯 자는, 첫 자인 '나' 자와 마지막 '불' 자를 장음으로 소리하므로 일곱 자 박이라고 할 수 있다. 장엄염불을 할 때는 이 나무아미타불 정근만을 되풀이하는 것이 아니라 아미타불 염불 정근을 게송으로 장엄하며 진행한다. 요령과 목탁을 사용하여 진행하는데, 장엄염불은 스님과 재자가 함께 진행하므로 장엄함이 자못 크다.

〈관음시식〉으로 의식을 진행할 때 이때 올렸던 제수에서 조금씩 떼어내 헌식 준비를 하게 된다. 헌식 법사는 본진보다 먼저 소대에 나아가 헌식을 하고, 봉송 채비를 하게 된다. 위패와 사진을 모신 연화대를 법주 앞의 절하는 자리로 내려 모시고 유족과 친지 들은 원형으로 둘러앉아 합장하고 아미타불을 염송하는데, 의식 상황에 따라 정근을 가감하게 된다.

장엄염불은 대략 다음과 같은 단계의 염불 방법이 시설된다.

첫째, 발원과 아미타불 십념이다. 둘째, 극락세계와 제불보살의 공덕 등을 찬탄하며 염불하는 단계며, 셋째, 순당 출입에서 활용되듯이 게송을 염송하며 염불하는 단계다. 넷째, 발원과 아미타불의 총원에 귀명하며 염불하며 회향하는 단계이고 다섯째, 염불을 통하여 일체 영가들이 왕생하기를 발원하는 단계다.

첫째 단계는 천태원 법사의 발원문을 시작하여 십념을 하는 단계로서 먼저 다음의 발원 구절을 염송한다.

이내 목숨 다하도록 다른 생각 아예 없이
오로지 아미타불 따르기가 소원이니
마음에는 옥호광명 한결같이 잊지 않고
부처님의 금빛 모습 간절히 염합니다.

제가 염주 손에 잡고 시방법계 두루 관해
허공으로 줄 만들어 남김없이 꿰었으니
노사나불 평등광명 안 가는 곳 어디이랴
서방정토 아미타불 구하기를 관합니다.

이렇게 두 구절의 발원을 하고 아미타불 십념으로 들어간다. 첫째 단계는 "나무서방대교주 무량수여래불 나무아미타불" 하고 인도법사가 선창하면 대중은 지극한 마음으로 '나무아미타불'을 열 번 염송한다. 십념이라고 하면 아미타불 칭명을 열 번 하는 것이지만 오늘날은 일반적으로 천태와 법화 사상에서 행해지는 청정법신비로자나불 등 불법승 삼보의 칭명이 널려 알려져 있다. 하지만 십념은 '나무아미타불' 십념이 기본 개념이라고 할 수 있다.

둘째 단계는 아미타불 십념을 마치고 극락세계 십종장엄 등을 염송하며 아미타불을 염불하는 단계다. 장엄염불이 향후 우리가 나아갈 곳이므로 그곳에 대해 찬탄하기 때문에 극락세계 십종장엄을 염송하며 염불한다.

법장비구 원을 세워 인행 닦아 장엄하고
마흔여덟 거룩하신 원력으로 장엄하고
아미타불 이름으로 복과 지혜 장엄하고
세 분 스승 큰 성인의 보배상호 장엄하고
아미타불 극락국토 안락함이 장엄하고
맑고 맑은 보배강물 공덕수로 장엄하고
여의주의 보배들로 누각궁전 장엄하고
낮과 밤이 길고 길어 시간세계 장엄하고
24종 즐거움이 정토 가득 장엄하고
서른 가지 이익 되는 공덕장엄 이루었네.

십종장엄은 '법장비구 수인장엄 나무아미타불 사십팔원 원력장엄 나무아미타불'이라 하여 극락세계의 수승함을 찬탄하며, 나무아미타불 염불을 하는 것이다. 뒤이어 아미타불이 전세에 법장이라는 비구로 수행할 때 세운 마흔여덟 가지 원을 염송하며 나무아미타불을 염불하거나 제불보살과 보현보살의 십종 대원을 염송하며 나무아미타불을 염송하기도 한다. 또 석가여래 생애의 주요한 여덟 장면을 찬탄하며 염불하거나, 다생에 걸친 부모의 열 가지 큰 은혜를 찬탄하며 염불하기도 한다. 다섯 가지 큰 은혜를 되새기며 염불하기도 하고, 큰소리로 염불하며 얻게 되는 열 가지 공덕을 찬탄하며 나무아미타불을 한다. 이렇게 10종, 48원, 5종의 공덕을 찬탄하며 염불을 하는데 정해진 원칙이 있는 것 같지는 않고 의례상황에 따른다.

이 중 다생부모십종대은의 첫째 은혜인 '회태수호은懷胎守護恩'은 '회태懷胎'가 '회탐懷耽'으로 와전되어 염송된다. 그 원인을 여러 가지로 추측할 수 있으나 와전이라고 보인다. 이렇듯이 법수의 공덕들을 찬탄하고 10종의 게송을 염송하며 신심을 고양하고 있다.

셋째 단계는 게송을 염송하며 아미타불을 염송한다. 칠언절구의 게송은 문예미학도 훌륭하지만 그 경지가 자못 깊다.

> 첩첩 싸인 푸른 산은 아미타불 전당이요
> 망망대해 푸른 바다 부처님의 적멸보궁
> 두두물물 일체 것에 걸림 없다면
> 푸른 솔 위 홍학머리 보게 되리라.
>
> 극락세계 아미타불 만월 같은 모습으로
> 백호금빛 찬란한 몸 온 우주를 비추나니
> 누구든지 일념으로 그 이름을 칭명하면
> 잠깐 사이 깨달아서 무량공덕 이루리라.
>
> 삼계고해 윤회하기 두레박이 돌 듯하여
> 백천만겁 지나도록 끝도 없이 돌고 도네
> 이 생에서 이 몸으로 제도하지 못한다면
> 어느 생을 기다려서 이 몸 제도 하려는가.
> 하늘 위나 하늘 아래 부처 같은 이 없으며

시방세계 어느 뉘라 비교할 자 있을손가
온 세상을 두루두루 남김없이 살펴봐도
우리 붓다 세존만큼 거룩한 이 없으시네.

일체 티끌 셀 수 있고 온갖 잡념 모두 알고
큰 바다의 모든 물을 남김없이 다 마시고
저 허공을 가늠하고 부는 바람 엮더라도
부처님의 무량공덕 다 말할 수 없으리다.

설령 경을 높이 이고 티끌수의 겁을 돌고
이 몸으로 법상 지어 대천세계 두루 해도
부처님 법 안 전하고 중생제도 아니하면
어떻게도 붓다 은혜 갚을 길이 없게 되네.

제가 이제 넓고 넓은 거룩하신 행원으로
가없고 끝없는 드높은 복 회향하고
고통에 든 모든 중생 빠짐없이 구제하여
아미타불 극락세계 왕생하게 하오리다.

아미타 부처님이 어느 곳에 계시는지
마음속에 꼭 붙들어 잊지 말고 생각하되
생각 다한 무념처에 이르게 되면
눈, 귀, 코, 혀, 몸 뜻에서 자금광을 발하리라.

보신 화신 참 아니니 망령된 연 끝내 알면
법신이 청정하여 광대무변하온지라
일천 강에 물 있으면 일천 강에 달이 뜨고
만 리에 구름 없어 만 리가 하늘이라.

시방세계 모든 법계 모든 중생 한가지로
모두 함께 아미타불 원력 바다 들어가서
미래세가 다하도록 무량중생 제도하고
나와 남이 한꺼번에 붓다를 이루리다.

인도하는 법사스님이 게송을 선창하면 동참대중이 나무아미타불을 화답하며 염송하는 염불은 장엄하다. 지극한 마음으로 염불하면 나의 염불이 오늘 영가들의 왕생극락의 자량이 될 수 있다는 것을 느끼게 된다. 불교의 많은 의식이 집전 스님을 중심으로 이루어지는 것을 부정하기는 어렵다.

제사를 대신하는 사제가 되는 것을 완강히 거부하며 불교가 탄생하였다고 하지만 불교 스님들의 법력에 의지하려는 현실에 의해 불교 수행자들에게 기도를 의뢰하게 되었고, 그 같은 기간이 길어지면서 이런 문화전통을 낳게 되었다. 하지만 국가의 제례를 대신 수행하는 역할을 하지 않게 된 역사 또한 길다. 우리나라는 조선 중종 때 기신재忌辰齋가 폐지된 것이 분수령이었다. 그럼에도 오늘날까지 재래在來의 양태로 계속되고 있다. 장엄염불을 우리말로 행하는 방식을 보급하려는 노력이 끊이지 않고 있다. 참 다행한 일이다. 장엄염불은 일찍부터 대중과 호흡하는 방식으로 정착된 대표적인 의식의 하나임은 분명하다.

넷째 단계는 관음시식 장엄염불 후반의 '나모서방정토 극락세계 3십6만 억 1십1만 동명동호 대자대비 아미타불' 하는 데서부터 '원공법계제중생 동입미타대원해'까지로, 아미타불의 염불과 극락의 성중들을 염송하는 의식이 이어진다.

서방정토 극락세계 장대한 몸과 가없는 상호를 지녔으며 금빛 광명으로 온 법계 비추고 48원으로, 불가설 불가설전으로 말할 수 없고, 갠지스 강 모래 수의 부처님 세계의 티끌 수, 벼 삼 대 갈대처럼 한없고 끝없이 많은 수의 중생을 건지시는 3백6십만억 1십1만 9천5백의 같은 이름 같은 호의, 대자비로 우리를 이끄시는 스승 금색여래 아미타부처님께 귀명합니다.

南無西方淨土 極樂世界 佛身長廣 相好無邊 金色光明 遍照法界 四十八願 度脫衆生 不可說 不可說轉 不可說 恒河沙 佛刹微塵數 稻麻竹葦 無限極數 三百六十萬億 一十一萬 九千五百 同名同號 大慈大悲 我等導師 金色如來 阿彌陀佛

이 가운데 논란이 많은 부분은 다음의 귀명문 부분이다. '불가설 불가설전不可說 不可說轉'은 수를 표현하는 단위다. 그럼에도 불구하고 마지막 '전' 자를 다시 다음의 불가설의 동사로 이해하기도 한다.

이 귀명문 구절은 아미타불이 48원으로 도탈[구제]한 중생이 한량없음을 수식하는 의미로, 무한극수無限極數까지 도탈중생을 수식한다. 그리고 다시 금색여래 아미타불金色如來 阿彌陀佛을 수식하는 구조로 이루어져 있다. 아미타불 염불과 극락세계 성중에 대한 염불 공덕으로 법계의 여러 중생들이 다 같이 아미타불 원력의 바다, 극락세계에 들어가기를 염원하는 것이다.

마지막 다섯째 단계는 염불을 통해 일체 영가들이 왕생극락하기를 발원하는 단계다. 대자보살 발원게송으로 시작하는데, 오언률시 두 수로 이루어진 「사성예문四聖禮文」을 제외한 국내 유통본에는 옆 쪽의 밑줄 친, 두 게송에 걸친 한 게송 분량인 4구가 빠져 있다. 「사성례」에 실린 대자보살 발원게송을 보자.

시방 삼세 부처님 가운데 아미타부처님이 제일이시라
극락세계 구품 연화대로 중생을 건지시니 위덕이 다함이 없네.
제가 지금 크게 귀의하오며 신구의 삼업으로 지은 죄를 참회하고
무릇 있는 여러 복과 선업을 지극한 마음으로 회향합니다.
같이 염불하는 사람들에게 감응하여 (그 모습) 때에 따라 나타내시고
임종을 맞을 때 서방의 모습이 눈앞에 있듯이 분명해지고
(아미타부처님을) 뵙고 (법문을) 듣고자 정진하오니 같이 극락세계 나서
부처님을 뵙고 나고 죽음을 깨달아 부처님처럼 일체중생을 건지리다.
十方三世佛 阿彌陀第一 九品度衆生 威德無窮極
我今大歸依 懺悔三業罪 凡有諸福善 至心用回向
願同念佛人 感應隨時現 臨終西方境 分明在目前
見聞皆精進 同生極樂國 見佛了生死 如佛度一切

밑줄 친 부분이 적지 않은 국내 유통본에서 생략된 데 대해 일부 학자들은, 임종 시를 상정했기 때문에 국내본에서 삭제했을 것이라고 추측하며 의미를 부여하기도 하지만, 반드시 그럴 필요가 있어 보이지는 않는다.

이후 공덕회향게송에는 임종 시를 상정하는 '당생극락국 동견무량수當生極樂國 同見無量壽'가 추가되었다. 임종 시를 상정했기 때문에 삭제했을 것이라는 일부의 견해가 옳다면, 이후에 등장하는 '원이차공덕 보급어일체 아등여중생 개공성불도'의 공덕회향게송에 '당생극락국 동견무량수'를 따로 삽입할 이유가 많지 않다.

동국대학교 김호성 교수는 대만에서는 이 구절을 염송한다고 필자에게 지적했다. 필자 또한 국내에서도 〈사성례〉에서는 염송한다고 말했다. 국내 고본이나 중국 의문의 공덕회향게송에서 두 구절을 찾기는 어렵다.

대자보살발원게송을 하고 나서 다음 게송을 염송하고, 공덕회향게송을

하고 장엄염불을 마치게 된다.

제가 수명이 다하려 할 때에
일체의 장애를 모두 없애고
저 아미타부처님을 대면해 뵙고
곧 안락한 극락세계 나기를 바라옵니다.

장엄염불로 시식에 동참한 이들의 공덕을 쌓아주었다. 동시에 염불하는 행자들이 수명이 다할 때에 일체의 장애를 없애고 아미타부처님을 친견하고 극락세계에 나기를 발원하고 있는 것은, 장엄염불이 단지 시식도량에 온 영적 존재들을 위해서만 봉행하는 것이 아님을 분명히 한다.

이제는 본격적으로 산 자든 몸을 가지지 않은 이든 본래 있을 곳으로 돌려보내야 한다. 만나면 헤어져야 하는 회자정리의 법칙처럼 시식도량에서 만난 모든 이들이 돌아가야 한다. 돌아가야 할 곳으로 돌아가는 것이 환귀본처還歸本處다. 장엄염불은 다음의 섭수게송으로 마친다.

서방정토 안락세계 중생 맞아 이끄시는
아미타불 대도사께 머리 숙여 예배하며
제가 이제 극락에 왕생하기 원하오며
자비하신 원력으로 섭수하여 주옵소서.

장엄염불을 마치고 봉송으로 이어지지만, 위패를 사찰에 영구봉안할 때는 안과편安過篇이나 봉안의식을 설행한다.

5

봉송과 봉안

봉송의식

법주와 대중이 영단을 향해 서서 봉송소奉送疏를 아뢴다. 봉송게송과 진언이 봉송의 핵심이라고 할 수 있다. 봉송소를 지어 아뢰기도 하고 곧바로 봉송게송을 하기도 한다. 이때 위패, 향로, 옷 등을 들고 부처님 전을 향해 서서 법사(집전바라지)스님이 목탁으로 진행한다.

고혼들과 삼악도의 일체 유정들과
영가님을 받들어 보내오니
저희들이 다음에 도량을 세우면
본래 서원 잊지 말고 다시 오소서.

하단의 영가들을 보내는 봉송게송을 보면 영혼에 대한 한국불교의 인식을 읽을 수 있다. 다음에 시식도량을 세우면 다시 오라고 하고 있다. 불교의 죽음관을 보여주는 '사유死有, 중유中有, 생유生有, 본유本有' 네 가지 존재를 설명하는 사유설四有說은 인간이 사후 49일 내에 재탄생의 길을 간다고 하는 설명이다. 하지만 동아시아에 전승된 불교에서는 영혼관을 위해 칠칠재(49일)와 백일재, 소상재(1년), 대상재(26개월) 등을 봉행한다. 영혼이 재탄생의 길을 갔다고 이해하면 굳이 칠칠재 이후에 영혼을 불러 공양을 올리고 공덕을 지어주고 극락세계에 가서 나라고 염불할 필요가 없다. 그런데 다시 또 오라고 하고 있다. 이때의 극락은 불퇴전의 수행의 단계라고 하기보다 저승과 같은 곳이라는 인식이 투영되어 있다고 하겠다. 저승에 가 있다가 기일 등이 되어 시식도량을 세우고 다시 청할 터이니 다시 와서 우리가 올리는 제수祭羞를 받으라는 것이다. 여기서 저승을 유택이나 사당의 개념으로 보기는 어려울 것 같다.

이렇게 게송을 염송하고 나서 시식에 동참한 명계와 양계의 불자들은 삼보께 작별인사를 올린다. 법사스님이 요령을 울리며 향기로운 공양을 받고 미묘한 법문 들으셨으니, 이 자리를 하직할 때 삼보께 정성스럽게 예경하시라고 하며 보례게송을 염송한다. 위패를 든 이들이 머리를 숙여 영가에게 작별인사를 시킨다. '보례상주시방불 보례상주시방법 보례상주시방승'의 음성을 따라 삼배를 하고 걸음을 옮기는 게송을 염송하고 소대로 옮겨간다.

허공 끝까지 닿은 천릿길 떠나시어
가시다가 정만 잊으면 그곳이 정토이니
삼업을 기울여 삼보께 예배하시고
범부·성인 다 함께 법왕궁서 만나소서.

행보게송으로 알려진 이 게송에서는 정토의 위치를 확연히 설명하고 있다. 서방 십만 억 국토를 지나면 서방정토가 있다. 그 십만 억의 국토의 거리는 정을 놓는 거리, 곧 허망한 마음의 집착으로부터 벗어나는 거리다. 그러므로 삼보에 예배하는 순간에 정을 놓으면 이미 극락에 가서 나는 것이다. 삼보에 예배하는 순간에 정을 놓는다는 것은 삼보에 몸과 말과 뜻으로 예배한다는 것이다. 또 삼배에 삼업으로 예배하면 삼악도의 업보를 소멸할 수 있다는 것을 의미한다. 그러므로 그곳에서는 범부와 성인이 이미 하나가 된다. 바로 그런 자리로 우리를 인도하는 것이다. 그래서 환송의 꽃을 뿌린다. 이때 환송하며 뿌리는 꽃은 극락에 이르게 하는 환영의 꽃이기도 하다. 이 의식이 생략되면 '산화락'이라는 노래로 대신한다. 그러고는 '나모대성인로왕보살'을 3창하는데 인로왕보살께서 길을 인도하므로 예경하며 그 길을 따른다고 서원한다.

나모대성인로왕보살 등과 같이 나모불법승 하는 것은 자신의 온 목숨을 오직 불법승 삼보께 바치고 귀의하며 예경한다는 뜻으로, 단순한 귀의가 아니다. 그래서 나무아미타불을 할 때 '나무'는 '귀의'에 그치는 것이 아니다. 내가 바로 아미타불이 되고 아미타불이 바로 나의 '자성신自性身'임을 되새기는 것이다. 그러면 대성인로왕보살의 인도를 따라 극락으로 가게 된다.

그렇다면 대성인로왕보살은 누구일까. 인로왕보살이 고정된 하나의 상징이 아니라 가변하는 상징이라는 견해도 잘못이라고 할 수 없다. 상황에 따라 의전장이 달라질 수 있기 때문이다. 무주고혼을 시식도량으로 인도하는 인로왕보살은 초면귀왕이나 면연대사로 화현하는 관세음보살이다. 지옥의 중생을 시식도량으로 인도하는 보살은 유명교주 지장보살이시다.

그렇다면 시식도량에서 극락으로 인도해가는 인로왕보살은 누구인가. 바로 아미타여래이시다. 아미타여래께서 여러 성현들과 함께 오시어 극락에 태어날 이들을 극락으로 인도하신다. '극락도사 아미타불' 하는 연유가 그것이다. 도사導師나 인로引路는 같은 의미다.

오늘날 한국불교에서는 '인로왕여래'라고 하지 않고 '인로왕보살'이라고 한다. 아미타불을 인로왕여래라 하지 않고 인로왕보살이라 칭하면서 후대 아미타불의 인로왕보살 자리에 아미타불을 환원해 배치하고 관음보살과 세지보살을 합편하여 칭명하고 다시 인로왕보살을 그 아래 칭명한다. 이는 불과 1~2백 년 이내에 일어난 일로 보인다. 1923년 『필사본범음집』에는 인로왕여래 좌보처 관음보살 우보처 대세지보살의 거불 형태가 보이기도 한다. 이에 비해 중국(대만) 법고산사 『유가염구시식요집瑜伽焰口施食要集』에서는 '서방접인아미타여래'라고 하고 있다. 왜 한국불교에서는 극락도사 아미타불 인로왕여래를 인로왕보살이라고 하였을까. 이와 유사한 사례로는 정법명왕여래가 관세음보살로 출현하듯이 중생구제의 실천적인 양태로는 보살의 모습이 더욱 친근하기 때문이라고 인식한 데에서 찾을 수 있을 것 같다.

인로왕보살이 안내하여 극락으로 간다. 극락세계에는 더 이상 유위의 모습이 필요하지 않다. 그러므로 종전 영가를 모신 당체인 위패나 옷가지 등을 불살음으로써 본래 무일물을 실현한다. 그 역할을 하는 곳이 바로 소대燒臺다. 위패 등을 태우는 소대는 대체로 사찰 한쪽에 아궁이처럼 설치되어 있다. 소대로 갈 때는 '나모대성인로왕보살'을 "나아아" 하면서 길게 소리하는 인성이 소리로 갈 수도 있지만 대개 제법은 본래 명위불이라고 설법하고 있는, 법성게도의 본래 자리 환원의 의미에 따라 법성게를 염송한다.

문 밖의 소대에 이르러 함께한 영가들을 불러 확실하게 헛된 인연을 여의었는지 다짐한다. 만에 하나 아직도 집착을 여의지 못했다면 마지막 한 구절을 더 들려준다. 참으로 인간적이다.

이제 소대에 이르러서 전송하오니,
오늘 천도 받은 ○영가시여, 아울러 천도 받은 모든 영가시여,
이제까지 베푼 법요의식에 의지하여 마음속의 망연을 다 여의셨습니까? 망연을 다 여의셨거든 천당이나 극락세계에 마음대로 왕생하시어 법락을 누리십시오.
만약 조금이라도 미진한 망령된 인연이 있으면 다음의 게송을 귀담아 들으십시오.

이렇게 최후의 일구(한 게송) 법문을 들려준다.

사대가 흩어지니 간밤의 꿈이요
육진 육식의 얽힘 또한 본래 공이라
불조께서 깨달으신 경지를 아시겠습니까.
서쪽으로 해가 지고 동쪽에서 달이 솟네.

자상함의 극치다. 길을 떠나면서 행여나 헛된 망상으로 집착을 놓지 못하였다면 삶이 한바탕 꿈임을 일러주고 일상의 모습을 바로 알려준다. 그러고는 일체제불과 불보살을 염송한다. 전통적으로 '염시방삼세'라는 지문으로 인해 '염시방삼세일체제불'이라고 염송하지만 이때 '염念' 자는 '시방삼세일체제불 이하 구절을 염송하시오'라는 지문이다. 실제 염송할

때는 '염' 자를 읽으면 법주나 인도가 대중에게 하는 지시문이 된다. 이어 다음의 3구 '원왕생'을 발원한다.

> 극락왕생 원하옵고 극락왕생 원하오니
> 극락정토 태어나서 아미타불 친견하고
> 저의 이마 만지시며 수기 받기 원합니다.
>
> 극락왕생 원하옵고 극락왕생 원하오니
> 아미타불 극락정토 회상 중에 자리하여
> 언제든지 연꽃공양 올리고자 원합니다.
>
> 극락왕생 원하옵고 극락왕생 원하오니
> 연화장의 극락세계 모두 함께 태어나서
> 너 나 없이 한꺼번에 성불하길 원합니다.

3구 원왕생 발원게송의 순서에 대해 『석문의범』의 찬자 안진호 화상은 문제를 제기하며 오늘날과 같은 순서로 교정하였다. 이때 첫째 금은전 등의 장엄물, 둘째 위패 사진 천혼문, 셋째 상복 순으로 불사르며 소전진언과 봉송진언, 상품상생진언을 3편 염송하여 봉송을 마친다. 『결수문』의 「육도봉송」 편의 아룀은 봉송의식의 대상을 분명히 하고 있다.

> 여러 불자여, 위에서 홍의(鴻儀: 大齋, 大會)는 이미 끝났고 능사能事(할 수 있는 일)는 이미 원만해졌습니다. 이제 다시 그대들을 위해 하나의 법어를 설하리니, 간절한 마음으로 잘 들으시고 가볍게 여기거나 소홀히하지 마십시오. 일체 중생은 본래 성性과 덕德을 구족하였으니, '하나'가 망념을 일으킴으로써 업의 구렁텅이에 빠져서 비인(非人: 惡鬼)들이 그대를 괴롭히거나

그대 스스로 괴롭습니다.

다만 이와 같이 꿈을 한번 깨는 것과 같다는 것을 아시어, 천선天仙이라면 탐내고 즐기는 것을 살펴 보리심을 낼 것이고, 사람이라면 세 가지 독(탐진치)을 없애고 단박 영명靈明한 기지를 낼 것이며, 아수라라면 성냄과 어리석음을 버리고 자비와 인욕으로 평평하고 조화로워야 하며, 축생이라면 어리석음과 어둠을 떠나 모든 죄의 성품을 공空으로 알아야 하며, 굶주린 아귀라면 업의 원인을 참회하여 굶주림을 잘 벗어나며, 지옥의 중생이라면 예전의 잘못을 참회하여 굽고 쪼개는 '번좌지옥'을 속히 떠나며, 고혼이라면 형태와 모습을 갖추어 정토에 옮겨 나기를 원하소서. 그런 뒤에 은덕에 보답하겠다는 마음으로 은혜의 땅을 잊지 마십시오.

부처님의 봉송다라니를 염송하라고 하며 봉송진언을 염송한다. 이 의문은 육도 중생을 동시에 봉송함을 보여준다. 봉송진언은 육도 중생 모두의 봉송이고, 상품상생진언은 육도 중생이 가야 할 극락의 상품에 상생하라고 하여 봉송의 마지막을 상품상생진언이 장식하고 있다. 극락세계 구품연화대 중 상상품 연화대에 왕생하라는 진언이다. 이 진언을 끝으로 초청한 성인과 범부가 모두 본래 자리로 돌아간다.

봉송진언과 상품상생진언 이후 〈관음시식〉에 실린 표백(아뢰말)도 봉송의식 의문이라고 할 수 있지만 이는 인도, 다시 말하면 시식의 재회를 봉행하는 이들과 관련이 크므로 별도로 다루겠다.

봉송게송에서 자세히 언급했지만 오늘날 한국불교에서 이해하는 영혼관은 전통적으로 불교에서 설하는 중음에 대한 인식과 같다고 할 수는 없다. 재탄생의 그것과 별개로 돌아간 이들을 영원히 추모한다. 그리고 아무리 죽은 지 오래된 영혼이더라도 추천재(천도재)를 봉행한다. 그러다 보니 다음 날 다시 오라고 하고, 아니면 숫제 위패를 영단에 만년위패로 봉안한다. 그리고 기일이나 명절이 되면 다시 영혼을 불러 제사를 지낸다. 그러므로 49일째 칠칠재를 마치고 위패를 봉안할 때는 법사스님이 요령과 목탁으로 다음 게송을 염송한다.

생전에는 그 모습 분명했으나
죽은 후에 종적이 없으니,
법의 궁전에 들기 청하니
이 도량에 편히 앉으소서.

영반을 지내고는 안과편을 할 때는 "금일영가 등 여러 불자와 열위영가여" 하고 불러놓고는 "이미 화연에 와서 배불리 드셨으니 마음을 놓고 편안히 이곳에 머무십시오"라고 봉안게송을 염송하기도 한다. 제사와 시식이 불분명해졌다고 할 수 있다.

칠칠재를 위해 설령 위패를 봉안한다고 하더라고 영단에 늘 법식을 올리지 못하므로 아미타불 섭수게송으로 아미타부처님께 영위를 부탁하는 것이 옳다는 지적도 있으나, 영위의 위패를 도량에 봉안하는 것은 진리의 도량에 머물게 한다는 의미라고 이해해야 하므로 봉안게송으로 봉안하는 것이 무방하다.

부: 헌식규

제사를 마치고 장엄염불을 할 무렵 준비한 헌식을 가지고 밖으로 나와 헌식대에서 정해진 「헌식규獻食規」대로 헌식을 한다. 헌식규는 변식규라고도 하는데 재장에 입장하지 못한 영혼들을 위해 음식을 베푸는 절차다. 하단시식 때 올린 여러 전물을 조금씩 거두어 헌식대 앞에 이르러 세 번 탄지를 하고 '제 불자 영가여'라고 창혼하고 시작한다.

먼저 법주가 정법계진언 '옴 람'을 외우면 증명은 오른손 무명지를 펴서 '옴 람' 두 자를 공중에 그리고, '옴' 자의 광명이 법계에 두루하여 구릉이나 구덩이 평탄하여 걸림이 없이 (그곳에 있는 일체 유정 모두가) 다 청량해진다고 생각하며 이렇게 설명한다.

> '람' 자 광명이 일체 법계 구덩이까지
> 두루하여 모두 청량을 얻게 됩니다.

이어 "법력은 생각하기 어렵고 대비는 장애가 없으니, 알알이 시방에 두루하여 널리 법계에 베풀어 두루하고 이제 이 닦은 복으로 널리 귀중께 적셔주니 드시고 고통을 면하고 몸 버리고 극락에 나네"라며 헌식의 공덕으로 일체 아귀들이 고통을 면하고 극락에 나게 된다고 설한다.

그리고 변식진언 등 4다라니를 염송하는데, 이때 증명법사는 위에서와 같이 한다. '옴 람' 두 자를 공양구 위에 쓰고, '람' 자의 위신으로 한 그릇이 셀 수 없는 그릇으로 변화되고 한 알의 곡식이 무량한 곡식으로 변화되어 그릇그릇이 다 이와 같고 알알의 곡식이 다 이와 같이 되어 법계에 가득 채워지게 된다고 생각한다.

또 감로수진언을 외울 때, 곧 왼손으로 물그릇을 잡고 오른손으로 향 연기의 훈기를 쐬운 양지(버드나무 가지)를 잡고 물그릇에 세 번 담았다 뺀다.

수륜관진언을 외울 때, 이 양지로써 '옴 람' 두 자를 물그릇 위에 쓰고 그 물을 세 번 휘저어 향연기가 물과 합해지게 하고, '람' 자의 위신으로 향해香海의 묘수妙水(좋은 물)가 유출되어 그것을 공중에 두루 뿌린다.

유해진언을 외울 때, 이 양지로써 향수를 공양구 위에 뿌리고 공중에 세 번 뿌린다. 또 세 번을 끝내고 가슴에 합장하고 조금 물러나 다섯 진언을 마치고 자리에 나아간다.

변식을 마치고 고혼들을 위해 다섯 여래의 명호를 칭명하여 그들의 업식을 정화하고, 음식을 받고 새롭게 탄생하며 극락에 날 수 있도록 돕는다. 무외시다. 다음은 변식한 음식을 시식하게 되는데 "이 가지 공양이 시방세계 두루하여 드신 이는 굶주림을 없애고 왕생극락하소서"라고 시식게송을 하고 시귀식진언과 보공양진언을 염송하며 사방으로 물을 뿌리며 이렇게 축원한다.

> 열명영가여,
> 나의 가지한 물에 감로의 맛이 변화되어
> 한 방울의 물을 적셔 받으며 여러 고통 벗어나기를 원합니다.

보회향진언 3편을 염송하고 이어 반야심경을 염송하며 마친다.

6

스스로 귀의

〈관음시식〉에서 봉송 대상은 영혼이라고 할 수 있다. 그러므로 이 봉송진언과 상품상생진언으로 영혼들의 봉송을 모두 마쳤다고 볼 수 있다. 그런데 이후에 전개되는 의식 구문도 봉송의식이라고 할 수 있다. 의미상 다음과 같이 나눌 수 있다. 『통일법요집』 소재 「관음시식」을 기준으로 이곳에 해당하는 본문은 다음과 같다.

> 세간에 있어도 허공에 있는 것과 같고
> 연꽃에 물이 묻지 않는 것 같네.
> 마음이 깨끗하여 피안으로 건너가서
> 위없이 존귀하신 부처님께 머리 숙여 절합니다.
> 處世間如虛空 如蓮華不著水
> 心淸淨超於彼 稽首禮無上尊

이 게송의 주체와 대상은 누구일까. 봉송진언으로 봉송하고 상품상생진언으로 상품에 상생하라고 청원한 이들에게 다시 이렇게 살라고 청원하거나 법문하는 것일까. 그렇게 이해하기는 어렵다고 본다. 세간世間이라고 했다. 청법의 대상이 머물고 있는 곳은 극락세계도 출세간도 아닌 세간이다. 세간에 머무는 이는 인도, 곧 사람 세계, 산 사람이다. 물론 세간에 사는 이도 불교적 관점에서 보면 상품에 상생해야 하지만, 몸을 가진 현실의 존재들에게 당장의 문제라고는 할 수 없다. 마음을 청정하게 한 다음 저곳(극락의 상품상생)에 갈 수 있고 무상한 세존께 예배하는 것이다. 이와 같이 의식의 주체와 대상이 조금 애매한 측면이 있다. 하나 앞의 『결수문』「봉송육도」 편의 아뢰는 말씀이 답을 하고 있다고 볼 수 있다. 법회에 참석한 육도 중생 모두를 보낸다. 그중에는 시식을 봉행하는 재자도 있고, 의례를 주도하는 출가자도 있게 마련이다. 이 구절은 그들 모두를 위해 다짐하는 법문으로, 특히 세간에서 살아가는 인간들을 위한 것이라고 읽힌다.

다음에 이어지는 삼귀의는 논란의 여지가 여전히 적지 않다. 〈관음시식〉에 제시된 삼귀의는 재회에 초청한 중생, 아귀들의 수계의식이라고 할 수 있다. 하나 이때 삼귀의는 봉송 이후에 행해지므로 수계 대상이 봉송하고 있는 재자와 출가자라고밖에 할 수 없다. 그렇다면 시식의 재회를 올리거나 주관하거나 하는 이들이 이제까지 삼귀의 수계를 하지 않고 시식의 재회를 올렸다는 것이 된다. 그렇다면 여간 문제가 아니다. 일반적으로 의식을 마친 이들이 마지막에 하는 삼귀의는 '자삼귀의'여야 한다. 스스로 귀의하는 삼귀의다.

스스로 부처님께 귀의하며,

중생들이 위없는 마음 내어 몸으로 대도 알기를 서원합니다.
自歸依佛 當願衆生 體解大道 發無上心

스스로 가르침에 귀의하며,
중생들이 바다 같은 지혜의 경장에 깊이 들기를 원합니다.
自歸依法 當願衆生 深入經藏 智慧如海

스스로 승가에 귀의하며,
중생들이 일체 장애 없이 대중을 잘 인도하기를 원합니다.
自歸依僧 當願衆生 統理大衆 一切無閡

자삼귀의로 알려진 이 예경문은 『화엄경』「정행품」에 실려 있는데, 〈식당작법〉 등 여타 의식을 마치고 하는 의문이다.

영가의 수계를 위한 삼귀의가 봉송 이후에 나타난 역사는 꽤 오래되었다. 가장 짧은 수륙재 의문인 『결수문』의 「봉송육도」 편 봉송진언 이후에 등장한다. 『결수문』이 찬집된 시기를 14세기 초반으로 본다면 그 역사는 자못 길다 하겠다. 영가 수계 삼귀의는 〈전시식〉에서처럼 영가 안좌 이전이나 수륙재에서처럼 적어도 시식 이후에 수계를 해야 한다.

누차 언급하였지만 한국불교 의식의 대강大綱은 수륙재회가 축약된 모습이라고 할 수 있다. 수륙재회에서는 시식 이후에 '사사귀정편捨邪歸正篇'을 설행하는데 이것이 삼귀의 의식이다. 삿된 스승을 버리고 바른 스승에게 귀의하는 것이다. 〈전시식〉에서는 삼보를 칭명하여 가피를 구하는 당구가피當求加被 이후 귀의삼보하고 있다. 육도 중생을 한꺼번에 보내다 보니 잘 가시라는 인사를 삼귀의 이후에 하고 있다. 논리성이 결여되었다고 할 수 있겠다.

구름길에 오르시고, 안녕히 가십시오.
善步雲程 伏惟珍重

구름길은 영광의 길이다. 매사가 원만히 뜻대로 해결되는 것이 영광의 길이고 구름의 길일 것이다. 여기 제시된 구문들은 『결수문』「봉송육도」편의 그것이지만 또 다른 수륙재 의문인 『중례문』의 다음 「회향」 편 문장을 보면 재자의 축원임이 분명해진다.

위에서 좋은 법회가 모두 원만히 끝났습니다. 범부와 성인이 기쁜 마음으로 함께 무위의 교화를 즐겼습니다. 단나(시주)는 경축하고 찬탄하며 함께 덕 있는 명성을 드러내고 살아 있거나 돌아가신 권속들도 모두 편안해졌고, 따라 즐거워한 이들과 인연을 도와준 분들 다 이익을 얻었습니다. 이와 같이 만나기 어렵고 만나기 어려운 덕이 있으니, 이와 같이 크게 경사롭고 크게 행복한 은혜를 얻었습니다. 대중들은 경건하게 정성을 다해 성중들과 이별을 아뢰고 한 마음으로 회향합니다.

성인과 범부의 성범을 떠나보내며 하는 '선보운정 복유진중善步雲程 伏惟珍重'의 형태는 『결수문』「봉송육도」 편의 갖춘 의문인 '봉송성범운정 만시방계'에서 찾을 수 있다. 봉송 축원하고 대중이 함께 '화남성중'이라고 하여 성중께 인사를 하고 있다. 육도 중생을 보내며 오늘 시식 재회의 공덕을 회향한다. 『중례문』의 순서에 의하면 회향진언을 하고 다음의 파산게송을 염송한다.

불에 타서 없어지고 바람에 휩쓸려 하늘과 땅이 무너져도

적막하고 고요하여 흰 구름 사이에 항상 있습니다.
한소리에 금성철벽 부숴버리고
다만 부처님 앞 칠보산으로 향합니다.

파산게송의 파산破散을 파산罷散으로 명기하는 경우도 있지만 이때 파산은 '마친다'라는 의미라기보다 '만다라를 깨뜨린다'는 의미로 쓰임을 유념해야 한다. 또 이 의문의 순서에 의하면 파산게를 하고 '자삼귀의'를 하고 환희장마니보적불, 원만장보살, 회향장보살의 세 성인의 명호를 칭명하며 시식의 재회를 마친다. 시식의 재회를 올렸으니 기쁘고, 원만하게 봉행되었음을 찬탄하고, 그 공덕을 회향하는 삼회향은 시식 재회의 전부를 압축한 언표다.

이렇듯 순서와 구문 등이 다양하게 나타난다. 한국불교 의례의식이 다양한 모습을 보이는 것에 대해 지나치게 긍정적으로 보기도 한다. 의례상황을 봐서 소리를 짓기도 쓸기도 하는 '견기이작見機而作'을 하다 보니 그렇게 되었다는 것이다. 그것을 부정할 수는 없지만 의례의식의 순차적 모순에 가깝게 변형된 것을 무비판적으로 수용하는 문제는 재고해야 할 것이다.

의례는 인식의 산물이다. 인식이 바뀌면 의례도 변할 수는 있다. 하지만 그것이 비논리적이어서는 안 된다. 장구한 역사 속에 변형되고 와전되면서 오늘날 우리에게 전해진 불교의 몸짓인 의례의식은 몸짓에 걸맞은 신행의 그릇에 담겨야 한다.

태어난 존재는 일정 기간 머물다가 늙어 병들어 죽는
생로병사의 과정을 거친다.
생명이 다하면 생명을 담고 있던 몸은 차디찬 시체 주검으로 변한다.
그 주검을 처리하는 방식은 문화권마다 다양하다.
땅에 묻는 매장, 물에 던지는 수장, 불로 태우는 화장, 바람 따라 자연으로
돌아가게 하는 풍장, 새의 먹이로 주는 조장 등이 그것이다.
불교는 인도 전통의 방식인 불에 태우는 방식을 따르는데
이를 자삐따Jhapita(다비)라고 하며, 화장火葬이라고 한다.
화장은 주검을 처리하는 불교의 몸짓으로 삶의 마지막 단계인 죽음에 대한
불교의 인식이 잘 드러난다. 이 과정에 염불과 독경 등을 통해
불교의 생사관을 실천하는데 이를 시다림尸陀林이라고도 한다.
임종, 장례, 봉안으로 나눠 불교의 몸짓을 살펴보겠다.

5부

귀환의 몸짓, 다비

☸ 임종 전후

☸ 장례의식

☸ 봉안의식

☸

임종 전후

이산의 불꽃

보통 사람이 죽음을 마음대로 하기는 어렵다. 홀연히 깨달으면 지옥과 천당이 본래 공空하고 생사윤회가 본래 없다고 하지만 생사윤회를 영원히 끊고 몸과 마음에서 자유롭기는 더욱 그렇다. 설령 큰 깨달음을 이루었다고 할지라도 육신의 수명을 바로 알기는 어렵다. 그러므로 임종 전후의식에 대한 절차가 제시되곤 하지만 그대로 지켜서 하기가 쉽지 않다. 불가의 임종과 장례 등은 이원적이라고 할 수 있다. 불가 곧 사찰의 출가 수행자들의 그것과 일반 재가자의 그것이 많이 다르다. 임종 전후의식의 경우 더욱 그렇다. 불교의 다비법은 기본적으로 『칙수청규勅修淸規』에 근거한다. 이 청규에는 장의와 관련된 '천화遷化'와 '망승亡僧'의 두 조목이 시설되어 있다. 천화 조목은 대사大師 이상의 스님들을 위한 것이고, 망승은 일반 스님들을 위한 것으로 보인다. 재가 불자들에 대한 장례법은 특별히 알려져 있지 않고 가족이나 마을 공동체 차원에서 행해졌다고 한다.

그러므로 오늘날 불교 장례법에 제시된 의식들은 대체로 천화 조목의 다비문을 근거로 편제되었다고 할 수 있다. 화장이냐 매장이냐를 막론하고 장례의 기본 절차가 크게 다를 리는 없겠지만, 인간사가 다 그러하듯 장례를 치르는 상주의 현실적인 형편에 의거하여 봉행한다.

임종의식 또한 임종을 앞둔 이의 제자나 보호자의 형편에 따라 수의적으로 행해진다. 임종을 앞둔 이를 위한 의식은 여법하게 봉행될 수도 있고, 간략하게 행해질 수도 있다. 임종을 맞이하는 전통의 방법은 대체로 중국 정토종 선도 화상이 찬한 것으로 알려진 『임종방결臨終防結』에 크게 의지한다.

> 우선 병든 이가 목숨을 마치려 할 때에는 따뜻한 향수로 몸을 닦아 청정히 한다. 새 옷으로 갈아입힌 다음 편안하게 조용히 앉힌다. 그리고 정념사유하도록 한다. 본인이 혼자 앉을 수 없다면 집 안 사람의 도움을 받아서 앉힌다. 중병이라 앉을 수 없다면 오른쪽 옆구리를 서쪽으로 향하도록 하고 누운 채로 해도 좋다.
>
> 병든 이 앞의 청정한 장소에 사각단을 만든다. 바닥에 꽃을 깔고 명향을 사른다. 네 귀퉁이에 등불을 밝히고 단 안에 채색한 불화를 건다. 병든 이는 여기에 예배하며 부처님의 상호를 보도록 하며 보리심[覺心]을 일으키도록 한다.
>
> 설법하는 이는 이 세상이 고계苦界임을, 삼악도에 가지 않고 부처님께 귀의하여 시방 모든 부처님이 계시는 부처님 나라에 태어나 미묘한 즐거움을 받을 것임을 설명한다.
>
> 그리고 병든 이에게 묻는다. 어떤 부처님 나라에 태어나고 싶은지를. 병든 이의 소원에 따라 그 부처님 나라에 태어날 수 있도록 병든 이에게 부처

님의 명호를 소리 내어 부르도록 한다. 십념을 성취하면 삼귀의계를 받는다. 참회가 끝난 뒤에 보살계를 받는다. 수계가 끝나면 북쪽으로 머리를 뉘이고 서쪽으로 향하고 조용히 부처님의 삼십이상 팔십종호를 생각하도록 한다.

만약 마침내 목숨이 끝나려 하면 간병하는 이도 함께 병든 이를 위해서 소리 내어 부처님을 부른다. 소리가 그치지 않도록 한다. 병든 이가 칭불명호에 합쳐서 소리 높여 부처님을 부른다. 다른 부처님의 명호를 칭해서는 안 된다.

그리하여 목숨이 드디어 끝나려 할 때 화불化佛 및 보살중이 묘향화를 지니고서 행자行者를 맞이하러 오신다. 병든 이인 행자는 이를 보고 환희심을 낸다. 몸에 고통이 없고 마음은 흐트러짐 없이 정견正見의 마음이 생긴다. 선정禪定에 들듯이 드디어 목숨을 마친다. 결코 지옥, 아귀 등 고통 받는 곳에 떨어지지 않는다. 곧바로 행자가 바라던 곳인 부처님 땅에 태어난다.

또 병든 이를 무상원無常院 등으로 옮겨 임종을 맞이하는 모습도 볼 수 있다.

병든 이를 병실인 '무상원'이라는 곳으로 옮긴다. 그 무상원에는 입상立像을 안치한다. 불상 왼손에 오색기가 바닥에 깔리도록 건다. 병든 이가 임종하면 불상 왼손에서 늘어진 깃발의 끝을 손으로 잡게 하는 모습을 갖춘다. 이것에 의해서 부처님의 인도를 받아서 정토에 왕생하는 모습을 나타낸다.

정토에 왕생하는 데는 정념正念을 유지하는 것이 무엇보다 중요하다. 앞에서 정념왕생을 흐트러뜨리는 일을 해서는 안 된다고 하는 것은 다음 의견과 상통한다.

임종을 할 때는 도속道俗을 막론하고 친척의 인연 있는 자는 베갯머리에 모인다. 이를 지켜보며 임종하려는 이가 그 정신이 확실한 동안에 그 사람의 한평생 간의 선행을 소리 높이 불러서 듣도록 한다. 그 의미는 임종하려는 이로 하여금 속마음으로 환희하여 죽고 나서의 갈 곳을 걱정하지 않으며 정념하여 흐트러짐 없이 좋아하는 곳에 태어나도록 하려는 것이다.

여기서 잠시 죽음에 대해 불교에서는 어떻게 정의하고 있는지 살펴보자. 『잡아함경』(T2, p.99c)이나 『쌍윳다니까야』에서는 이렇게 정의하고 있다. "낱낱의 중생 유형에 따라 낱낱의 중생이 죽고, 멸망하고, 파괴되고, 사멸하고, 목숨을 다하고, 모든 존재의 다발(五蘊, pañcakkhandha: 色受想行識)이 파괴되고, 유해가 내던져지는데 수행승들이여, 이것을 죽음이라고 부른다." 또 초기경전에 의하면, 생명 유지에 필수적인 수명壽命, 체열體熱, 의식意識을 잃으면 육체는 더 이상 육체가 아니라고 이야기한다.

생로병사 과정에서 주변의 가족과 보호자들이 충분히 인식하고 수용할 수 있는 임종도 있지만, 불시에 갑작스럽게 죽음을 맞는 경우도 적지 않으므로 임종에 적합한 통일된 의식을 갖추기는 힘들다. 그런 까닭에 다양한 죽음만큼이나 다양한 임종 전후의 의식이 존재한다고 할 수 있다.

임종을 맞는 의식은 기본적으로 불교의 생사관에 의거한다. 죽음은 현재 받은 몸의 생에 불과하다는 인식에 의거하여 진행된다. 다시 말하면 '죽으면 끝'이라는 단멸론斷滅論의 사고나 '영원히 살아간다'는 상주론常住論의 사고가 아니라 현생에 지은 업에 따라 다음 생을 받아 윤회를 하거나 깨달음을 얻어 윤회를 종식시킬 수 있다는 사상에 따라 임종의식이 행해진다.

대한불교조계종 포교원에서 간행한 『통일법요집』에 의하면 대략 다음과 같은 임종의례 절차를 제시하고 있는데 좋은 참고가 될 수 있을 것 같다.

삼귀의: 나모불 나모법 나모승
반야심경 염송
참회진언 염송 및 연비
삼귀의계 및 오계
설법
임종염불
아미타불 본심미묘진언
극락왕생발원문
사홍서원

이와 같이 여법한 의식을 봉행할 형편이 주어지지 않을 경우 대한불교 조계종 포교원에서 간행한 『불교 상장례 안내』에서는 대략 전통의 불교 임종법식을 원용하여 다음과 같은 임종에 임하는 자세를 안내하고 있다.

첫째, 환자의 의식이 없다 하더라도 감각은 계속 유지되고 있으므로 가족의 사랑과 보살핌을 깊이 느낄 수 있도록 가까이에서 환자에게 집중한다.

둘째, 환자 곁에서 지나친 슬픔을 드러내거나 고통이 될 수 있는 말과 행동을 삼간다.

셋째, 임종한 뒤에도 식識이 육신을 떠날 때까지 최소한 한두어 시간 동안은 고인의 몸이라고 생각하지 말고 살아 계신 분처럼 지성껏 돌본다.

넷째, 팔다리 등이 비틀린 채 굳어지면 '나무아미타불' 염불이나 광명진언 등을 염송하며 따뜻한 물수건으로 전신을 부드럽게 마사지하면 곧게 펴지므로, 억지로 하면 안 된다.

이와 같은 견해들은 대체로 중국 정토종 선도 화상의 『임종방결』에서의 설명과 그 맥을 같이하고 있다.

임종하는 이의 자손이나 가족뿐일 때는 대부분 경험이 많지 않으므로 당황하게 마련이다. 그럴 때일수록 임종하는 이의 곁에서 편안하게 손을 잡고 정성을 다하여 우리의 염불기도로 임종하는 이가 반드시 좋은 곳으로 갈 수 있으며, 남은 가족이나 일들에 대해 염려를 놓고, 남은 가족들이 마음을 모아 잘 처리하겠다는 것을 임종하는 분께 말씀드린다. 또 그런 마음으로 '나무아미타불' 육자염불을 하면 임종하려는 이가 이생의 집착을 놓는 데 도움이 된다.

임종하는 순간 인연 있는 법사스님들이 참석하여 임종하는 이의 손을 잡아주며 염불을 하고 위로해주면 말을 전혀 못 하던 이들도 염불을 따라하듯이 입을 움직이는 모습을 보이는 예가 많다고 한다. 본래 내면화된 '자성불'인 나무아미타불 염불은 임종을 하려는 이들에게는 최대의 선물이 될 수 있다.

아미타경에는 임종을 맞을 때 산란한 마음 없이 일심으로 아미타불을 염불하면 아미타불이 관세음보살과 대세지보살 등의 성현들과 함께 임종하려는 이를 맞이하러 오신다고 한다. 임종을 맞는 이가 의식이 소멸되어 가는 순간에도 일심염불 소리 속에 극락에 왕생하게 되는 것이다.

죽음을 확인하고 곧바로 임종한 이의 몸을 영안실로 보내는 오늘날의 절차는 조금 문제가 있다고 할 수 있다. 의학적으로는 호흡이나 심장박동 등이 멎고 여타의 수치가 사라졌다고 할지라도 의식은 갑자기 떠나는 것이 아니므로 완전한 죽음이라고 할 수 없다. 죽음을 체험한 숱한 사례나 심지어 묘지에서 살아온 사례가 적지 않게 보고되므로, 죽음의 판정이 있었다고 하더라도 임종한 이의 몸을 일정 시간 상온에 유지시킬 필요가 있다.

상복을 입는 전통 장례의 성복의식은 이 점이 반영되었다고 할 수 있다.

생명이 완전히 끊어지면 빠른 속도로 사대가 흩어진다. 불교적 관점에서 보면 물질적 지수화풍의 사대를 수용하고 있던 아뢰야식이 떠난 몸은 그 몸을 지탱할 힘이 사라졌으므로 물은 아래로, 공기와 열은 위로 떠나고 살과 뼈는 고정되지 못한 채 흩어지게 된다. 이때 그 몸속에 있던 팔만사천 벌레들이 극성해져 몸을 먹어치운다. 결국 영혼이 떠난 몸은 급격히 부패한다. 그것을 막기 위해 영안실에 안치하는 것이다. 이렇게 몸이 흩어지는 시간은 사람에 따라 다르다고 한다. 티베트불교에서는 고도의 수행을 한 이들은 영식이 떠나도 그 몸이 오랫동안 정상인처럼 유지된다고 하며, 중국불교의 등신불이나 육신불로 봉안된 사례도 그와 유사한 경우라고 할 수 있다.

몸과 마음은 제각각 흩어져 떠나버린다. 빛나던 불꽃이 사라지듯이 산화한다. 생자필멸生者必滅하고 회자정리會者定離하는 모습을 보이는 임종은, 이제 떠나는 이로 하여금 죽음을 받아들이고 본래의 자리로 돌아갈 수 있도록 한다. 이때 산 자가 시다림으로 돕게 된다.

○ 덧없음을 깨침

임종 이후 의식을 '장례'라고 할 수 있다. 장례하는 과정에 상례가 봉행된다. 장례가 염습과 다비나 매장으로 이루어진다면, 임종 이후 행해지는 시다림은 임종의 끝임과 동시에 장례의 서두라고 할 수 있다. 불교의 장의는 '다비'라고 하여 주검을 불태워 본래 자리로 돌려보내는 의식을 지칭한다. 또 불교장의 전반을 '시다림'이라고도 하는데, 시다림은 범어 'Sitavana'의 음역으로 '시타림屍陀林' '서다림逝多林'이라 하고 '한림寒林'이라는 뜻으로 번역한다. 시다림은 원래 인도 마가다국의 수도 왕사성 북쪽에 있는 숲을 지칭했다. 『석씨요람釋氏要覽』에 '그 숲의 서늘한 기운이 있는 곳을 시체 버리는 곳으로 사용하거나, 사체死屍 버리는 장소를 폄칭하여 한림寒林이라'고 하며, '시체들로 인해 그곳에 가는 자는 두려움으로 머리털에 차가운 기운이 느껴지므로 한림이라 칭하였다'고 설명하고 있다. 시다림의 이 뜻에 의거하여 망자를 위한 설법이나 염불을 '시다림'이나 '시다림 법문'이라고 부르고 있다. 시다림 법문을 장례의식의 시작으로 볼 수 있지만 임종 이후 성복제를 하기 전은 유가적인 관점에서는 아직 상주가 아니라는 인식이 있다. 그러므로 임종 이후의 시다림을, 임종 전후 의식으로 나눠 배정하고 첫 번째 시다림에 대해 살피고자 한다.

초상初喪이 생긴 집에서 절이나 불교 염불봉사자들에게 연락하면서 불교식 장례가 시작된다. 그렇다고 장례 전반을 불교식으로 봉행하기는 쉽지 않다. 상주의 신심이나 여러 가지 조건에 부합해야 불교식으로 여법하게 봉행할 수 있다. 대체로 칠칠재(49일재)를 어디서 어떻게 봉행할 것인지를 결정하고 난 다음 사찰(또는 특정 스님)을 초청하여 장례를 봉행하거나 장례업체에 위탁하게 된다. 장례업체에 위탁하더라도 칠칠재 등은 사찰에서 봉행하므로 당해 사찰의 법사스님이 임종 전후의 수계의식 등을 봉행하게 된다. 절에서 수행하던 스님이 입적하면 종을 세 번 치고 '사자반使者飯'을 설치하라는 지문이 『작법귀감』에 나오나 후대의 다비문에는 보이지 않는다.

불교식 장례를 봉행하게 되면 영단 중앙에 아미타불 번이나 탑다라니를 모시게 된다. 아미타부처님께서 증명부처님으로서 극락으로 영위를 모시고 갈 인로왕보살이시기 때문이다. '극락도사 아미타불'과 '대성인로왕보살'을 동시에 모시고 있지만, 이는 사실 아미타불의 다른 표현에 불과하다. 다시 말해 같은 표현으로 불佛과 보살로 등장하고 있을 뿐이다.

영단에 부처님을 모시게 되었으므로 영단에 올리는 삼배는 영단의 증명불보살께 영위를 극락으로 안내해주기를 청하는 삼배이자, 죽음에 이른 영위를 부처님 법에 따라 부처님으로 모신다는 의미가 중첩되어 있다. 죽음에 든 영위를 위하여 법사스님이 염불과 독경을 하게 되는데, 이때 대체로 십념을 하고, 죽음에 든 이를 불러 한 마디 법문을 들려준다.

> 이 세상을 떠나실 때에는 어디로 가시나이까?
> 태어나는 것은 한 조각 구름이 이는 것 같고
> 죽는 것은 한 조각 구름이 사라지는 것 같네.
> 뜬구름 자체는 본래 실체 없으며,
> 나고 죽고 가고 옴도 그와 같으나
> 오직 홀로 한 물건이 우뚝 드러나
> 고요히 나고 죽음 따르지 않네.

이 문장은 염습의 첫 의식인 삭발할 때 하는 의문을 활용하여 죽음에 이른 이로 하여금 가고 옴이 없으므로 죽음이라는 실체가 있지 않다는 것을 알려준다.

다음으로 부처님의 집안에서 부처님의 법문과 스님들에 의지하여 왕생극락하시라고 삼귀의계와 오계를 먼저 주고 무상계를 주게 된다. 임종의식으로 삼귀의계와 오계를 주었으므로 무상계만을 일러주기도 한다.

만일 부득이 법사스님이 임종 이후 참석하지 못하고 재가자들만 모여 문상을 하게 되었을 때는 문상을 하고 분향을 한 다음 영단에 가지런히 앉아 선참자의 목탁에 맞추어 천수경과 금강경, 아미타경 등을 독송하고 마지막으로 왕생극락발원문을 낭독한 뒤 마치는 것이 좋다. 전통적으로 수계나 포살 등은 수계를 받은 청정비구 스님들에 의해 행해지므로, 불교 고유의 전통을 존중하고 따르는 것이 좋다. 삼귀의계나 오계, 무상계는 출가 수행자 스님들에 의해서 수계되는 것이 바람직하다.

천수경을 염송하는 것은 도량의 결계와 엄정, 다시 말하면 깨끗이 정화를 하기 위함이다. 금강경을 독송하는 것은 나고 죽고 하는 것은 다 무상의 도리이고 거기에는 '나'라는 실체가 따로 없음을 알려주기 위함이다. 아울러 아미타경을 독송하는 것은 아미타불 극락세계에 가서 나는 것이 가장 좋은 법이라는 것과 영위로 하여금 아미타불 염불 공덕으로 그곳에 왕생하게 하는 것이 최상이라고 믿기 때문이다.

만일 혼자 내지 한두 명의 불자들이 문상을 하게 되었을 때는 헌향하고 삼배를 올린 다음 '나모불 나모법 나모승' 하고 삼보를 염한 다음 '영가님이시여, 극락왕생하십시오'라고 발원한다. 좀더 길게 영위를 위해 축원을 하고자 할 때는 상주의 양해와 빈소의 상황을 보고 반야심경 염송과 나무아미타불 염불을 십념 혹은 그 이상으로 하고 왕생극락을 축원하여 영가의 왕생극락을 돕고 상주를 위로하는 것이 좋다.

시다림의 핵심은 영가의 왕생을 돕는 것이지만, 영가에게 이제 육신과 인연이 다하여 육신을 벗어나게 되었다는 것을 알려주는 것이다. 한평생 육신이 곧 '나'라는 깊은 생각으로 살았기에 몸은 죽었지만 마음은 그것을 느끼지 못하는 영위를 위해 무상계를 일러준다. 무상계는 열반으로 들어가는 긴요한 문이고 고해를 넘어서는 자비의 배이며, 일체 모든 부처님은 이 계로써 열반에 드셨고, 일체 모든 중생들도 이 계로써 고해를 건너갈 수 있다고 일러주며, '○○ 영가여'라고 부르며 무상계 수계염송을 시작한다.

영가여, 그대가 오늘 육근 육진 벗어나고, 영식이 홀로 드러나 부처님의 위없는 깨끗한 계를 받으시니, 얼마나 다행입니까.

영가여, 겁의 불길 통하고 나면 대천세계 모두 무너지고, 수미산과 큰 바다가 남김없이 마르고 닳아 없어지거늘 하물며 이 몸의 생로병사, 근심과 슬픔과 고뇌가 어찌 크게 다르리오.

영가여, 머리카락 손톱 이빨 피부 살 근육 골격 뇌수 해골 때 등은 모두 땅으로 돌아가고, 콧물 고름 피 진액 침 가래 눈물 정기와 대소변은 모두 물로 돌아가고, 더운 기운은 불로 돌아가고, 움직이는 기운은 바람으로 돌아가 사대가 흩어졌으니, 오늘 없어진 몸은 어디에 있습니까.

영가여, 사대는 허망하고 임시로 있은 것이니 애석해할 만한 것이 아닙니다. 그대가 무시이래 오늘에 이르도록 지혜가 없어서[無明] 업의 행行이 일어나고, 업의 형성을 원인으로 의식[識]이 일어나며, 의식을 원인으로 정신과 물질현상[名色]이 일어나며, 정신과 물질현상을 원인으로 육입六入(눈, 귀, 코, 혀, 몸, 마음)이 일어나고, 육입을 원인으로 접촉觸(의식과 감각기관과 대상의 접촉)이 일어나며, 접촉을 원인으로 느낌이 일어나고, 느낌을 원인으로 갈애[愛]가 일어나며, 갈애를 원인으로 집착[取]이 일어나고, 집착을 원인으로 생성[有: ①업의 생성=身, 口, 意 ②五蘊의 생성=色, 受, 想, 行, 識]이 일어나고, 생성을 원인으로 태어남[生]이 일어나며, 태어남을 원인으로 늙음, 죽음, 근심,

비탄, 고통, 불쾌함, 절망이 일어납니다.

어리석음이 없어지면 업의 형성이 없어지고, 업의 형성이 없어지면 의식이 없어지며, 정신과 물질현상이 없어지면 육입이 없어지고, 느낌이 없어지면 갈애가 없어지고, 갈애가 없어지면 집착이 없어지고, 집착이 없어지면 생성이 없어지고, 생성이 없어지면 태어남이 없어지고, 태어남이 없어지면 늙음, 죽음, 근심, 비탄, 고통, 불쾌감, 절망이 없어집니다.

모든 법은 본디부터 언제나 스스로 적멸한 모습이니,
이 도를 행하는 불자는 내세에 붓다를 이루리라.

모든 현상은 항상하지 않으니 이는 바로 생멸법이로다.
생성소멸 다하여 마치면 적멸함이 즐거움이 되리라.

불타계에 귀의하고 달마계에 귀의하고 승가계에 귀의하소서.

과거 보승여래, 응공, 정변지, 명행족, 선서, 세간해, 무상사, 조어장부, 천인사, 불, 세존께 귀명하소서.

영가여, 오온을 벗고서 영식이 홀로 드러나서, 부처님의 위없는 청정한 계를 받았으니 어찌 기쁘지 않겠습니까. 천당과 부처님나라에 염원 따라 왕생하리니, 기쁘고 기쁘옵니다.

서쪽에서 오신 조사의 뜻 더없이 당당하니,
스스로 마음을 맑게 하면 본디 성품 고향이네.
묘한 체는 맑고 맑아 처소가 없어도,
산하와 대지에 참된 광명 나타내도다.

무상계의 핵심은 오늘 이제 육신을 벗어났다는 것을 일러주는 데 있다. 육신을 벗는 순간 영가의 순수한 식이 홀로 드러난다는 것이다. 이때 부처님의 무상 법문을 받아들이면 생로병사의 근심과 슬픔과 고뇌가 없게 된다고 타이르고 있다.

무상계 앞의 다섯 단락은 죽음을 인식하라고 일러주면서, 이제 죽음에 이르렀으니 육신은 각자 본래 자리로 돌아가게 되었고, 영가의 몸이라는 것도 따로 있지 않음을 일러준다. 이후부터 제행의 법문이 이어지며 결국 삼보에 의지하면 영원히 안락한 부처님나라에서 왕생하게 된다는 줄거리다.

이렇듯 무상계 내용은 오늘 죽음에 이른 이를 위한 무상의 계를 설하는 법문이다. 그런데 이 무상계가 지장재일이나 추천(천도) 법회 등에서 활용되고 있다. 내용이 좋은 법문이라고 죽음에 이른 이를 대상으로 하지 않는 법회에서 설하는 것은 재고의 여지가 있다. 이 같은 점을 보완하여 등장한 법문이 1990년대부터 본격적으로 국내 추천(천도)법회에 도입된 영가법문(영가에게 들려주는 법문)류의 법어라고 할 수 있다.

무상계는 죽음에 든 이에게 죽었다는 것을 알려주는 초반부를 제외하고 나면, 제법의 원리를 설하는 십이인연과 게송인데, 이는 수륙재 의문의 법시에서 설행되는 것과 동일하다. 법시 전후의 내용은 죽음을 인식하라는 것과 삼보께 귀의하고 바른 스승에 의지하면 곧바로 천당불찰天堂佛刹이라는 것이니, 현실 속에 정토를 이루는 선종적인 풍토 속에서 완성되었다.

무상계는 새로 죽음에 든 이에게 죽었음을 알리고 법시(법문)를 들려주고 삼보에 귀의하고 예경하며 몸을 벗고 부처님의 무상함을 깨치는 계를 받으면 된다는 것을 알려주는 구조임을 알 수 있다.

이 무상계의 찬자는 아직까지 제대로 밝혀지지 않았다. 17세기 상례 의문들에 등장하고 있는데, 국내에서 찬집된 것으로 봐야 하겠다.

무상계를 설하여 무상함을 깨우치게 하였으면, 이제 죽음에 든 이가 왕생극락을 해야 한다. 이를 위해서는 시식에서 보았듯이 염불을 한다. 산 자는 죽은 자를 위해 염불을 하여 죽은 자로 하여금 천당 부처님나라에 갈 수 있도록 돕는다.

'나무아미타불' 육자염불은 아미타불의 전세 서원을 전제로 만들어졌지만, 염불을 하는 동안 염불하는 이나 염불을 듣는 이가 다 함께 왕생극락을 성취하게 된다. 이상의 의식은 주로 임종 첫날에 행해지는 시다림이라고 할 수 있다.

장례의식

장례의식은 염습에서 시작한다고 할 수 있으며, 대체로 이틀째에 하게 된다. 그러므로 여기서는 염습의식부터 다루겠다. 염습이란 돌아가신 이의 몸을 깨끗이 씻어주고 새 옷을 입혀 몸을 묶은 다음 입관하는 의식까지 포괄적으로 지칭한다. 이에 대한 준비물을 대략 살펴보자.

목욕을 위한 준비물

① 목욕물 두 그릇(향나무 또는 약쑥 삶은 물을 사용)

② 새 솜 세 뭉치(머리, 윗몸, 아래 몸을 가려서 씻음)

③ 새 수건 세 벌(상·중·하의 순으로 씻은 몸을 가려서 닦음)

④ 주머니 다섯 개(머리털, 좌·우 손톱, 발톱을 따로 넣을 것)

⑤ 버드나무 비녀 한 개(단 여자의 경우에만 사용)

수의와 관련한 준비물

① 내의(속옷 갖추어 한 벌)

② 겉옷(남여에 따라 달리 준비)

③ 복건(검은 명주나 흰 천으로 만든 모자 같은 수건)

④ 충이(새 솜으로 대추만하게 만들어 양 귀를 막는 것)

⑤ 명목(얼굴 싸는 천, 기장과 폭이 사방 1척 2촌)

⑥ 악수(손을 싸는 헝겊, 기장 1척 1촌 폭 5촌)

⑦ 신발(명주에 종이를 부착하여 신을 만듦)

⑧ 천금(관 속의 시신을 덮는 홑이불)

⑨ 지금(관 속의 시신 밑에 깔 겹이불)

⑩ 소렴포(시신을 마지막으로 싸는 천)

이와 같은 준비물은 장례 주관업체나 식장에서 구입한다. 또 염습할 때 죽은 이의 입 속에 구슬과 쌀을 물리는 반함을 하게 되는데 이를 위해 ①쌀(생쌀 반 숟가락 가량) ②버드나무 숟가락 ③무공주無孔珠(진주 혹은 같은 모양의 구슬)을 준비한다. 입관에는 ①관(시신을 넣는 널) ②출회(차조를 불에 태운 재로써 관 바닥에 까는 것) ③백지(관 속에 까는 종이) ④대렴포(관을 싸는 베) ⑤장지(널을 싸는 종이) ⑥동아줄(관을 묶는 줄 50발) 등을 준비하고, 영위가 앉을 자리인 영좌靈座를 마련하여 혼백을 모신다. 영단에 위패나 사진으로 영위를 모신 다음 상주는 분향 배례하여 성복제를 지내게 된다.

염습 준비가 끝나면 법사스님이 망자의 삭발을 시작하면서 "삭발이요" 하고 외치면 염습을 맡은 이들이 망자를 삭발하기 시작한다. 법사스님은 의문을 낭송한다. 이렇게 씻김의 정화의식이 시작된다. 사찰 내부나 일반 장례식장에서 불교식으로 다비작법을 하더라도 법사스님의 의문낭송과 염습행위가 원만하게 어우러지는 것이 쉽지는 않은 것 같다. 스님들의 열반뿐만 아니라 재가불자의 장의에서 스님들이 참석을 하여 염불은 하지만, 염습은 장례전문가들에 의해 진행되므로 전통 다비작법의 의문과 행위가 더욱 일치되기 어렵다. 불교 다비작법 의문은 최고의 법문이라고 할 수 있다. 의문에 담긴 문학적 철학적 의미 등을 자세히 톺아보자.

염습

염습殮襲은 돌아가신 이의 몸을 씻긴 다음 수의를 입히고 입관을 하는 절차로써 그 시작은 씻김이다. 머리를 단정히 하고 목욕을 하고 손과 발을 씻긴다. 그리고 옷[수의]을 입혀 관에 모시고 제사를 올리는 순서로 진행한다. 염습에는, 마음속 찌든 세속의 때를 씻고, 새 옷을 입히는 의식을 통해 온갖 고난을 이겨내는 청정한 인욕의 옷으로 자신을 지키고, 입관하는 의식을 통해 생전의 모든 인연을 떨쳐버리고, 불보살의 길을 따라 열반의 세계로 들어갈 수 있도록 영가의 혼탁한 마음을 밝히고 미혹한 눈을 뜨게 하는 의미가 깃들어 있다.

씻김

씻김의 첫 의식은 삭발이다. 여기서 제시하는 불교의 다비작법은 기본적으로 출가자들을 위한 의식이다. 그것도 큰스님들의 장의법인 천화의식을 바탕으로 하고 있어 고담준론으로 이루어지고 있음을 알 수 있다. 영위를 불러 자리에 앉게 하고 "오늘 새로 원적에 든 ○○ 영가여, 다비문 중 삭발편을 지극한 마음으로 들으시오"라고 하며 삭발의 의미를 들려준다.

고요한 한 물건을 아시겠습니까.
불에 타고 바람이 크게 들이쳐 하늘, 땅이 모두 무너져도
흰 구름 속 아득하게 오래도록 있네.
이제 삭발하여 무명을 남김없이 끊었으니 십사 번뇌가 어찌 다시 일어나겠습니까.
한 조각 흰 구름 골짜기 입구에 놓였으니,
돌아가는 많은 새들 거의 다 둥지를 잃었도다.

임종의 시다림 법문에서 이 구절을 활용하는데, 실제 삭발의 의미는 마지막 구절이라고 할 수 있다. 다비문의 표백에 해당하는 문장은 4자 6자의 변려문騈儷文 형식으로, 중간 중간 게송으로 분위기를 환기하는 형태로 구성되었다.

오늘날 한국불교에서는 '신원적 영가여'라고 출재가를 막론하고 창혼한다. 하지만 『선문일송禪門日誦』에는 속인에 해당하는 정인淨人은 신원적新圓寂이라 하지 않고, '신고모정인新故某淨人'이라고 한다. 정인은 팔재계를 지닌 재가자로서 스님들을 도와주는 이를 지칭한다. 또 『석문가례초釋門家禮抄』에는 스님들의 경우도 '몰고비구歿故比丘'라고 하고 있는 것으로 보아 망자에게도 신분의 차이는 적용되고 있음을 알 수 있다. 오늘날 한국불교에서 '신원적'이라는 표현은 출재가를 막론하고 사용되지만, '원적圓寂'이라는 표현을 재가에서 사용하는 것은 용납하지 않는다. 그렇다면 영가를 부를 때 엄연히 구별해야 하고, 차별이라 여겨 굳이 그렇게 할 필요가 없다면 비출가자의 죽음도 원적이라고 해야 할 것이다. 죽어가신 이를 고인

故人이라고 하는 현실을 참고하면 신고인新故人이라고 하거나 신고정인新故淨人이라고 해도 좋을 것 같다.

출가자의 삭발처럼 재가자들도 이발을 하는데, 머리카락을 깎아 한지나 수구주다라니와 함께 싸서 망자의 가슴속에 넣는다.

다비작법 의식 전반에 걸쳐 구성된 칠언절구를 둘로 나누어 그 사이에 각 행위를 넣어 노래하고 있다. 앞쪽 구문 가운데 '이제 삭발하여~일어나겠습니까'를 제외하고 이렇게 다시 쓸 수 있다.

> 불에 타고 바람이 크게 들이쳐 하늘, 땅이 모두 무너져도
> 흰 구름 속 아득하게 오래도록 있네.
> 한 조각 흰 구름 골짜기 입구에 놓였으니,
> 돌아가는 많은 새들 거의 다 둥지를 잃었도다.

이하 구문에서도 모두 그러한데 무명無明의 타파가 어려움을 그리 표현하고 있다고 할 수 있다. 돌아간 이가 돌아가야 하는데 길을 잃었다는 것이다. 이렇게 염습의 열 단계가 이어진다.

씻김의 둘째 단계는 목욕의식인데 마음을 맑게 해야 한다고 하며, 주장자를 활용하여 깨달음으로 강력하게 인도한다.

> 깨달음의 본질은 위로는 모든 부처님께 이르고 아래로는 육도의 범부에 이르기까지 낱낱마다 우뚝하게 갖춰 있어서 티끌과 티끌 위에 통달해 있고 물건과 물건 위에 나타나 있어 닦음으로 새롭게 이루는 것이 아니라 언제나 맑고 밝아 또렷합니다.

그리고 주장자를 들어 보이고 또 내리치고 하면서 이렇게 외친다.

(주장자를 들고) 영가여, 이 주장자가 바로 보이십니까?
(주장자를 내려치며) 영가여, 이 소리가 바로 들리십니까.

이제 목욕을 통해 거짓되고 허망한 번뇌를 씻었으니 금강처럼 무너짐 없는 몸을 얻었다고 하면서 이미 밝고 또렷이 보고 들으니, 이것은 무엇이냐고 묻는다. 그리고 마지막 게송을 한다. "이제 목욕을 하여 더러운 때 씻어내니, 금강의 무너지지 않은 몸을 얻게 되었습니다"라 하며 목욕을 마쳤음을 알려주는 말씀의 앞과 뒤에서 이렇게 들려준다.

부처님의 얼굴은 마치 보름달 같고
천 개의 해맑은 빛을 놓음과 같네.
깨끗한 법신은 안팎이 없고
가고 오고 나고 죽는 모습이 한결같고 참되며 항상하네.

씻김의 셋째 단계는 세수인데, 오고 감이 없음을 다시 환기하며 이제 떠나야 한다는 것을 강조한다. 이를 위해 시식을 마치고 봉송하기 직전의 최후 일구로 활용되는 '사대 각각 떠나니 꿈속과 같고/ 여섯 경계 알음알이 본래 공한데/ 불조께서 빛으로 돌아간 곳 아시렵니까./ 서쪽 산에 해가 지니 동쪽에 달이 뜨네'라고 들려준다. 그리고 진정 '손을 씻는다'는 것은 깎아지른 천 길 낭떠러지에서 잡은 손을 놓아야 장부라고 세수의 의미를 담은 게송을 앞에서처럼 들려준다. 육신의 손을 씻는 행위를 통해, 업의 씻음으로 나아가야만 참된 장부라고 법을 설해준다. 이것이 참된 세수라는 것이다.

씻김의 넷째 단계는 발을 씻는 것이다. 족적이라는 말처럼 발을 씻는다는 것은 지난 만 가지 행이 원만해져 한 걸음으로 법의 자리를 뛰어오를 수 있게 되었다는 뜻이다.

> 한 생각이 생각 없음에 돌아가면
> 비로자나 정수리 위 높이 오르리.

삭발하고 목욕하고 손을 씻고 발을 씻고 하는 씻김의 단계는 단순한 씻김의 씻음이 아니다. 삭발은 수행자임을 자각하는 것이다. 몸과 손발을 씻음으로써 손과 발이 한 행위와 그 족적이라는 것을 정화하여 바른 자리에 뛰어오르도록 하고자 하는 목적을 가진다.

이 '삭발'에 대해 유발자는 '이발'이라고 칭해야 한다고 안진호 편 『다비문』에서는 말하고 있지만, 이는 20세기 후반의 판본에 나타난 모습에 불과하다. 목욕을 하였으니 이제 옷을 입힌다.

입힘

입힘의 첫째 단계는 속옷을 입히는 의식이다. 오늘날 대부분의 다비문들은 제목만을 제시하고 '신원적 ○○ 영가여'라고 시작하지만, 전통 다비의 문들은 '○○ 영가여 착군편을 잘 들으시오'라고 하며 다음의 법문을 들려주고 있다. 속옷을 입히는 착관의식은 사대가 무너지더라도 신령한 영가의 하나의 밝음은 무너지지 않는다고 하면서 원수나 친한 이도 없이 허공처럼 마음이 툭 트였다고 이른다.

이제 속옷을 입어 여섯 문과 부끄러운 곳을 깨끗이 감쌌으니 깨달음을 증득하라며 이렇게 노래한다.

세계마다 티끌마다 묘한 진리요,
삼라만상 모두가 주인공이네.
말로 인해 근본을 통달하게 되면
여섯 가지 티끌 경계 본래 나의 신령스런 마음 비치리.

입힘의 둘째 단계는 겉옷을 입히는 의식이다. 속옷을 입어 더러운 곳을 가렸다면 겉옷을 입어 여래 인욕의 옷을 입었으며 늘 한결같은 옷이라고 다음과 같이 노래한다.

아주 밝게 참 머문 곳을 아시렵니까.
푸른 하늘 흰 구름은 만 리를 오고가며
우리 세존 연등불을 만나뵙고서
오랜 겁에 인욕 선인이 되셨습니다.

겉옷을 입은 것은 단순히 옷을 입는 것이 아니라 여래 인욕의 옷을 입는 것이다. 부처님께서 인욕선인으로 계셨듯이 영가께서도 인욕선인이 되셨다고 설파한다. 전통적으로 스님들의 옷을 삼의三衣라고 하여 상의上衣(승가리), 중의中衣(울다라승), 하의下衣(안타회)가 언급되지만 다비의식에서는 속옷과 겉옷을 입힌다. 겉옷을 입히고 난 다음 오늘날은 화장으로 얼굴을 단장하므로 이 화장을 착정의식著淨儀式으로 편수해야 할 것으로 보인다. 출판해 발표하지는 않았지만 대한불교조계종 포교원의 「다비·추선작법 연구보고서」에서는 이 착정의식이 채택되기도 했다.

입힘의 셋째 단계는 관을 씌우는 것이다. 관은 벼슬을 상징한다. 관을 씌우며 설하는 법어는 꿈 이야기로 풀고 있다.

보고 듣는 것은 허깨비와 눈병과 같고 삼계는 허공의 꽃과 같으니, 들으시고 눈병을 없애면 여섯 가지 티끌 경계 모두 사라져 깨달음이 원만해지고 청정해집니다. 깨끗함이 지극하면 빛이 환해지고 고요하게 비치어 허공을 머금으니 돌이켜 이 세간을 살펴보소서. 꿈속 일과 같을 것입니다.

관을 씌우는 것은 곧 꿈을 깨는 것을 상징한다. 이 관은 바로 수능엄삼매를 증득했음을 표현하는 관이다. 그러므로 이제 관을 쓰셨으니 '수행 계위에서 물러나지 않으면 끝내 등각 묘각 오르는 것은 의심 없으리'라고 직설하고 있다.

모심

목욕을 마치고 옷을 갈아입히니, 이제 오묘한 보리의 좌석에 앉히는 의식이다. 앉아서 돌아가신 분은 정좌正坐, 누워서 돌아가신 분은 정와正臥라는 인식이 있는데 옛 의문에서는 볼 수 없다. 안진호 편 『다비문』에는 '와렴臥殮하였으면'이라는 구절이 있지만, 여기서 정좌는 앉아 돌아갔거나 누워서 돌아간 것에 의해 구분되는 것이라고 보이지 않는다. 누워서 돌아갔든 앉아서 돌아갔든 망자를 바로 앉히는 것으로 이해해야 할 필요가 있다.

영가의 신령한 빛은 오직 홀로 환히 빛나 육근, 육진 활짝 뛰어 벗어났으니, 지혜 바탕 늘 참됨 온통 드러내어 말과 글에 걸리지 않고, 참된 성품 모습에 물듦 없어 본래 스스로 뚜렷이 이루어졌으니, 단지 허망한 경계를 여의면 곧바로 한결같은 붓다라는 법문을 들려주며 이제 바로 앉으면 법이 공한 자리가 되어 한량없는 부처님과 모든 보살들이 집으로 삼으신 그런 자리에 앉게 된다고 일러준다. 바로 앉히는 의미를 밝히는 것으로, 임종 시의 앉음과 누움과는 거리가 있다. 다음은 자리를 바치는 헌좌게송을 개사改詞하여 정좌게송으로 정좌한다.

깨달음의 묘한 자리에 아주 빼어나
모든 여래 이미 앉아 깨침 이루었네.
그대 앉을 자리 또한 그와 같으니,
나 너 함께 불도를 이루리다.

부처님께 자리를 바치는 헌좌게송을 개사하여 정좌게송으로 칭명하고 있는데, 이때 정좌는 죽은 이를 좌석에 바로 앉힌다는 의미다. 이를 '좌석을 바친다'는 의미로 받아들여 이후에 안좌게송을 거듭 시설하고 있다. 이 같은 모습은 안진호의 『석문의범』부터 나타나는 현상이다. 정좌 이후 안좌게송은 다음과 같다.

만 겹의 푸른 산은 범찰을 에워싸고
한 줄기 붉은 해는 신령스런 자릴 비추니
원각의 묘한 도량 단정히 앉으시어
참된 마음 헤맴 없이 서방정토 연꽃대로 향하소서.

안양암 간행 『다비작법茶毘作法』(1927)에만 해도 이 안좌게송은 등장하지 않는다. 정좌게송을 하지 않을 때는 몰라도 중복이라고 할 수 있다. 조계종 『통일법요집』에는 입관 편을 하고 다시 안좌게송으로 모시고 장엄염불로 정근한 다음 성복제를 제시하고 있다. 이는 출가자와 재가자의 차이 때문이라고 할 수 있다. 출가자는 입감 뒤에 시식을 하지만, 속가 의례에서는 염습이 끝나고 입관한 뒤에 상주들이 상복을 입고 영전에 제사를 지내기 때문이다. 전통 출가자의 다비작법은 정좌 이후 시식과 입감이 진행된다.

현실 의식을 감안하여 시식편[進飯] 이전에 감실에 넣어 모시는 입감을 모심의 의식이라는 측면에서 먼저 살펴보겠다. "신원적 ○○인 영가여, 입감편 법문을 지극한 마음으로 들으시오"라고 하고 대중에게 되묻는다.

> 대중은 다시 말해보십시오.
>
> 옛 부처님 이미 가셨고 오늘 부처님도 이렇게 가셨으며, 영가도 이렇게 가셨으니, 무너지지 않는 것은 무엇이며 길이길이 굳센 것은 무엇입니까.
>
> 여러분께서는 이 뜻을 아시겠습니까.
>
> 모 영가와 삼세 부처님이 모두 같이 한때에 도를 이루고, 열 부류의 중생들이 한날 함께 열반에 드셨습니다.
>
> 그렇지 못하십니까.
>
> 눈 있는 돌장승은 눈물 흘리고
> 말 없는 아이 한숨 쉬네.

감실에 넣는 의식을 하며 설하는 법문이다. 감실은 원래 사당의 신주를 모시는 곳인데 의미가 다소 전화되어 부처님을 모시는 방을 감실이라고 한다. 감을 탑이라고도 한다. 감실은 널[棺]과 달리 앉아 계신 분을 모실 때 쓴다. 정좌하고 감실에 모시는 일련의 의식은 돌아가신 분을 곧 부처님으로 모시고 있다는 뜻이다. 눕거나 앉거나 한 상태에서 입적해서가 아니라 돌아가신 이를 앉혀 모시고 있음을 유념해야 한다.

입감의식을 입관의식이라 하고 앞의 안좌게송을 시설하고 있는 점 또한 재고의 여지가 있는 것 같다. 입감할 때 예수재 때에 모셨던 금강경탑

다라니, 수구주다라니를 사용한다. 일반적으로 시신이 감龕 속에 들어가면 입감[관]의 빈 공간을 휴지 등으로 채우기도 하는데 바람직하지 않은 것 같다. 평소 사경이나 사불을 한 이들이라면 망자가 한 사불지나 사경지를 잘 모았다가 활용하면 의미가 있다. 또 다라니는 예수재 때 모셨던 것이 없을 때는 초상 이후 원찰에서 현왕헌공을 하고 신령함을 가지한 다라니를 모셔 와서 사용하는 것이 의미가 있다.

감에 모시는 것이 현실적으로 어려울지 몰라도 이 의문대로라면 입감은 입감이다. 입관은 자의적이다. 입감하여 안좌하는 것이 맞지, 입관하고 안좌한다는 것은 전후가 호응하지 않는다. 자리에 앉으시고 나서 장엄염불 같은 염불을 통해 영가의 업장을 참회하고 왕생극락의 자량을 닦는다. 영안실에서의 의식이 끝나면 빈소로 돌아와 진반進飯(밥을 올리는 행위)을 하게 된다.

진반시식

진반은 진지를 올려 음식을 베푼다는 뜻이며, 전통 다비문에서는 시식에 해당한다. 상복이 완성되어 착복을 하고 제사를 올리므로 성복제라고도 한다. 전통적으로 성복이라고 하면 상복이 다 지어졌다는 뜻이다. 초상 이후 성복제 이전에 상주는 절하거나 문상객에게 음식을 전하지 않는 것이 예법이다. 이는 아직 죽은 이가 완전한 죽음에 이르지 않았다는 인식이다. 밥상은 올리나 수저는 꽂지 않고 염불한다. 귀명삼보를 하고 영가를 불러 자리에 앉히는데, 정좌 다음에 시식이 행해진다는 것을 전제하면 영가의 "신령하고 밝은 성품의 깨침은 미묘하여 생각할 수 없고, 가을 못에 밝은 달 내리 비치어 계수나무 그림자 차네. 요령 울려 맑은 뜻을 전하오니, 잠시 진계 떠나 향기로운 법단에 내려오소서"라는 반혼착어는 적절하지 않다. 이 반혼착어를 『석문의범』부터 쓰고 있지만 〈상용영반〉이나 〈진전식〉에 적합한 것이다. 바로 앉혀 모셔놓았으니 반혼착어가 필요 없지만 굳이 반혼착어를 하려면 다음 다비문의 반혼착어가 적절하다.

> 참되고 밝은 본성은 미묘하여 헤아릴 수 없고,
> 가을 못에 밝은 달 내리 비쳐 계수나무 그림자 차네.
> 요령 울려 깨침의 길을 여오니,
> 허깨비 몸 영원히 벗고 영단에 앉으소서.

허깨비 몸을 벗고 영단에 오시라고 하는 것이 적합하다는 것이다. 그리고 안좌진언을 하고 진반한 다음 향등다과식의 공양을 올리게 되는데, 상주와 대중이 함께 영전에 삼배를 올린 다음 공양물을 하나하나 올리는 진반시식을 거행한다.

> 오분법신의 향을 사르오니 자성의 큰 지혜를 발하소서.
> 반야의 밝은 등불 켜오니 삼계의 어두운 길 밝히소서.
> 조주의 맑은 차를 바치오니 윤회의 고달픔 다 쉬소서.
> 신선계의 신선 과일을 바치오니 윤회의 고달픔 다 쉬소서.
> 향적 세계의 진수를 올리니 다생의 주림을 벗어나소서.

이어 반야심경, 시귀식진언, 보공양진언, 보회향진언을 염송하고 지금 올리는 공양이 아난존자가 올린 공양과 다름이 없다고 찬탄하며 시식의식의 법의 본성을 일러주고 아미타불 염불을 하고 계수게송으로 마친다.

그렇다면 정좌 이후 입감 이전의 전통 시식은 어떻게 하는가를 알아보자. 신원적 모인 영가를 부르고 이렇게 노래한다.

> 나의 한 조각 향은 한 조각 마음에서 나온 것이오니,
> 향 연기 아래에서 본래 참된 밝은 지혜 발하소서.

그리고 "가만히 생각해보니, 나고 죽음 서로 바뀌는 것은 추위 더위 서로 갈려 옮겨가니, 옴은 긴 하늘에 번개 침이요, 감은 큰 바다에 물결이 스러짐이라"고 설파하며, "일생의 인연이 다해 명줄이 갑자기 옮겨졌으니 모든 행이 덧없음을 아시면 곧 적멸하여 즐거움이 된다"라고 하며 대중에 의지하여 정토로 나아가기를 청한다. 정토에 가서 날 수 있도록 대중은 이때 십념을 염송한다. 십념을 외운 후 진반을 하고 이렇게 염송한다.

> 저의 이 발우의 공양은 향적찬과 같사오니
> 이 한 맛의 향기 선열로 배불리 맡으소서.

다음은 조주의 청다를 영전에 올리는 것은 한 조각 공허한 마음을 표현한 것이라고 아뢰며, 드시고서 삼계가 한 바탕 꿈임을 아시고 안심하여 법왕성으로 곧바로 가시기를 청원하며 보공양진언 3편을 한다. 반야심경과 존승주 등을 염송하고 스님일 때는 이렇게 아뢴다.

> 황매산 아래 친히 부처님과 조사로부터 심인을 받은 임제문중 가운데서 영원히 사람과 하늘의 안목이 되셨으니, 본래 서원 잊지 마시고 하루속히 사바세계로 돌아오시어 다시 일대사인연을 밝히시고 널리 뭇 중생들을 이롭게 하고 보편적인 지혜를 장엄하소서.

이어 시방삼세일체제불 제존보살마하살 마하반야바라밀을 염송하며 마친다.

이렇게 해서 일반적으로 2일째 장례의식이 끝난다. 3일장이 일반화되어 있지만 요즘은 여러 사정으로 4일장도 빈번히 열린다. 이때는 시다림과 문상객을 맞으며 때때로 상식을 하게 된다.

감춤

옮김, 이운

빈소를 떠나 장지로 향하는 첫 번째 의식은 발인, 이운 등으로 불린다. 주검을 화장터로 옮겨 화장하거나 산소로 옮겨 매장함으로써 죽음의식이 끝난다. 인간 죽음의 마지막 관문인 주검의 처리, 돌아가신 이와 영원한 이별을 고해야 하는 살아남은 가족들의 아픔, 이것들을 불태우고 묻으려고 나아가는 과정이라 하겠다. 진행과정을 약술해보자.

첫째, 빈소에서 이운하는 경우다. 거불을 모신 다음 창혼을 하고 반혼착어와 안좌진언을 염송하고 요령을 울리며 영혼을 청한다. 반야심경 염송과 헌다 및 헌향을 하고 조사나 조가로 이별을 한다. 원만하게 봉송이 이루어지도록 가지를 청하고 꽃을 뿌리며 앞길을 장엄한다. 이때 〈산화락〉 노래를 한다. '나모대성인로왕보살마하살'을 3창한다. 그리고 아미타부처님께 영혼을 극락세계로 인도하여 주시기를 발원한다. 이때 의상조사 법성게를 염송하며 옮겨간다. 이어 전통의 기감의식을 행하는데, '기감'은

'감을 일으켜 세운다'라는 뜻이다.

"새로 원적에 든 ◯영가여, 기감편을 지극한 마음으로 들으시라"고 하며, "묘한 깨침 환하게 드러나니 선정의 기쁨으로 밥을 삼고, 동서남북 가는 곳마다 즐거움입니다. 비록 이와 같으나 감히 대중에게 묻겠습니다. 영가의 열반 길목이 어디입니까"라고 묻고 잠시 가만히 영위의 위패를 응시한다. 그리고 다음 게송을 설파한다.

곳곳의 푸른 버들 말 맬 만하고
집집마다 문밖은 장안으로 통하네.

푸른 버들은 동아시아 문화권에서 사랑과 소생을 상징한다. 또 정화를 하는 데 쓰인다. 여기서는 재생의 이미지라고 이해할 수 있다. 집집마다 문밖은 장안으로 통한다고 한 것도 장안은 서울인데 번성하게 활동하는 곳으로 나아간다는 뜻으로, 죽음은 소멸이 아닌 축제의 의미를 담고 있다고 할 수 있다.

관[龕]을 들고 보례 준비를 하고 무상계를 설하기도 하는데, 상황에 따라 생략하고 동남서북과 중앙의 단을 향해 오방불께 배례를 한다. 이어 열두 아미타불께 오늘의 영가를 극락세계로 인도해달라고 청원하게 되는데, 이때 대중은 '귀명아미타불'로 화답한다.

서방극락세계 대자대비 아미타부처님께 귀명하오니, 황금보배 자리[金臺寶座]에 앉아 허공 타고 내려오시어 이 몸을 인도하사 극락정토 가서 나게 하옵소서.

[대중 합창] 귀명아미타불

서방극락세계 대자대비 아미타부처님께 귀명하오니, 부처님의 명호 듣고 이승의 몸 벗어나 안락국토에서 신수봉행하게 하옵소서.

[대중 합창] 귀명아미타불

서방극락세계 대자대비 아미타부처님께 귀명하오니, 관음세지보살께서 인도하사 가장 선한 사람 따라가서 부처님의 국토에 노닐며 살아가게 하옵소서.

[대중 합창] 귀명아미타불

서방극락세계 대자대비 아미타부처님께 귀명하오니, 극락세계 아름다운 숲에서 상쾌하게 거닐 때 삼공三空을 크게 깨닫고 온갖 고통 겪지 않게 하옵소서.

[대중 합창] 귀명아미타불

서방극락세계 대자대비 아미타부처님께 귀명하오니, 물러나지 않는 불퇴전의 마음으로 생겨남이 없는 경지를 증득하고 무생인無生忍에 통달하게 하옵소서.

[대중 합창] 귀명아미타불

서방극락세계 대자대비 아미타부처님께 귀명하오니, 금모래에 맑은 물과 보배나무 허공에 떠 있는 곳에서 사다라니를 깨닫고 육바라밀을 얻게 하옵소서.

[대중 합창] 귀명아미타불

서방극락세계 대자대비 아미타부처님께 귀명하오니, 무량한 수명, 무량한 광명을 얻어 자유자재 유희하며 상호광명 빠짐없이 부처님과 같아지게 하옵소서.

[대중 합창] 귀명아미타불

서방극락세계 대자대비 아미타부처님께 귀명하오니, 지혜로운 사람 가까이 해 착한 사람 같아져서, 부처님을 만나 뵙고 바로 수기 받게 하옵소서.

[대중 합창] 귀명아미타불

서방극락세계 대자대비 아미타부처님께 귀명하오니, 부동지不動地를 얻고 자재한 몸을 이루며, 오분향五分香을 사르고 육바라밀 원만하게 하옵소서.

[대중 합창] 귀명아미타불

서방극락세계 대자대비 아미타부처님께 귀명하오니, 모든 부처님께 함께 돌아가서 하늘과 사람을 크게 교화하고, 맑고 깨끗한 몸으로 미묘 법문 연설하게 하옵소서.

[대중 합창] 귀명아미타불

서방 극락세계의 대자대비하신 관세음보살님께 귀명하옵고, 서방 극락세계의 대자대비하신 대세지보살님께 귀명하오니, 관음세지보살님의 크신 서원 널리 퍼져 연화보좌 일러주어 정토에 태어나게 하옵소서.

[대중 합창] 귀명관음세지대보살

이어 사바세계를 하직하고 서방정토에 왕생하여 아미타불을 친견하는 그곳이 극락이라고 하며 오온의 몸을 받지 말고 극락에 가기를 청한다. 이어 삼보께 하직인사를 한다. 법성게송을 염하면서 관을 운구차에 안치한다. 전통의 상여를 맬 때는 상여에 모신다.

둘째, 안치실에서 이운하는 의식을 보면 대략 다음과 같다. 기감편 무상계, 오방불례와 열두 아미타부처님께 귀명하오며 극락에 이끌어주시기를 청하는 의식은 같고, 보례삼보를 한 다음 창혼하여 반혼착어와 안좌진언을 하고 요령을 울려 영혼으로 하여금 오늘의 이 법회에 오시기를 청한다. 이어 반야심경과 헌다 및 헌향 이후에 조사 및 조가를 하고 봉송가지를 하고 〈산화락〉 나모대성인로왕보살마하살을 3편하고 섭수게송으로 마친다.

또 영결식을 거행하고자 할 때는 이런 차례를 참조하여 적절히 설행하게 된다. 개식, 거불, 창혼, 착어, 가지공양(〈화엄시식〉 가지공양), 반야심경 독송, 고인 약력소개, 상주헌작, 분향(상주대표 분향 후 다 같이 삼배), 조사, 추도사, 조가, 조문객 분향, 나무아미타불 정근, 유가족 대표 인사말, 발인(기감 → 오방불례 → 십이불 → 보례삼보 → 법성게 → 운구차 안치).

이때 〈화엄시식〉의 가지공양을 올리고 상주는 헌작하고 분향 및 헌다를 한다. 시귀식진언과 시무차법식진언으로 영결식 주변의 일체 귀중들에게 음식을 베풀고 보공양진언과 보회향진언으로 마친다.

노제를 봉행하게 되면 극락삼성의 거불을 하고 간단한 제문으로 지내면 된다.

> 유세차 ○○년 ○○월 ○○일 (행효자) ○○는 삼가 차와 과일 등 제물을 올리고 감히 ○○당 대사의 영전에 밝게 고하옵니다.
>
> 아! 슬픕니다. 영령으로 변하심이 어제 같은데 문득 ○○월(일)에 이르렀습니다. 음성과 형상을 보지 못하게 되었으니 어찌 사모하지 않을 수 있겠습니까. 몸은 부평초가 되어 그 위치가 동서東西에 머무시니 살아 계셨을 적에는 삼평三平을 짓지 않으셨고 죽어서는 신찬神贊을 본받지 않으셨습니다. 하늘을 우러르고 땅을 두드려도 저 자신은 더욱더 어둡고 아득할 따름입니다.
>
> 부족하나마 적은 음식을 하소연하매 참된 혼령께 올리오니 부디 흠향歆饗하십시오.

이어 반야심경 염송으로 마친다.

태움, 화장

상여나 영구차가 화장터에 도착하면 이렇게 제사를 올린다.

새로 원적에 든 ○영가여, 색신은 사라지는 것처럼 보이나 법의 몸은 언제나 머물러 마음바탕 항상 맑고 고요하나니 이것을 크게 쉬는 땅이라 합니다. 참으로 머무는 곳 아시겠습니까? 하늘땅은 만 리에 통합니다.

게송을 마치며 "영가여, 성품은 넓고 커서 허공보다 수승하고 진성은 탁월하여 법계를 초월합니다. 영가시여, 만약 업장이 있다면 먼저 참회해야 하므로 아래 진언을 지극히 염송하겠습니다"라고 하며 아미타불 본심미묘진언을 염송하고 미타헌공을 하는 동안 화장 준비를 한다.

태움의 화장의식은 미타단작법, 거화, 하화, 봉송, 십념, 표백, 창의 편, 정근, 습골, 기골, 쇄골로 진행된다. 이 방식은 전통 다비 방식으로, 현대식 화장장에서 행해질 때는 의문과 의식 행위가 이대로 이루어지기 어렵다.

첫째는 불쏘시개인 '홰'를 드는 거화의식이다. 홰를 드는 법사의 서는 방위는 계절별로 다르다. 정월, 오월, 구월은 서쪽에 서고, 이월, 유월, 시월은 북쪽에 서며, 삼월, 칠월, 십일월은 동쪽에 서고 사월, 팔월, 십이월은 남쪽에 선다. 그리고 "새로 원적에 든 ○○ 영가여, 거화편을 지극한 마음으로 잘 들으십시오"라고 하며 다음의 법문을 설한다.

이 횃불은 삼독의 불이 아니라 부처님의 일등 삼매의 불입니다. 빛은 밝고 밝아 삼세를 비추고, 불꽃은 시방을 꿰뚫으니, 빛을 얻으면 부처님의 하루아침과 같아지고, 빛을 잃으면 만 겁 동안 나고 죽음을 따르게 됩니다.

그리고 영가를 불러 마음의 빛을 돌이켜 다시 비춰서 남이 없는 참된 법을 단박 깨치면 타오르는 번뇌와 고통을 모두 떠나 열반의 즐거움을 얻게 된다고 설명한다.

둘째는 불을 붙이는 하화편이다. 횃불을 붙일 때 하화편을 설명하고 무상계를 염송해주며 차차로 여러 경전과 염불 및 송주를 한다. 불을 붙이는 법은 정월, 오월, 구월에는 서쪽에 서서 먼저 불을 붙이고, 이월, 유월, 시월에는 북쪽에 서서 먼저 불을 붙이고, 삼월, 칠월, 십일월에는 동쪽에 서서 먼저 불을 붙이고, 사월, 팔월, 십이월에는 남쪽에서 서서 먼저 불을 붙인다.

새로 원적에 든 영가를 불러 "세 가지 인연이 화합하여 잠깐 몸을 이루었지만 사대가 흩어지면 홀연히 다시 공으로 돌아가게 되며, 몇 년이나 허깨비 바다를 헤매다가 오늘 아침 이 몸을 벗어버리니 쑥꽃이 바람에 날리듯 경쾌할 것입니다"라고 하며 대중에게 한마디 하라고 묻는다. "영가께서 어디로 갔습니까." 그리고 이렇게 외친다.

> 나무 말(상여) 거꾸로 타고 한 번 뒤치니,
> 크게 붉은 불꽃 속에 찬바람 이네.

목마에 거꾸로 탔다는 것은 죽어 누운 채로 가마를 탔다는 것이다. 가마에 실려와 불 속에 들어가 몸이 불에 타니 뒤치는 것이다. 그 불속에 홍련이 피어났지만 시원한 찬바람이 분다. 여기서 다시 무상계를 설해준다. 마지막 몸을 버리는 장면에 조금이라도 집착을 남겨서는 안 되기 때문이다.

셋째는 봉송 편이다. 스님의 경우는 "가만히 생각하니, 신원적 ○○ 각령이시여, 인연 따라 원적에 드셨으니, 여법하게 정성 들여 다비 행하여 백 년 동안 불법 펼친 몸 태우오니, 한 걸음에 열반문에 들어가소서. 우러러 대중을 의지하여 깨달음을 돋우소서"라고 한다. 재가자는 "불자 법명 ○○ 영가여, 인연 따라 원적에 드셨으니, 여법하게 정성들여 다비 행하여 무거웠던 지친 몸을 불에 태우니, 한걸음에 열반문에 들어가소서. 우러러 대중들을 의지하여 깨달음을 돋우소서"라고 하며 십념으로 봉송을 돕는다.

그리고 봉송을 대중들에게 아뢴다. "아미타불 거룩한 명호 불러서 영가들의 왕생 길을 도왔음이라. 지혜로써 명백하게 살펴보시면, 진여 바람 고운 무늬 흩어 퍼져서 보리의 언덕에 깨달음의 꽃이 엄청 피리니, 법의 성품 바다에서 심신의 때 깨끗이 씻고 구름수레 높이 몰아 성중님께 절하십시오"라고 하고 봉송진언으로 봉송을 마친다.

넷째는 화장하여 봉송하였으니, 영가의 옷가지 등 소장한 물품을 경매하는 절차다. 돌아가신 이의 옷가지를 경매한다는 것은 오늘날의 사고로는 이해하기 쉽지 않지만 옷 등 모든 물건이 귀했던 부처님 당시부터 있던 유풍이다. 망자의 소지품을 하나하나 대중에게 들어 보이고 값을 내는 이에게 그 물건을 주고 영혼이 위패에 안주하도록 한다. 창의唱衣 또는 고의估衣라고 한다. 이 의식은 다비를 마치고 사찰로 돌아와서 행하는 의식이다.

영가를 불러 "이 향의 연기를 따라 자리에 오셔서 창의를 증명하시고 보고 듣고 아소서. 법신은 본래부터 항상 청정하니 번뇌를 끊어 없애고 보리를 증득하게 된다"고, 모든 것이 뜬 구름 같다고 이른다.

> 뜬 구름 흩어지면 그림자 남지 않고
> 남은 초 다 타며 불빛은 스스로 스러지네.

직지사 녹원 스님 다비 장면(ⓒ김무경)

그리고 창의로 영가의 물건에 값을 내고 처분하는 것은 무상을 나타내는 것이라고 일러주며, 창의하고 염송한 공덕으로 새로 원적에 든 영가께서 육근육진을 멀리 벗어나 삼계를 뛰어넘게 되었다고 하며, 단번에 일천 성인이 가신 길을 가시어 일승의 도량에서 노니시라고 부탁하며 말구 게송으로 의문을 장식한다.

> 바다 위로 밝은 달이 얼굴 비추니,
> 벼랑 숲 원숭이는 울음 그치네.

다섯째는 창의를 마치고 화장이 다 끝나면 화장터로 가서 습골을 하게 된다. 오늘날의 다비문들은 기골과 습골의 순서로 되어 있고, 문장 의미상으로 기골과 습골이 잘 구분되지 않으나, 기골은 유골을 담은 단지를 드는 것이고 습골은 유골을 수습하는 것이다.

습골의식을 보자. 『석문가례초』에 의하면 잡목이 없는 곳에서 주검을 태우고 3일 뒤에 화장장에 가서 나무젓가락으로 뼈를 주워[拾骨] 동쪽을 향하여 주머니에 집어넣는다고 하였다. 습골, 기골, 쇄골 의식을 세분하지 않고 쇄골법에 일련의 과정을 설명하고 있다. "얻을 수도 없고 버릴 수도 없으니, 바로 이때 당하시면 어떻게 하시겠습니까." 이렇게 묻는데, 바로 습골의 장면이라고 할 수 있다. 화장불 속에서 사리를 얻고는 할喝을 한다.

> 얏! 눈썹 털을 치켜들고 불 속을 보니
> 한 줌의 황금 뼈가 분명하리다.

이 할에 대한 깊이 있는 사유를 하기도 하지만 사실적이다. 화염으로 장면을 제대로 볼 수 없었다. 그 불길 속에 한 줌의 뼈가 분명하게 드러난다. 습골의 장면과는 시차가 있지만 불타는 속에 드러난 영명함을 대비하고 있다.

여섯째는 기골이다. 사리를 모았다. "한 점의 신령하고 밝으니 걸릴 것이 없고, 한 번 던져 몸 뒤집으니 많고 적음에 자유자재합니다"라고 각령에게 알려드리는 장면이다. 육신을 버리고 법신의 사리를 얻은 것이다. 이것이 곧 여래의 진실한 모습이라고 노래한다.

> 모습 없고 공도 없고 공이 아님도 없으니
> 이것이 곧 여래의 진실상이네.

일곱째는 쇄골이다. 수습한 영골을 부도탑[龕]에 모실 때는 쇄골을 하지 않아야 할 것 같다. 산골을 하고자 할 때는 쇄골을 한다. 이에 대한 『석문가례초』의 설명이다.

버드나무 토막을 다듬어 발우 두 개 정도 크기의 빈 항아리 모양 절구통을 만들고, 버드나무 가지 부분으로는 절굿공이를 만든다. 참기름 세 되, 백탄白炭 세 말, 참깨가루 세 숟가락, 풀방석 한 장 등을 준비해 높은 산봉우리 정상에 올라 큰 반석磐石 위에 놓는다. 나무젓가락으로 뼈를 집어 향탕수香湯水에 씻고 백탄 위에서 태운다. 이때 왕생게往生偈를 독송한 다음 나무젓가락으로 타고 남은 뼈를 집어 버드나무로 만든 발우에 담은 다음 절굿공이로 빻아 가루로 만든다. 참기름 세 되를 뼛가루에 붓고 솔로 풀방석 위에 바른다. 그 다음 판판한 돌 위에 세우고 풀방석을 불에 태운다. 이때 대중은 대의大衣를 입고 행원품行願品을 독송한 다음 환귀본토진언을 읊는다.

쇄골을 하며 "깨침의 관문을 통달한 이는 산과 내와 땅이 산과 내와 땅인 줄 알아서 분별하는 인간계에 떨어지지 않는데 푸른 산과 푸른 물에 어찌 걸리랴?"라고 한 뒤, "흰 뼈들이 무너지겠습니까. 무너지지 않겠습니까. 무너지면 저 푸른 허공과 같고, 무너지지 않는다면 푸른 하늘에 흰 구름일 것입니다. 신령한 식이 홀로 드러나니 있는지 없는지 이 도리를 아시겠습니까"라고 묻고 이렇게 설명한다.

여기 이곳 안 여의고 항상 맑으니
찾는다면 그대 결코 보지 못하리.

위와 같이 쇄골하여 산골하면 수륙재를 지내지 않아도 된다고 하는데,

이는 조선 중기 수륙재 설행의 한 연유를 볼 수 있다. 그 연유가 무엇인가. 조선시대 수륙재는 주검을 물 좋고 양지 바른 곳에 묻고 제사지내주는 의식에 활용되었다는 것을 시사한다.

여덟째는 쇄골한 유골을 흩는 의식인 산골이다. 산골을 하지 않고 납골당에 봉안하기도 하지만 불가의 전통 방식은 산골이다. 오늘날은 산골도 허가된 장소에서만 가능하지만 예전에는 산이나 강에 뿌렸다. 의문에는 들판에 흩는다고 되어 있다. 쇄골을 하여 흰 종이 다섯 개에 나누어 담는다. 다섯 명이 동·서·남·북·중앙으로 각각 서서 자신이 서 있는 방향을 향해 환귀본토진언을 외우며 가루를 뿌린다. "큰 들판에 재를 날리니 뼈마디가 어디에 있습니까. 땅을 덮는 한 소리는 뇌관에 비로소 이를 것입니다"라고 하는데, 산골을 통해 법신의 자리에 앉으면서 동시에 뇌관에 이르니 곧 깨닫게 된다는 뜻이다. 오늘날 산골 의문은 오방 가운데 중앙에서 행하는 의문이다. 오방으로 산골하며 하는 노래를 모두 보자.

[재를 동쪽으로 흩으며 이른다]
육신이 모습도 없는데서 태어남은
환술로 온갖 형상이 나타난 것과 같네.
꼭두각시의 마음은 본래 없거니
죄며 복도 모두 공하여 어디에 머무르리오.
원적에 드신 영가시여,
백골을 모두 흩으니 불과 바람으로 돌아가지만
한 물건은 길이 신령한 곳에 자리하여 하늘과 땅을 덮습니다.
영가께서는 아시겠습니까.
이제 한 물건을 알고자 합니까.
울창한 청산은 텅 빈 성에 의지합니다.

[재를 남쪽으로 흩으며 이른다]
모든 선업 짓는 것 본래 헛것이요,
모든 악업 짓는 것 또한 헛것이네.
몸은 물거품 같고 마음은 바람결 같으니
헛것에서 생겼으니 뿌리마저 없소이다.
실다운 성품이 어디에 있겠습니까.
원적에 드신 영가시여,
머리뼈가 바람에 남북으로 흩어지니 어느 곳에서 참사람을 볼 수 있을지 알 수 없습니다.
생전에 잘못되었으며 사후에도 잘못되고 날 적마다 거듭 잘못됩니다.
찰나 간에 무생을 깨달으면 잘못들이 마침내 잘못이 아닐 것입니다.

[재를 서쪽으로 흩으며 이른다]
사대가 짐짓 얽혀 형상 이루었고
마음은 본래부터 형상이 없어
경계 따라 거짓으로 생겨났네.
경계가 없으면 마음 또한 없어지느니
죄와 복이 본래 허깨비 같고
사랑도 미움도 한바탕 꿈결이어라.
원적에 드신 영가시여.
이미 돌아가셨고 불에 태워 뼛가루까지 뿌렸으니 어디로 가십니까?
그림자 없는 나무 아래서 달을 읊고 바람을 읊으며,
궤맨 자국 없는 탑전에서 몸과 마음 편히 쉬네.

[재를 북쪽으로 흩으며 이른다]
빈 것으로 몸을 보면 부처님 몸이요,
꼭두각시로 마음을 보면 부처님 마음이네.

몸과 마음 본성이 없어 공한 줄 알면
그 사람은 부처님과 다름없으리.
원적에 드신 영가시여,
백골이 타 흩어졌으니
어느 누가 주인입니까?
허공 같은 오직 하나
밝은 달과 맑은 바람.

[중앙을 향해 재를 흩으며 이른다]
○○ 영가여
부처님은 몸을 보고 부처라 하지 않고
실지로 있다고 알면 부처가 아닙니다.
지혜로운 이는 죄의 자성 공함 알아
나고 죽음 태연하여 두려워 않네.
원적에 드신 영가시여,
너른 들에 재 날리니 뼈마디 어디 있으랴.
천지 덮는 한소리에 마지막 관문 열리었도다.
얏!
한 점 신령한 빛 안팎 없으니
오대산은 구름 사이 막혀 있도다.

산골을 하면 마지막으로 흩어져 앉는 그 자리가 바로 법신의 연화대라고 이른다.

법신이 백억 세계 두루 가득해
밝은 금빛 널리 놓아 사람세상 하늘세계 비추어주네.

사물 따라 여러 가지 모습 나타냄은
못에 비친 달그림자 같으나
본바탕은 보배 연화대에 앉으소서.

산골하며 염송하는 법신게송은 산좌송이라고도 하는데 흩어져 앉는다는 뜻이다. 시식의례에서도 활용하는 불신게송과 법신게송은 불신이나 법신이 정좌하는 데 활용하는 게송이라고 할 수 없다. 영위(가)의 정좌에 활용되는 것이다. 이 같은 게송을 시설하고 있는 한국불교 의식에는 한국불교의 불신이나 법신에 대한 관점이 투영되어 있다. 물론 앞에서도 언급했지만 다비작법 의문이 대사스님들을 위한 장의법인 천화 조목에 기초하고 있지만 원적을 통해 법신을 이룬다는 사상이라고 할 수 있다. 이후 반야심경 염송을 하면 의식이 끝난다.

묻음, 매장

주검을 불에 태우나 땅에 묻으나 발인 뒤 미타단작법과 산신제까지는 동일하다. 산에 도착하면 산소자리 위쪽에 산왕단을 마련하고 준비해온 음식물을 차린 다음 의식을 거행한다.

관을 내린 뒤 천수대비주를 외우고, 산왕山王을 찬탄하는데, 이는 장사 지낼 영혼의 몸이 묻힐 땅을 청정하게 하고 매장하는 유족들을 안심시키기 위해서다.

십념을 하고 요령을 울리며 시방삼보의 명호를 거명해 증명불을 청한다. 대비주를 염송한 다음 산왕을 찬탄하는 가영을 한다.

그 옛날 영산에서 여래의 부촉 받아
강산에 자리하여 중생을 건지시네.
수만 리 구름 사이 높푸른 산속을
구름 타고 학을 타고 한가로이 거니시네.

산왕은 재래의 민족 고유의 신이었지만 부처님의 부탁으로 호법을 하고 재자들을 지켜준다. 산왕은 나한의 역할과 관세음보살의 화신 역할을 겸하고 있음을 알 수 있다.

첫째 관을 무덤 안으로 내리는 하관의식이다. 새로 원적에 든 ○○ 영가를 부르고 이렇게 일러준다.

일체 모든 중생의 몸과 마음은 허깨비 같아서 몸의 모습 사대에 속한 것이고 마음은 여섯 티끌로 돌아갑니다. 사대가 제각기 흩어지면 화합한다는 것이 무엇이겠습니까.

이렇게 이르고는 대중께 말해보라고 되묻는다. "오늘 영가는 어디로 갔습니까?" 그리고 다시 영가에게 이른다.

부처님의 온갖 세계 허공 꽃과 같아서 삼세가 다 평등하여 필경에는 오고 감도 없습니다. 영가여, 평등하여 오고 감이 없다는 이 한 말씀 아시겠습니까. 알지 못하셨다면, 한 걸음 뒤로 물리어 진흙탕에 섞이고 물과 합하듯이 덧붙이는 말씀을 다시 들으십시오.

사람이 백세를 산 허깨비 몸을 버리고 땅 밑의 길이 쉴 집 갑자기 가니, 몸의 얼은 편안하게 머무시고 자손들을 오래도록 보살피시고 넋은 바로 극락세계 돌아가서 자유롭게 노니소서.

묻고 답하며 극락세계에서 자유롭게 노닐기를 기도한다. 이때 환귀본토진언을 염송한다. 환귀, 귀환. 땅에서 났으니 땅으로 돌아간다. 죽은 것이 아니라 본래 있던 곳으로 돌아가는 것이다. 화장에서도 그리했지만 산좌송으로 매장을 끝낸다. 상황을 봐서 산좌송 이전에 무상계를 염송하기도 한다. 무덤을 유택幽宅이라고 한다. 유택. 유명계의 중생들이 사는 집이다. 땅으로 돌아가는 방식은 티끌처럼 가루로 만들어 돌아가든 육신을 그대로 묻어 돌아가든 흙으로 물로 불길로 바람으로 돌아간다. 유택으로 돌아간다. 거기에는 인간이 살아가면서 쌓은 정이 있을 뿐이다. 그 정이란 것도 살아 있는 인간의 바람과 위로일 뿐이다. 그 모든 것을 털어버리고 본래 있던 자리로 이렇게 돌아가는 것이다.

산역이 계속되는 동안 경전을 독송하거나 염불을 하고 산역이 끝나면 평토제平土祭를 모신다. 평토제는 주검을 묻고 나서 맨 처음 지내는 제사 의식이다. 광중에 흙이 다 메워져 평지와 같은 높이가 되면 평토제를 지내게 되는데, 평토제를 지낸 다음부터 봉분을 만든다. 봉분을 만드는 것은 무덤이 빗물에 씻겨 내려가지 않도록 하려는 것과 위치를 파악하기 좋도록 하기 위함이라는 설은 모두 의미가 있다.

산소의 땅을 고르고 봉분을 만드는 산역이 끝나면 극락 삼성의 명호를 거명하고 절을 한다. 그리고 반혼착어를 하여 영가를 모신다.

> 참되고 밝은 본성은 미묘하여 헤아릴 수 없고,
> 가을 못에 밝은 달 내리 비춰 계수나무 그림자 차네.
> 요령 울려 깨침의 길을 여오니,
> 허깨비 몸 영원히 벗고 영단에 앉으소서.

이때의 반혼착어의 마지막 구절은 '허깨비 몸 영원히 벗고 영단에 앉으소서'이다. 영반에 반혼착어를 할 때는 진계를 잠시 떠나 이곳에 내려오시라고 하는 데 비해, 다비의식에서는 이제 막 육신을 영원히 다 버리게 되었다는 것을 강조한다. 헌향게송으로 제사를 시작한다.

> 저의 이 한 조각 향은 일편단심에서 나온 것이오니
> 이 향 연기 아래 진여의 밝음을 가득 받으소서.

사다라니로 헌향한 공양을 변식하여 공양한다. 주위의 일체 귀신들에게도 공양하기 위해 시귀식진언과 시무차법식진언을 염송한 뒤 보공양진언으로 공양의 제사를 올리고, '그윽한 힘 더해준 이 음식들이 시방세계 널리 두루 가득해져서 먹는 이는 목마름과 주림을 여의고 극락세계에서 태어남을 얻게 하여 달라'는 원차가지식 하는 가지식 발원을 한다.

산역 공사를 하는 동안 시간에 따라 장엄염불을 한다. 평토제를 마친 뒤 아미타불 정근과 법성게를 하면서 위패와 영정을 모시고 하산한다. 평토제 이후 49일 동안 집에서 조석으로 경전 독송을 하며 영가의 추선追善을 기원한다. 하산한 다음 칠칠재를 봉행할 원찰로 위패를 모신다.

☸

봉안의식

목숨이 다해 임종을 하면 임종 전후의 수계와 염불의 작법이 이루어지고 이후에 태움이나 묻음으로 주검과 이별한다. 그렇지만 인간은 완전히 이별하지 않는다. 유골을 산골하기도 하지만 납골당에 봉안하고 추모하거나 사찰에 위패를 봉안하고 추선追善을 한다. 오늘날 한국불교에서는 '천도재'라는 표현을 많이 쓰고 있지만 동아시아불교에서는 선조에 대한 공양을 '추선공양'이라고 하였다. 추후에 선조를 위해 선업을 짓는 공양으로, 불전에 공양을 올리거나 재를 올리는 것을 추선공양이라고 한다.

먼저 유골 봉안의식을 보자. 극락도사 아미타불과 관세음보살과 대세지보살을 칭명 거불하며 예경한다. '불자 ○○ 영가여'라고 영가를 부른다. 부르면서 반혼착어를 한다. 앞에서 하는 내용과 같다. 수위안좌진언을 하고 봉안게송으로 봉안한다.

생전에는 그 모습 분명했으나

죽은 뒤에 종적이 없으니,
법의 궁전에 들기 청하니
이 도량에 편히 앉으소서.

이렇게 봉안하고 칠칠재를 지내고 봉송을 하여 마치기도 하지만, 이후에도 계속 유골을 모셔놓고 명절이나 기일에 제사를 올리면서 명복을 빈다. 추선공양을 하는 것이다. 비록 그 몸은 수명을 다해 헤어졌지만 산 자는 죽은 조상이나 부모 형제를 위해 유골을 산골하지 않고 봉안하여 명복을 빌며, 자신들도 참회하며 청정한 생활을 살고자 서원하는 것이다.

다음은 사찰에 위패를 봉안하는 의식이다. 장례의식을 마치고 위패를 사찰에다 봉안할 때는 유족이 위패와 영정을 사찰 법당으로 모시고 온다. 이때 지내는 의례를 반혼재返魂齋, 반혼제返魂祭, 위패봉안재라고 한다. '반혼재'라고 하면 음식을 차려야 하고, 위패봉안재만 하면 음식이 없이 위패만 봉안한다.

이때부터 칠칠일 간(49일재)의 추선의례를 시작한다. 이 책에서는 사십구재라는 표현보다 칠칠재를 사용한다. 칠칠재는 7일마다 재를 올린다는 의미임에 반해, 사십구재는 사십구일 동안 재를 올린다는 의미라 정확성이 떨어진다. 49일 동안 재를 올려도 되지만 현실적으로 가능하지도 않다. 또 칠칠재의 끝재인 49일째 되는 날의 '막재'에만 재를 올리는 경우도 있는데, 구별하지 않아 전통적인 명칭인 칠칠재라고 표기하였다. 법당에서 영가의 위패를 봉안하기 전에 해탈문 밖이나 누각·마당 등지에서 병풍을 치고 영가의 관욕을 한다. 향탕수와 지의紙衣도 마련한다.

영가를 목욕시켜드리는 관욕은 다음과 같은 차례로 진행된다. 대성인로왕보살 거불을 하고 영가를 부르는 창혼을 한다.

첫째, 인예향욕편이다. 영가를 욕실로 인도하는데, 이때 신묘장구대다라니를 함께 염송하고 법사스님은 길을 깨끗이 하는 정로진언을 염송하며 욕실에 들어가는 게송을 한다.

둘째, 가지조욕편이다. 가지의 힘으로 영가를 목욕시키는 글을 읽어주고 목욕게송과 진언으로 목욕을 진행한다. 한국불교의식의 목욕의식은 중국불교의 그것과 달리 목욕의 구체적인 행위를 의식화하고 있다. 양치를 위한 작양지진언, 입을 헹구는 수구진언, 얼굴을 씻는 세수면진언을 염송하며 목욕하게 한다. 여러 가지 견해가 있지만 영가는 어린아이와 같기 때문이라고 한다. 일반 영가는 이러하지만 불보살님이나 신중이 목욕할 때는 세 진언을 활용하지 않고 오직 목욕게송과 진언만으로 진행한다.

셋째, 가지화의편으로 목욕을 마치고 새 옷을 장만하여 갈아입는 의식이다. 먼저 새 옷은 몸에 딱 맞는 옷이라는 것과 화의재진언으로 한량없는 좋은 옷으로 만들어주겠다고 일러주며 화의재진언을 하고, 옷을 변화시키는 구체적인 진언 셋을 목욕에서와 같이 한다. 옷을 주는 수의진언, 옷을 입혀주는 착의진언, 옷매무새를 바로 하는 정의진언이 그것이다.

넷째, 출욕참성편으로 욕실을 나와 성현을 알현하는 의식이다. 부처님의 법력에 의지하여 향단으로 나아가 부처님께 예경하라고 일러주며, 단을 가리키는 지단진언과 법신송으로 자리에 앉도록 한다. 영가가 나아가는 길에 꽃을 뿌린다. 이때 '나모대성인로왕보살'을 염송하며 도량으로 들어간다. 이때는 짓소리로 한다. 이때 해탈문 밖의 관욕실에서 목욕을 하였으므로 도량으로 나아가야 한다. 도량에 정문이 있는 때는 개문게송과 정중게송을 한다. 결국 도량에 들어설 때 하는 의식인데 핵심은 법당의 부처님께 절을 하는 의식이다.

위패 봉안을 위해 관욕을 하였으니 이제 위패를 영단에 모셔놓고 봉안해야 한다. 상단을 향해 헌향게송을 하고 아미타불, 관세음보살, 대세지보살, 대해중보살의 극락 사성례를 한다. 그리고 송주성과 송주목탁으로 사성례를 마친 뒤 사성례 후편의 게송 염송으로 들어간다. 게송과 진언으로 하고 섭수게송으로 마치고 상단축원을 하고 영단 봉안으로 들어간다.

거불, 창혼, 반혼착어, 수위안좌진언, 다게로 차를 올리고 창혼한 다음 "생전에는 그 모습 분명했으나 죽은 뒤 종적이 없으니, 법의 궁전에 들기 청하니 이 도량에 편히 앉으소서"라고 봉안게송을 하며 마친다.

결어

사유의 몸짓, 의례

나모붓다야.

불교철학은 삶에서 몸짓으로 나타나고, 몸짓은 의례로 정형화된다. 1부에서는 믿음의 몸짓에 내재된 철학을 살폈다. 새로운 스승을 만나 다시는 삿된 스승을 따르지 않고 오직 삼보만 믿고 따르겠다고 하는 귀의는 신앙의 좌표를 삼보로 할 것을 다짐하는 의식이다. 스승들께 예경하며 자신들의 다짐을 일상화한다. 거기서 그치지 않고 같은 믿음을 가진 이들이 모여 예경과 참회를 매일같이 반복한다.

불교윤리의 핵심이라고 할 계목은 오계를 시작으로 사미10계, 비구250계, 비구니 348계와 같이 늘어났다. 승단 참여의 다양화로 인한 데서 오는 양상이기도 하며, 농경사회에서 산업사회로 이행되는 사회 현실과도 밀접한 관련이 있다. 1부의 핵심은 한국불교 아침저녁 예불의식으로 정착된 칠정례에 대한 논의가 중심을 이루었다. 출가와 재가의 보살들이 함께 수지하던 『범망경』 보살계목이 재가보살 중심으로 변화되었지만 계목은 그대로 전지하고 있는 모습이 특이하다.

재일과 포살의 관련성은 딱히 규명하기 어렵다. 그 양상은 예수재적인 양태로 전개된다. 예수재적인 양태라고 해도 그렇게만 단정하기도 어렵다.

2부에서는 해탈의 몸짓에 담긴 철학을 살폈다. 불도를 닦기 위해 출가한 수행자들은 단순히 재가와 다른 삶만을 영위하기 위해 출가한 것이 아니다. 출가의 목적을 실현하기 위해 나날이 경전과 진언을 수지 독송한다. 또 노는 입에 염불한다고 자나 깨나 나무아미타불을 염송한다. 나무아미타불을 염송한다고 해도 그 형식과 몸짓이 단순하지 않다. 아미타불 염송을 위한 한국불교 고유의 염불작법을 생성해냈다. 또 선 수행의 보조적인 수행으로 예참을 수용하였다. 일실의 경계에 드는 조력 수행으로 예참이 발달하였다. 2부에서 살펴본 불교의 몸짓은 정연한 체제를 갖추고 있다고 하기에는 어렵지만 나름의 어떤 체계들을 보유하고 있다. 그런데 예참을 행하지 않으면서 명칭만 예참인 경우가 적지 않다. 전승의 문제일 수도 있고, 예경 중심의 신행문화에서 온 것일 수도 있다.

3부와 4부에서는 공양과 시식 의식의 몸짓에 담긴 철학을 살폈다. 귀의와 송주가 자력적인 수행의 몸짓이라면, 지극한 신심에서 발현되는 헌공의식과 시식의식은 빎과 건짐이 담겨 있어 다분히 타력적인 몸짓의 측면이 강하다. 이 두 몸짓을 여섯 단계로 나누어 고찰하였다. 또 보시의 극치인 시식의식도 여섯 단계로 나누어 철학과 미학을 살펴보았다. 이 3부와 4부의 체제는 귀의와 수행의 그것과 달리 단독 의식을 다룬 것이므로 연번호를 부여하는 것이 가능하였다. 그렇지만 공양을 올리기 위한 거불의 그것에 대해서는 다양하게 언급했다. 다른 곳에 계신 불보살님을 청해 자리를 바치고 공양을 올리는 한국불교의 공양의식은 결론에서도 언급하지만 수륙재회의 산물이라고 할 수 있다. 불당을 짓고 불상을 조성해 모셔 놓고 점안의식을 거쳐 부처님으로 받들어 신행하면서 그 앞에서 이곳저곳의 부처님을 청한다. 이 같은 몸짓이 일어나게 된 배경은 청해 모시고 공양 올리는 야외 재회인 수륙재회의 잔영이라는 것이다. 법회 때마다 성현을 불러 청하고 법회가 끝나면 불러 모신 분들에 대해 아무 조치도 취하지 않는다.

시식의식의 경우 비교적 그 원형이 잘 남아 있다. 하지만 한국불교에서의 시식의식은 대승불교의 육바라밀을 실천하는 몸짓으로서의 시식이 아니라, 조상에게 제사 지내는 것으로 그 의미가 축소되었음을 부정하기 어렵다. 무외시, 재시, 법시의 삼단보시를 무차無遮로 실천하는 시식에는 불교의 구제정신이 녹아 있다.

유학을 숭상한 조선시대를 거치면서 불교의 몸짓인 의례는 본래 의미보다 효행의 제사로 전화되어 역설적이게도 그 생명력을 유지할 수 있었다. 문화는 시대에 따라 변화되어간다. 그러므로 그 원형과 정신을 잃어버리면 불교의 본질에서 벗어나게 된다. 변용 과정에서 와전되었다고 보이는 것은 새롭게 축조되어 설행될 필요가 있다.

마지막으로 5부에서는 불교의 주검을 처리하는 몸짓인 다비의식을 톺아보았다. 관혼상제 같은 생활의례 가운데 불교에 남아 있는 가장 정교한 의례는 장례의식이라고 할 수 있다. 죽음을 삶의 끝으로 보지 않고 순환으로 이해하는 불교의 생사관은 죽음의식을 통하여 돌아간 이가 완전한 깨달음을 얻는 계기로 삼는다. 전통의 불교 다비작법은 차별적 세계관을 가진 시대의 산물이다. 다비작법은 대사스님이 열반하였을 때 쓰이던 것으로, 보통의 스님들이 돌아가셨을 때 쓰던 장례법과 차이가 있었다. 하지만 조선 중후기를 지나면서 대사스님용 장례법이 불교 일반장례법으로 정착되었다. 출가자 내부에서 차이가 인정된 의례가 일반화되었고 심지어 재가불자들에게까지 적용되면서 때로는 현실적이지 못하게 보이기도 한다.

장례문화는 현실에 맞추어 급격히 변하고 있다. 임종 전후의 시다림, 장례의식, 봉안의식은 점차 현실적인 모습으로 정착되고 있다. 이 가운데 조상신을 모시듯 영구위패 봉안이 점차 일반화되고 있다. 49일간의 중음기간 그리고 재탄생의 길을 떠난다고 보는 불교적 윤회관 아래서, 매년 기일에 모셔지는 조상신관과는 어떤 차이가 있으며, 어떻게 수용해야 하고 또 하고 있는지에 대해 한국불교는 설명해야 한다. 아울러 불교의식을 통해 몸짓을 구현해야 할 것이다.

의례가 불교철학, 곧 불교사유의 몸짓이라는 것을 부정한다면 의례는 불교의 것이 될 수 없다. 그것은 단지 불교라는 외피를 쓰고 있는, 버려야 할 것이 되고 만다. 그렇지 않고 불교철학을 제대로 구현하는 몸짓이라면 거기에 대한 바른 이해와 설명이 필수적이다.

삼보를 만나 귀의하고 따르면서 가르침대로 수행하며, 삼보에 공양하고 고통 받는 중생을 구제하는 불교 본연의 의무를 실천하는 몸짓인 불교의례, 그 속에 깃든 사유와 철학을 톺아보았다. 이론적인 해명보다 시급한 것은 사유와 철학에 대한 의례 담지자와 신앙하는 이들의 이해와 실천이다.

마하반야바라밀.

/ 참고문헌 /

- 광덕 편 『불광법회요전』(1983), 불광사
- 일응어산작법보존회 · 동아시아불교의례문화연구소 『영산에 꽃피다』(2013), 정우서적
- 김월운 『일용의식수문기』(1991), 중앙승가대출판국
- 김용환 · 운소희 엮고 지음 『신라의 소리 영남범패』(2010), 정우서적
- 대한불교조계종포교원 포교연구실 『통일법요집』(2003), 조계종출판사
- 대한불교조계종포교원 포교연구실 『한글통일법요집』(2006), 조계종출판사
- 대한불교조계종포교원 포교연구실 『재가불자수계의범시안』(2011), 조계종출판사
- 대한불교조계종 포교원 포교연구실 『불교 상제례 안내』(2011), 조계종출판사
- 무심보광 역 『반주삼매경』(1998), 대각출판부
- 박세민 편 『한국불교 의례자료총서』(1993), 안양암
- 법안 편 『염불문』(2011), 대성사
- 산사세계유산등재추진위원회 편 『산사, 한국의 산지 승원 학술총서 무형유산 Ⅰ』(2017), 산사세계유산등재추진위원회
- 세영 편 『신행요집』(2010), 신륵사
- 원산도명 편 『법요집』(2012), 통도사
- 이봉수 편 『불교의범』(1977), 보련각

- 이성운 『천수경, 의궤로 읽다』(2011), 정우서적
- 이성운 『한국불교 의례체계연구』(2014), 운주사
- 전재성 역 『불자예불지송경』(1998), 한국빠알리성전협회
- 최재경 역 『불교와 유교』(1991), 한국불교출판부
- 한보광 『신앙결사연구』(2000), 여래장
- 안진호 편, 한정섭 주해 『新編增註釋門儀範』(1982), 법륜사
- 承天禪寺 『早晩課誦本』(中華民國 94年), 臺灣 台北: 善恩印刷企業有限公司
- 安震湖 『佛子必覽』(1931), 蓮邦舍
- 安震湖 『釋門儀範』(1935), 卍商會
- 陳文富 編輯 『佛門必備課誦本』(2006), 台中: 瑞成書局
- 陳重光 編 『瑜伽焰口施食要集』(2010), 臺北: 法鼓文化事業股份有限公司
- 玄敏 寫, 『請文』(1529), 동국대 도서관 고서번호 218.7 제71호
- 윤이흠 「종교와 의례」, 『종교연구』 16호, 서울: 한국종교학회, 1998
- 필자의 논문 「영산재와 수륙재의 성격과 관계 탐색」(『한국불교학』 제73호, 한국불교학회, 2015) 등 수륙재 예수재 등 의례 관련 논문은 제시를 생략함.

불교의례, 그 몸짓의 철학

초판 1쇄 펴냄 2018년 2월 28일
초판 2쇄 펴냄 2019년 8월 20일

지 은 이. 이성운
발 행 인. 정지현
편 집 인. 박주혜

사　　장. 최승천
편　　집. 서영주, 신아름
디 자 인. 이선희
마 케 팅. 조동규, 김영관, 김관영, 조용, 김지현
구입문의. 불교전문서점(www.jbbook.co.kr) 02-2031-2070~1

펴 낸 곳. 조계종출판사
서울 종로구 삼봉로 81 두산위브파빌리온 232호
전화 02-720-6107~9 | 팩스 02-733-6708
출판등록 제2007-000078호(2007. 04. 27.)

ISBN 979-11-5580-105-5 93220

값 18,000원

• 이 도서의 국립중앙도서관 출판예정도서목록(CIP)은 서지정보유통지원시스템 홈페이지(http://seoji.nl.go.kr)와 국가자료공동목록시스템(http://www.nl.go.kr/kolisnet)에서 이용하실 수 있습니다.(CIP제어번호: CIP2018005546)